아파치 카프카로
데이터 스트리밍 애플리케이션 제작

기업용 메시지 대기열 시스템의 설계와 구축 방법

매니시 쿠마 · 찬찰 싱 지음

최 준 옮김

Packt> 에이콘

아파치 카프카로
데이터 스트리밍 애플리케이션 제작

| 지은이 소개 |

매니시 쿠마^{Manish Kumar}

인도의 데이터메티카 솔루션 유한회사^{DataMetica Solution Pvt. Ltd.}의 테크니컬 아키텍트다. 데이터와 제품의 아키텍트로 약 11년간 데이터 관리 분야에서 근무했다. 효율적인 ETL 파이프라인 제작과 하둡^{Hadoop}을 아우르는 보안 적용, 데이터 사이언스 문제에 최선의 솔루션을 제공하는 경험이 풍부하다. 빅데이터 세상에 합류하기 전에는 인도의 시어스 홀딩 ^{Sears Holding} 사에서 테크 리드^{Tech Lead}로 근무했다. 정보기술 분야에서 학사 학위를 받았으며, 하둡이나 하둡 보안과 관련된 빅데이터 개념을 다루는 여러 모임에서 주요 강사로 활동하고 있다.

부모님인 N. K. 싱(Dr. N. K. Singh)과 람하 싱(Rambha Singh)께서 보내주신 응원과 축복에 감사하고, 아내인 스와티(Swati)에게 건강과 행복을 지켜줘서 감사하며, 사랑하는 아들 락샤(Master Lakshya Singh)에게는 일상의 작은 일을 즐기는 법을 알게 해준 데 감사한다. 내 삶의 보석으로 남을 멘토이자 친구인 프레샨트 자이즈왈(Prashant Jaiswal)에게 감사하고, 존경하는 친구인 찬찰 싱(Chanchal Singh)에게는 그간 어렵거나 행복할 때 함께 해줘서 고맙다. 아울러 나에게 이렇게 흥미진진했던 기회를 주었고, 어떠한 상황에서도 흔들리지 않는 믿음을 보여준 아난드 데쉬판데(Anand Deshpande), 파라슈람 바스타와데(Parashuram Bastawade), 니라지 쿠마(Niraj Kumar), 라지브 굽타(Rajiv Gupta)와 필 쉘리 박사(Dr. Phil Shelley)에게 감사인사를 전한다.

찬찰 싱 Chanchal Singh

데이터메티카 솔루션 유한회사의 소프트웨어 엔지니어다. 개발자, 데이터 기술자, 그리고 팀장으로서 제품 개발과 설계 분야에서 3년 넘게 근무했다. 무엇보다 하둡, 스파크, 스톰, 카프카, 하이브, 피그Pig, 플룸Flume, 자바, 스프링 등의 분야에서 매우 다양한 경력을 갖고 있다. 지식을 나누고 다른 이에게 동기를 부여하는 것이 혁신을 위한 길이라고 믿는다. 이 책의 빅데이터 파트의 공동 저자다.

찬찰은 조직에 혁신적인 아이디어를 불어 넣는다. 뭄바이 대학University of Mumbai에서 정보기술 분야의 학사 과정을 마쳤고, 아미티 대학Amity University에서 석사 과정을 수료했다. 또한 IIT 뭄바이 기업가 모임에서 활동했다.

부모님인 파라나스 싱(Parasnath Singh), 우샤 싱(Usha Singh)께 그간 애정 어린 응원에 감사한다. 어떠한 상황에서도 격려로 함께해준 연인 조티(Jyoti)에게 감사한다. 지난 수년간 만난 모든 멘토에게도 감사의 뜻을 전하고 싶다. 특히 사회 초년 시절에 멘토로서 도움을 주고, 올바른 방향으로 인도해준 아비지트 싱게이트(Abhijeet Shingate)에게 감사한다. 항상 나를 격려하고 지식을 나눠준 고마운 매니시 쿠마의 도움이 없었다면 이 책을 쓰기 어려웠다. 또한 나를 믿어주고 실제 고객의 문제를 풀어나갈 기회를 준 라지브 굽타, 니라지 쿠마, 파라슈람 바스타와데, 필 쉘리 박사에게도 깊이 감사한다.

│ 기술 감수자 소개 │

안슐 조쉬 Anshul Joshi

데이터 과학자로 시스템 제안, 예측 모델링, 신경망, 고성능 컴퓨팅 분야의 경력을 갖고 있다. 관심 연구 분야는 딥러닝Deep Learning, 인공지능, 계산물리학computational physics과 생물학 분야다.

대부분의 시간을 GitHub 탐색과 직접 새로운 시도에 도전하면서 지낸다. 블로그(https://anshuljoshi.com/)를 통해 만날 수 있다.

| 옮긴이 소개 |

최준(fullsocrates@hotmail.com)

대기업 전산실에서 근무하다 2001년 은사를 만나 미련 없이 직장을 떠날 수 있었다. 이후 10년 동안 한국마이크로소프트와 마이크로소프트 싱가폴 지사에서 근무했다. 아시아의 200여 개 기업의 현장에서 기술 지원을 수행하면서 다양한 기업용 IT 시스템의 문제를 이해하고 해결 방안을 찾는 소중한 경험을 쌓았다. 현재 캐나다에서 회사를 설립해 기업 고객에게 클라우드 서비스 컨설팅을 하고 있다.

먼저 경험이 풍부한 독자에게는 카프카를 포함한 다양하고 새로운 기술에 대해 두려움을 갖지 말라는 메시지를 전하고 싶다. 이 책에 등장하는 메시지와 스트림을 처리하기 위한 수많은 기술과 용어는 전혀 새로운 것은 아니며, 기존 용어가 조금 사라지고, 변화에 따라 기존 기술이 새 이름으로 대체된 것이다. 카프카는 약 15년 전에도 이미 있던 메시징 시스템의 개념에 여전히 충실하다.

새로운 도전의 긴 여정을 앞두고 있는 독자에게는 책의 어느 한 부분에 얽매이지 말라고 전하고 싶다. 분명 기업용 메시징 시스템은 어려운 주제다. 저자의 입장에서도 자세히 설명할 수 있겠지만, 광범위한 지식을 더 쉽고 자세하게 담기는 어려웠을 것이다. 예를 들어 누군가에게 객체나 오브젝트를 말하면 다양한 속성을 가진 물건을 떠올릴 수도 있고, 프로그램을 처음 배운 이는 클래스를 떠올리기도 하고, 숙련된 개발자 중에는 직접 만든 라이브러리를 머릿속에 그릴 수도 있다. 이렇게 사람들은 용어를 각자 다른 형태로 받아들인다. 처음부터 어떤 용어가 실제로 의미하는 모습으로 완벽하게 소화되기는 어렵지만, 여러 번 실습하고 그 결과를 전체적으로 보는 과정에서는 결국 추상적인 단어도 설명조차 필요 없는 분명한 개념이 된다.

이 책은 번역서다. 원문을 옮기면서 저자가 전달하려는 의미를 그대로 전하는 것은 기본이다. 그러나 모국어가 다른 사람의 언어를 번역하면서 의미를 가장 잘 전달하는 단어를 선정하는 하나의 기준이 더 필요했다. 표준어라도 이해를 더 어렵게 하거나 의미를 바꾸는 것 같으면, 가능한 실제로 사용되는 단어나 의미를 전하기 쉬운 단어를 대신 선택했다.

쏟아져 들어오는 외국어에 대한 한국어 표현 선택은 내 능력의 부족에서 오는 안타까움을 넘어선다. 예를 들어 Supervisor는 '슈퍼바이저, 수퍼바이저, 감독, 관리자, 감독자, 감리자, 감시자' 등 분야별로 통용되는 여러 용어가 있고, 번역할 단어 하나를 선택할 일관성과 원칙을 찾기 어렵다.

그래서 더욱 지난 20여 년에 걸쳐 짜장면이 자장면이 되었다가 다시 짜장면, 그리고 결국 둘 다 표준어가 되는 과정을 지켜보는 일은, 오늘날 국어에 꼭 필요한 노력과 멀기에 안타깝다. 일관성을 갖추지 못한 표현의 어려운 선택이 한 장마다 반복됐고, 결과적으로 최선이 아닌 표현 선택이 있다면, 위와 같은 현실도 일부 감안한 독자의 양해를 바란다.

마지막으로 이 책의 번역 과정을 시작부터 끝까지 함께한 에이콘출판사와 특히 편집팀에 고마움을 전하고 싶다. 아울러 곁에서 늘 응원해주는 아내 은정과 아들 선우, 진우, 그리고 어머니에게 고마움을 전하고 싶다. 이번 봄 주말에는 자주 놀러 다니자.

| 차례 |

| 들어가며 |

아파치 카프카Apache Kafka는 메시징 큐messaging queue 또는 기업용 메시징 시스템 역할을 하는, 잘 알려진 분산 스트리밍 플랫폼이다. 카프카는 레코드 스트림을 게시하거나 구독하도록 돕고, 문제 발생 시를 대비한 내결함성fault-tolerant을 지원하며 메시지를 처리한다.

이 책에서는 아파치 카프카와 다른 빅데이터 도구를 사용해 기업용 스트리밍 프로그램을 설계하고 구축할 수 있도록 설명한다. 많은 양의 데이터를 쉽게 처리하기 위해 카프카를 효과적으로 사용하는 방법에 대한 좋은 사례와 일반적으로 발생하는 문제점을 방지하는 방법을 다룬다. 먼저 전반부에는 메시징 시스템의 유형을 이해하고, 아파치 카프카의 상세한 내부 구조를 면밀하게 소개한다. 후반부에서는 아파치 스파크Spark, 아파치 스톰Storm 같이 다양한 프레임워크와 도구를 사용해 스트리밍 프로그램을 설계하는 과정을 살펴본다. 일단 기초적인 사항을 이해하고, 용량 계획capacity planning, 보안 같은 아파치 카프카의 고급 주제를 다룬다.

이 책을 모두 읽으면, 아파치 카프카의 활용과 효율적인 스트리밍 데이터 애플리케이션의 설계에 친숙해지기 위한 모든 정보를 갖게 된다.

▌ 이 책에서 다루는 내용

1장, 메시징 시스템 소개: 메시징 시스템의 개념을 비롯한 전반적인 사항과 기업의 관련 요구 사항을 설명한다. 지점 간point to point 또는 게시 및 구독publish/subscribe 형태의 메시징 시스템을 활용하는 여러 방법에 대해 알아본다. AMQPAdvanced Message Queuing Protocol도 다룬다.

2장, 카프카 소개: 분산 메시징 플랫폼으로서의 카프카를 소개한다. 카프카 구조와 내부 구성 요소를 다룬다. 그리고 카프카 구성 요소의 역할, 중요성 등과 함께 카프카 메시징 시스템 안에서 각각의 구성 요소가 응답시간, 신뢰성, 확장성을 어떻게 지원하는지 알아본다.

3장, 카프카 프로듀서^{Kafka Producers}**:** 카프카 시스템에 메시지를 게시하는 방법을 설명한다. 카프카 프로듀서 API와 사용법을 더 자세하게 알아본다. 자바와 스칼라^{Scala} 프로그램 언어로 카프카 프로듀서 API를 사용하는 예를 살펴본다. 카프카 토픽^{Kafka Topic}으로 메시지를 공급하기 위한 프로듀서의 메시지 흐름과 몇 가지 일반적인 유형을 깊이 있게 다룬다. 또한 카프카 프로듀서의 성능을 최적화하기 위한 기술을 살펴본다.

4장, 카프카 컨슈머^{Kafka Consumer}**:** 카프카 시스템에서 메시지를 사용하는 방법을 다루고, 카프카 컨슈머 API와 활용법을 설명한다. 자바와 스칼라 프로그램 언어로 카프카 컨슈머 API를 사용하는 예를 살펴본다. 카프카 토픽으로 메시지를 사용하기 위한 컨슈머의 메시지 흐름과 몇 가지 일반적인 유형을 깊이 있게 다룬다. 또한 카프카 컨슈머의 성능을 최적화하기 위한 기술을 살펴본다.

5장, 카프카 스파크 스트리밍 애플리케이션 개발: 아파치 스파크 같이 널리 사용되는 분산처리 엔진을 사용해 카프카와 통합하는 방법을 다룬다. 스파크를 사용한 카프카의 통합을 위한 여러 접근 방법과 장단점에 대한 전반적 사항을 설명한다. 실제 범례를 통한 자바와 스칼라의 예제를 보여준다.

6장, 카프카 스톰 애플리케이션 개발: 아파치 스톰처럼 널리 쓰이는 실시간 처리 엔진으로 카프카를 통합하는 방법을 다룬다. 또한 아파치 스톰과 아파치 헤론^{Heron}에 대한 전반적인 사항을 설명한다. 아파치 스톰과 카프카를 사용해 이벤트 처리가 보장되는 방법을 포함한 여러 가지 이벤트 처리 예제를 보여준다.

7장, 컨플루언트^{Confluent} **플랫폼에서의 카프카 활용:** 컨플루언트라는 새로운 스트리밍 플랫폼에서 여러 부가 기능을 사용해 효과적으로 카프카를 사용하도록 지원하는 방법을 예제와 함께 다룬다.

8장, 카프카를 활용한 ETL 파이프라인 제작: 카프카 커넥트Kafka Connect, 카프카를 포함하는 ETLExtract, Transform, Load 파이프라인을 만들기 위한 공통 구성 요소를 다룬다. ETL 파이프라인에서 카프카 커넥트를 어떻게 활용하는지 살펴보고, 관련된 기술적 개념을 깊이 있게 논의한다.

9장, 카프카 스트림을 활용한 스트리밍 애플리케이션 개발: 카프카 0.10 릴리즈에 포함된 카프카 스트림Kafka Stream을 사용해 스트리밍 애플리케이션을 제작하는 방법을 다룬다. 카프카 스트림을 사용하는 예제와 빠르고 신뢰할 수 있는 스트리밍 애플리케이션을 만드는 과정을 살펴본다.

10장, 카프카 클러스터 구축: 기업용 운영 시스템 수준에서의 카프카 클러스터cluster 구축을 집중해서 다룬다. 카프카 클러스터에 관련된 용량 계획, 단일 또는 다중 클러스터 구축 등의 깊이 있는 주제를 설명한다. 또한 멀티테넌트multi-tenant 환경에서 카프카를 관리하는 방법을 다룬다. 카프카 데이터 마이그레이션migration 과정에 포함돼야 할 여러 단계를 살펴본다.

11장, 빅데이터 애플리케이션을 위한 카프카 활용: 빅데이터 애플리케이션으로서 카프카의 활용을 다양한 관점에서 살펴본다. 카프카에서 많은 양의 데이터를 관리하는 방법, 메시지의 전송을 견고하게 보장하는 방법, 데이터 손실이 없는 장애 처리 방법, 빅데이터 파이프라인을 사용할 때 적용되는 거버넌스에 필요한 원칙을 다룬다.

12장, 카프카 보안: 카프카 클러스터의 보안을 다룬다. 사용자 인증authentication과 권한 인증authorization의 동작원리를 예제와 함께 살펴본다.

13장, 스트리밍 애플리케이션 설계의 고려 사항: 스트리밍 애플리케이션을 만들기 위해 여러 방법으로 설계할 때 고려할 사항을 다룬다. 병렬성parallelism과 메모리 조정 등과 같은 내용을 여러 관점에서 설명한다. 스트리밍 애플리케이션을 설계하기 위한 다양한 이론을 이해하기 쉽게 설명한다.

▋ 준비 사항

이 책에 있는 예제를 다루기 위해서는 다음의 소프트웨어나 카프카 구성 요소가 필요하다.

아파치 카프카, 빅데이터, 아파치 하둡, 게시와 구독, 기업용 메시징 시스템, 분산 스트리밍 프로듀서 API, 컨슈머 API, 스트림 API, 커넥트 API

▋ 이 책의 대상 독자

카프카 환경에서 가장 쉽고 가능한 방법으로 아파치 카프카의 다양한 도구를 사용하는 방법을 배우려는 독자를 위한 책이다. 약간의 자바 프로그래밍 경험이 있으면 이 책을 이해하는 데 도움이 된다.

▋ 편집 규약

정보의 종류를 구분하기 위해 여러 가지 편집 규약을 사용했다. 각 사용 사례와 의미는 다음과 같다.

본문의 코드, 데이터베이스 테이블 이름, 폴더 이름, 파일 이름, 파일 확장자, 경로 이름, 임시 URL, 사용자 입력 등은 다음과 같이 표시한다.

"다음 줄의 코드는 링크를 읽고 BeautifulSoup 함수에 할당하는 경우다."

프로그램 코드는 다음처럼 나타낸다.

```
import org.apache.Kafka.clients.producer.KafkaProducer;
import org.apache.Kafka.clients.producer.ProducerRecord;
import org.apache.Kafka.clients.producer.RecordMetadata;
```

명령줄 입력이나 출력은 다음과 같이 표현한다.

```
sudo su - hdfs -c "hdfs dfs -chmod 777 /tmp/hive"
  sudo chmod 777 /tmp/hive
```

새로운 용어나 **중요한 단어**는 굵게 표시한다. 예를 들면 메뉴나 대화 상자에서 화면에 표시되는 단어는 다음과 같이 굵은 텍스트로 보여준다.

"새로운 모듈을 다운로드하기 위해 Files ➤ Settings ➤ Project Name ➤ Project Interpreter 경로로 진행한다."

 경고나 중요한 내용은 이 아이콘으로 표시한다.

 도움이 될 팁은 이 아이콘으로 표시한다.

▌ 독자 의견

독자 의견은 언제나 환영한다. 이 책의 좋았던 점, 부족한 점 등 여러분의 생각을 알려주길 바란다. 독자 의견은 양질의 책을 만드는 데 큰 도움이 된다.

일반적인 의견을 보낼 때는 제목에 책 제목을 적어서 간단하게 feedback@packtpub.com으로 이메일을 보내면 된다.

만약 전문 지식을 갖고 있는 주제가 있거나 책을 쓰고 기여하는 데 흥미가 있다면 팩트출판사의 저자 안내 페이지(www.packtpub.com/authors)를 참고하기 바란다.

▌ 고객 지원

팩트출판사의 도서를 구매한 여러분이 구입한 책을 최대한 활용할 수 있도록 도와주는 여러 가지 방법을 제공한다.

예제 코드 다운로드

이 책의 원서에 수록된 예제 코드 파일은 http://www.packtpub.com에서 로그인한 후 다운로드할 수 있다. 이 책을 다른 곳에서 구입한 경우에는 http://www.packtpub.com/support에서 계정을 등록하면 파일을 이메일로 직접 받을 수 있다.

예제 코드 다운로드 방법은 다음과 같다.

1. 팩트출판사의 웹사이트에서 이메일 주소와 비밀번호로 새 계정을 등록하거나, 계정이 있는 경우 로그인한다.
2. 맨 위에 있는 SUPPORT 탭을 클릭한다.
3. Code Download & Errata를 클릭한다.
4. 검색 창에 책 이름을 입력한다.
5. 코드 파일을 다운로드할 책을 선택한다.
6. 드롭다운 메뉴에서 책을 구입한 곳을 선택한다.
7. Code Download를 클릭한다.

파일을 다운로드한 이후에는 다음 프로그램의 최신 버전을 사용해서 압축을 해제한다.

- 윈도우: WinRAR / 7-Zip
- 맥: Zipeg / iZip / UnRarX
- 리눅스: 7-Zip / PeaZip

원서의 예제 코드는 GitHub의 https://github.com/PacktPublishing/Building-Data-Streaming-Applications-with-Apache-Kafka에서도 내려받을 수 있다. 또한 https://github.com/PacktPublishing/에서는 다양한 도서와 비디오 카탈로그에서 제공하는 다른 코드도 있으니 확인해 보길 바란다. 그리고 한국어판 예제 코드는 에이콘출판사의 도서정보 페이지인 http://www.acornpub.co.kr/book/data-apache-kafka에서 다운로드할 수 있다.

컬러 이미지 다운로드

이 책에서 사용된 그림과 다이어그램을 컬러 이미지로 볼 수 있는 PDF 파일을 제공한다. 이 컬러 이미지는 출력물에서 나타나는 차이점을 이해하는 데 많은 도움이 될 것이다. 이 파일은 https://www.packtpub.com/sites/default/files/downloads/BuildingDataStreamingApplicationswithApacheKafka_ColorImages.pdf에서 다운로드한다. 또한 에이콘출판사의 도서정보 페이지인 http://www.acornpub.co.kr/book/data-apache-kafka에서도 다운로드할 수 있다.

정오표

내용의 정확성을 위해 항상 최선을 다하지만 실수가 발생할 수 있다. 책의 내용이나 코드에서 잘못된 부분을 발견하면 알려주기를 바란다. 그런 참여를 통해 책의 다음 버전을 개선하고, 다른 독자에게도 도움을 줄 수 있다. 오탈자를 발견하면 http://www.packtpub.com/submit-errata페이지에 접속해 책을 선택하고, Errata Submission 링크를 클릭해 오탈자의 세부 내용을 입력하면 된다. 보내준 오류 내용이 확인되면 웹사이트에 그 내용을 올리거나, 해당 도서의 정오표에 추가된다.

등록된 오탈자는 https://www.packtpub.com/books/content/support에 접속해서 검색 창에 책 제목을 입력하면 Errata에서 확인할 수 있다.

한국어판의 오탈자는 에이콘출판사의 도서정보 페이지 http://www.acornpub.co.kr/book/data-apache-kafka에서도 확인 가능하다.

저작권 침해

인터넷상의 저작권 자료에 대한 불법 복제는 모든 미디어에서 발생하는 문제다. 팩트출판사는 저작권과 라이선스 보호를 매우 중요하게 생각한다. 어떤 형태로든 불법 복제물을 인터넷에서 발견한 경우, 적절하게 조치할 수 있도록 해당 주소나 웹사이트를 즉시 알려주길 바란다.

불법 복제가 의심되는 자료에 대한 링크는 copyright@packtpub.com으로 보내주기를 바란다.

저자를 보호하고 독자에게 귀중한 콘텐츠를 제공할 수 있도록 큰 도움을 주는 여러분께 감사를 전한다.

질문

이 책과 관련된 질문이 있을 경우, questions@packtpub.com으로 보내주면 문제 해결을 위해 최선을 다하겠다. 한국어판에 관한 질문은 이 책의 옮긴이나 에이콘출판사 편집팀(editor@acornpub.co.kr)으로 문의해주길 바란다.

01

메시징 시스템 소개

사람들이 배우는 방법은 다양하다. 1장은 이 책의 이해를 돕기 위해 필요한 배경 지식으로 시작하고자 한다.

기업이 보유한 통합 시스템의 목표는 여러 기능을 병합하기 위한 개별 애플리케이션의 단일화다.

개별 애플리케이션은 서로 다른 프로그래밍 언어와 플랫폼을 기반으로 작성된다. 어떠한 형태로의 단일화를 위해서는 애플리케이션 간에 서로 정보를 공유할 필요가 있다. 이런 정보 교환은 다양한 프로토콜과 유틸리티에 의한 작은 패킷이 오가는 네트워크상에서 이뤄진다.

예를 들어 고객의 선호도를 계산하는 별도의 애플리케이션과 상호 작용이 필요한 기존 전자 상거래 프로그램에 새로운 캠페인 요소를 추가한다고 가정해보자. 이런 경우 기업의 통합 시스템 전략을 세워서 다른 애플리케이션과 기존 전자 상거래 프로그램을 통합하는 과정을 거치게 된다.

1장의 내용은 기업의 통합 시스템을 구축하기 위한 일반적인 방법의 하나인 메시징 시스템에 대한 이해를 돕고, 다양한 형태의 메시징 시스템과 활용방안을 살펴본다. 1장의 마지막 부분에서는 요즘 활용 가능한 서로 다른 메시징 모델을 구분하고, 기업용 애플리케이션의 통합을 설계할 때 검토할 사항을 이해할 수 있다.

1장에서는 다음과 같은 주제를 다룬다.

- 우수한 메시징 시스템 설계를 위한 기본 원칙
- 메시징 시스템의 동작 원리
- 지점 간point-to-point 메시징 시스템
- 게시/구독publish-subscribe 메시징 시스템
- AMQP 메시징 시스템
- 마지막으로 스트리밍 애플리케이션을 설계할 경우에 필요한 메시징 시스템을 살펴본다.

█ 메시징 시스템의 기본 원칙

이전 내용에 이어서 메시징 시스템에 대해 집중해 알아보자. 여러 외부 애플리케이션이나 하나 이상의 데이터 소스로부터 데이터를 받는 애플리케이션에 의해 처리된 데이터를 사용하는 애플리케이션을 접한 경험이 있을 것이다. 이 경우 메시징 시스템은 서로 다른 프로그램끼리 정보를 교환하기 위한 통합 채널로 활용이 가능하다. 물론 이런 종류의 프로그램을 제작해본 경험이 없더라도 이 책에서 제작해볼 것이므로 걱정할 필요는 없다.

애플리케이션을 통합하는 시스템을 설계하는 경우 몇 가지 유념해야 할 원칙이 있는데, 예를 들면 **느슨한 연계**loose coupling, **공용 인터페이스**common interface **정의**, **응답속도**latency, **신뢰성**reliability 등이다. 이 같은 원칙에 대해 하나씩 살펴보자.

- **느슨한 연계**는 애플리케이션 상호 간에 의존성을 최소화하는 것이다. 그러므로 어떠한 변경이 한쪽에서 발생할 경우 다른 프로그램은 영향을 받지 않는다. 밀착 결합tightly coupled된 애플리케이션의 경우에는 다른 애플리케이션의 사전 정의된 세부 사항에 기초해서 작성해야 한다. 이 경우 세부 사항이 변경되면 의존성 있는 다른 프로그램의 기능이 망가지거나 기존과 다르게 동작한다.

- **공용 인터페이스 정의**는 애플리케이션 간에 데이터 교환을 위해서 공용으로 규정된 데이터 형식을 보장한다. 이는 애플리케이션 간에 메시지 교환을 위한 표준 수립을 돕고, 쉽게 도입 가능한 정보교환 방안으로서 우수한 사례가 되도록 이끌어준다. 예를 들어 **에이브로**Avro 데이터 형식을 메시지 교환을 위해 사용할 수 있고, 정보교환을 위한 공용 인터페이스의 표준형식으로도 정의될 수 있다. 특히 에이브로는 압축된 이진binary 형식과 스키마 유효성의 검증을 지원하므로 메시지 교환에 훌륭한 방안이다.

- **응답속도**는 메시지 전송부터 수신까지 소요되는 시간이다. 많은 애플리케이션의 핵심적 요구 사항으로 빠른 응답속도를 포함한다. 비동기 통신의 경우에도 느린 응답속도는 메시지 손실을 발생시킬 수 있으며, 심각한 지연은 메시지 수신에 전혀 바람직하지 않다.

- **신뢰성**은 일시적인 가용성 문제가 발생해도 정보를 교환하는 관련 애플리케이션에 영향을 주지 않는다는 것을 말한다. 일반적으로 원격 프로그램에 메시지를 전송하는 경우, 원격 프로그램이 가끔씩 느리게 동작하거나 장애가 생겨 동작하지 않을 수 있다. 신뢰할 수 있는 비동기 메시지 통신은 소스 애플리케이션이 계속 동작하면서 원격 프로그램이 나중에 작업을 재개할 것으로 확신한다.

▌ 메시징 시스템의 이해

앞서 언급했듯이 애플리케이션의 통합은 모든 기업이 개별 애플리케이션에 관련된 기능을 포괄하는 세트로 만들어 내는 것이 핵심이다. 이를 위해 애플리케이션은 주기적으로 정보를 공유할 필요가 있다. 메시징 시스템은 애플리케이션 간에 메시지를 교환하기 위해 가장 일반적으로 사용되는 방식이다.

정보의 공유를 위해 사용되는 기타 방식은 **원격 프로시저 호출**RPC, remote procedure calls, **공유 데이터베이스**shared database, **웹서비스 호출**invocation 등이 있다. 애플리케이션 통합 방식을 고를 때는 이전에 논의했던 원칙을 유념해야 한다. 예를 들면 공유 데이터베이스를 사용할 경우 하나의 애플리케이션에 의해 발생한 변경 사항이, 동일한 데이터베이스 테이블을 사용하는 다른 애플리케이션에 영향을 준다. 두 애플리케이션이 밀접하게 영향을 주고받는다. 아마도 다른 애플리케이션에 변경을 완료하기 전에 추가로 적용돼야 하는 규칙이 발생하는 상황은 피하고 싶을 것이다. 그러므로 애플리케이션을 통합하는 방법을 결론짓기 전에 앞에 설명된 모든 원칙을 검토해봐야 한다.

다음 그림에서 보듯이 메시지 기반의 애플리케이션 통합은 일반적인 메시징 시스템을 연결하는 개별적인 기업용 애플리케이션과 그들로부터 데이터를 송수신하는 것을 포함한다. 메시징 시스템은 여러 애플리케이션 사이에서 통합 구성 요소 역할을 한다. 이러한 통합 과정에서 애플리케이션이 정보를 교환함에 따라 프로그램의 다른 동작을 호출하게 되며, 전에 언급한 몇 가지 설계 원칙을 지킨다.

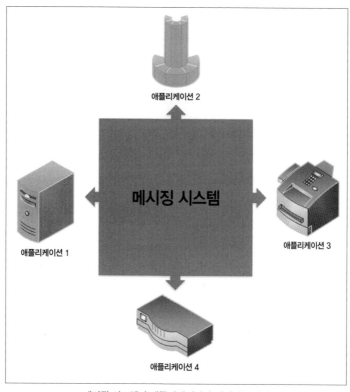

메시징 시스템이 애플리케이션과 연계되는 방식

기업은 마이크로 서비스 구조micro service architecture를 도입하기 시작했고, 그 결과 얻을 수
있는 중요한 장점은 애플리케이션 간에 느슨한 연계를 구성하는 것이다. 애플리케이션은
서로 비동기 방식으로 통신하고, 양쪽의 애플리케이션이 반드시 동시에 동작하고 있어야
할 필요가 없으므로 데이터 통신을 더욱 신뢰할 수 있게 만든다. 메시징 시스템은 하나의
프로그램에서 다른 프로그램으로 데이터를 전달할 수 있게 돕는다. 그러므로 애플리케이
션이 데이터를 공유할 방법보다는 공유할 데이터 그 자체에 대해 집중할 수 있다. 작은 수
의 데이터 패킷이나 주기적으로, 또는 실시간으로 메시지를 사용하는 여러 애플리케이션
의 데이터 스트림을 공유할 수 있다. 따라서 대기 시간이 짧은 실시간 애플리케이션의 통
합 필요성에 더 적합하다.

우선 메시징 시스템의 기본적인 개념에 대해 살펴보자. 개념에 대한 이해는 카프카 같은 또 다른 메시징 기술의 이해를 돕는다. 다음은 기본적인 메시징 개념의 일부다.

- **메시지 큐**: 큐queue는 가끔씩 채널과 유사하게 참조되는 경우를 발견한다. 단순하게 보면 송신과 수신을 위한 애플리케이션 사이의 연결고리다. 소스 프로그램으로부터 받은 메시지 패킷을 수신하고, 그것을 다시 수신 프로그램으로 주기적이고 신뢰할 수 있는 방법으로 보내는 것이 핵심 기능이다.

- **메시지(데이터 패킷)**: 메시지는 네트워크를 통해 메시지 큐로 보내는 단위 데이터 패킷이다. 송신 프로그램은 데이터를 더 작은 데이터 패킷 단위로 쪼개고, 프로토콜과 헤더를 기반으로 데이터를 포장wrapping하고 나서 메시지 큐에 보낸다. 비슷한 방식으로 수신 프로그램은 메시지와 해당 메시지를 처리하기 위한 메시지 래퍼wrapper에서 데이터를 추출한다.

- **센더(프로듀서)**: 센더sender 또는 프로듀서producer 애플리케이션은 특정 목적지로 보내야 하는 데이터 소스다. 메시지 큐의 종점endpoint에 연결을 생성하고, 공통 인터페이스 표준에 맞게 더 작은 메시지 패킷으로 데이터를 보낸다. 사용되는 메시징 시스템 유형에 따라 센더 애플리케이션은 데이터를 일괄적인 배치batch 방식, 또는 하나씩 보내는 방식을 결정할 수 있다.

- **리시버(컨슈머)**: 리시버receiver 또는 컨슈머consumer 애플리케이션은 센더 애플리케이션에 의해 전송된 메시지를 수신한다. 메시지 큐에서 데이터를 가져오거나 지속적인 연결을 통해 메시지 큐에서 데이터를 받는다. 메시지 수신의 경우, 메시지 패킷으로부터 데이터를 추출하고 처리하면서 데이터를 사용한다.

- **데이터 전송 프로토콜**: 데이터 전송 프로토콜은 애플리케이션 간에 메시지 교환을 통제하는 규칙을 결정한다. 서로 다른 큐잉 시스템queueing system은 각각 다른 데이터 전송 프로토콜을 쓴다. 이는 메시징 종점의 기술적인 구성방법에 따라 다르다. 카프카는 TCP 기반의 이진 프로토콜을 사용한다. 클라이언트는 카프카 큐를 사용해 소켓 연결을 생성하고 나서, ACK 메시지acknowledgment message

를 확인하며 메시지를 기록한다. 전송 프로토콜에는 AMQP[Advanced Message Queueing Protocol], STOMP[Streaming Text Oriented Message Protocol], MQTT[Message Queue Telemetry Transport], HTTP[Hypertext Transfer Protocol] 등이 있다.

- **전송 모드**: 메시징 시스템의 전송 모드는 데이터가 소스 프로그램에서 수신 프로그램으로 전송되는 방법에 따라 정리된다. 예를 들면 동기 또는 비동기 모드, 그리고 배치 모드 등이 있다.

▌ 지점 간 메시징 시스템

이 절에서는 지점 간[PTP, point-to-point] 메시징 모델을 다룬다. PTP 메시징 모델에서는 메시지 프로듀서가 센더가 되고, 컨슈머는 리시버가 된다. 여기서 큐로 정의되는 목적지를 통해 메시지를 교환한다. 센더는 큐로 전달할 메시지를 생성하고, 리시버는 해당 큐에서 메시지를 사용한다. 지점 간 메시징의 차별점은 메시지가 오직 하나의 컨슈머에 의해서만 사용된다는 점이다.

지점 간 메시징은 하나의 메시지 컨슈머에 의해 수신된 단일 메시지가 주로 사용된다. 같은 메시지에 대해서 여러 컨슈머가 대기할 수는 있지만, 하나의 컨슈머만이 메시지를 수신할 수 있다. 물론 여러 개의 프로듀서도 가능하고, 해당 큐로 메시지를 보내더라도 오직 한 개의 리시버만이 수신하게 된다.

 PTP 모델은 명명된 목적지로 메시지를 보내는 것이다. 포트를 통해 들어오는 메시지는 대기하는 메시지 큐의 종점이 명명된 목적지다.

전형적으로 PTP 모델에서 리시버는 채널을 구독하고 특정 큐에 전송된 모든 메시지를 수신하지 않고, 센더가 큐에 전송한 메시지를 리시버가 요청하는 방식을 사용한다.

PTP 메시징 모델을 지원하는 큐를 FIFO 큐로 봐도 좋다. 그런 큐에서 메시지는 수신된 순서대로 정렬되고 사용되며 큐의 상단에서부터 제거된다. 큐는 메시지 오프셋offset을 유지한다. 메시지를 삭제하는 대신에 리시버에 대한 오프셋을 더하며, 오프셋에 기초한 모델은 메시지의 재연replay을 더 원활하게 지원한다.

다음의 그림은 PTP 모델의 사례다. 메시지를 큐(Q1)로 보내는 S1, S2 같은 두 개의 센더가 있다고 가정한다. 반대편에는 R1, R2처럼 두 개의 리시버가 있고, Q1에서 메시지를 받는다. 이 경우 R1은 S2에서 전달된 메시지를 사용하고, R2는 S1에서 전달된 메시지를 사용한다.

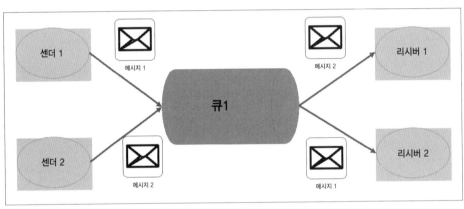

지점 간 메시징 모델 동작 방식

이 그림에서 PTP 메시징 시스템에 대한 다음과 같은 중요한 사실을 유추해볼 수 있다.

- 한 개 이상의 센더가 큐로 메시지를 생성해 전송할 수 있다. 센더는 하나의 연결을 공유하거나 다른 연결을 사용하지만, 동일한 큐에 접근이 가능하다.
- 한 개 이상의 리시버가 큐에서 메시지를 사용할 수 있지만, 각각의 메시지는 오직 하나의 리시버에 의해 사용된다. 그러므로 메시지1, 메시지2, 메시지3은 각기 다른 리시버에 의해 사용된다(이런 경우를 메시지 큐 확장이라고 한다).

- 리시버는 하나의 연결을 공유하거나 다른 연결을 사용하지만, 모두 동일한 큐에 접근이 가능하다(이 경우에도 메시지 큐 확장이다).
- 센더와 리시버는 시간 제약이 없다. 즉 센더가 메시지를 생성해 보냈을 때 리시버의 동작 여부에 상관없이 리시버는 메시지를 사용할 수 있다.
- 메시지는 생성된 순서에 맞게 큐에 배치되지만, 메시지가 사용되는 순서는 메시지의 유효기간, 우선순위, 셀렉터selector가 메시지 사용에 관여하는지, 컨슈머의 관련 메시지 처리율processing rate 등에 영향을 받는다.
- 센더와 리시버는 실행 중에 동적으로 추가, 삭제될 수 있으므로, 필요에 따라 메시징 시스템을 추가로 확장하거나 등록할 수 있다.

PTP 메시징 모델은 다음의 두 가지 유형으로 분류된다.

- Fire-and-forget 모델
- 요청/응답request/reply 모델

일단 보내고 나면 잊는다는 의미의 **fire-and-forget** 모델은 프로듀서가 중앙 집중형 큐에 메시지를 보내고, 즉각적인 ACK를 대기하지 않는다. 예를 들어 이 방법을 사용해 로깅 시스템에 메시지를 보내거나 보고서를 생성하기 위해 시스템 알림을 생성하거나, 다른 시스템에 작업을 트리거할 수도 있다. 다음 그림은 fire-and-forget PTP 메시징 모델을 보여준다.

Fire-and-forget 메시지 모델

비동기 요청/응답 PTP 모델에서는 메시지 센더가 하나의 큐에 메시지를 보내고 나면, 리시버에서 응답을 기다리는 응답 큐에 대기^blocking wait를 건다. 요청/응답 모델은 센더와 리시버 간에 높은 수준의 디커플링^decoupling을 제공하는데, 메시지 프로듀서와 컨슈머 구성 요소가 전혀 다른 언어와 플랫폼으로 구성될 수 있게 지원한다. 다음 그림은 요청/응답 PTP 메시징 모델을 보여준다.

요청/응답 메시지 모델

결론을 내리기 전에 PTP 메시징 모델을 어디에 사용할 수 있는지 살펴볼 필요가 있다. PTP 모델은 주어진 메시지를 오직 한 번만 리시버가 처리하도록 구성할 때 사용한다. 이 점이 아마도 가장 중요한 차이며, 오직 한 개의 컨슈머가 전달된 메시지를 처리할 것이다.

지점 간 메시징이 필요한 또 다른 상황은 서로 다른 플랫폼이나 프로그래밍 언어로 작성된 구성 요소 간에 동기식^synchronous 통신이 필요한 경우다. 예를 들면 PHP로 작성한 프로그램이 트윗을 분석할 목적으로 자바로 작성된 트위터 프로그램과 통신하기를 원할 수 있다. 이런 경우에 지점 간 메시징 시스템은 크로스 플랫폼상의 애플리케이션 간에 상호 작용^interoperability을 지원한다.

▋ 게시-구독 메시징 시스템

이 절에서는 또 다른 메시징 모델인 게시/구독 메시징 모델을 살펴본다.

이 모델은 구독자^{subscriber}가 특정 토픽이나 이벤트에 대해서 어떤 구독 의사^{interest}를 등록하고, 해당 이벤트에 대한 일련의 통지를 비동기 방식으로 받는 것이다. 구독자는 어떤 이벤트나 이벤트 유형에 대한 구독 의사를 표현할 수 있고, 등록된 구독 의사에 맞는 게시자^{publisher}에 의해 생성된 일련의 이벤트를 통보받는다. 즉 이러한 이벤트는 게시자에 의해 생성된다. 다중 리시버를 보유할 수 있다는 점과 모든 리시버가 각각의 메시지 사본을 받을 수 있다는 점에서 PTP 메시징 모델과 다르다. 바꿔서 표현하면 메시지는 리시버가 토픽[1]에서 꺼내 오지 않고 모든 리시버에 브로드캐스트^{broadcast}된다. PTP 모델에서는 리시버가 새로운 메시지를 해당 큐에서 꺼내 온다.

게시/구독 메시징 모델은 이벤트나 메시지를 다수의 메시지 컨슈머에게 브로드캐스트할 때 필요하다. PTP 메시징 모델과는 다르게 모든 메시지 컨슈머(구독자)는 메시지를 수신할 토픽을 대기한다.

 게시/구독 메시징 모델에서 가장 중요한 부분 중 하나는 토픽의 추상화(abstraction)가 이해하기 쉬우며 플랫폼과의 상호 작용을 지원한다는 점이다. 더구나 메시지가 활성화된 구독자에게 전달될 때까지 토픽 안에서의 메시지가 유지된다.

구독자가 연결을 끊거나 재설정하거나, 또는 구독자가 비활성화된 상태에서 전달된 메시지를 수집하는 것이 가능한 게시/구독 모델의 경우, 지속적으로 구독하는 옵션을 제공한다. 카프카 메시징 시스템은 이러한 몇 가지 중요한 설계 원칙을 포함한다.

---

1 카프카 토픽은 메시지 전송을 위한 일종의 논리적 채널이다. – 옮긴이

다음 그림은 게시/구독 메시징의 기본 모델을 보여준다. 이러한 이벤트 서비스를 일반적으로 큐라고 부른다. 또한 이런 상호 작용은 이벤트 저장소, 통보 서비스, 구독 관리, 목적지로 효과적이고 확실한 이벤트 전송 등을 제공하는 서비스가 필요하다. 일반적으로 이러한 서비스 역시 큐라고 부른다. 큐는 이벤트 프로듀서와 이벤트 컨슈머 사이에서 중립적인 조정자 역할을 한다. 프로듀서는 원하는 큐에 전달할 모든 데이터를 생산하며, 모든 컨슈머는 관심 있는 큐를 구독한다. 컨슈머는 메시지 소스에 신경 쓰지 않고, 프로듀서는 컨슈머를 신경 쓰지 않는다. 컨슈머는 언제라도 큐에 대한 구독을 해지할 수 있다.

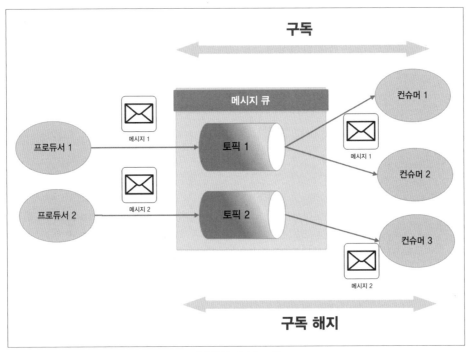

게시/구독 메시징 모델

이 그림을 참고해서 게시/구독 메시징 시스템의 중요한 점을 다음과 같이 파악해볼 수 있다.

- 메시지는 토픽으로 정의된 채널을 통해 공유된다. 토픽은 프로듀서가 메시지를 게시하고 구독자가 메시지를 사용할 수 있는 하나의 집중된 지점이라고 볼 수 있다.
- 각각의 메시지는 한 개 또는 그 이상의 메시지 컨슈머, 즉 구독자에게 전달된다.
- 일반적으로 게시자는 어느 구독자가 토픽의 메시지를 받게 되는지 모른다.
- 메시지는 컨슈머에게 푸시push되며, 이는 메시지가 자신에 대한 요청 없이도 컨슈머에게 전달된다는 의미다. 메시지는 토픽으로 정의되는 가상 채널을 통해 교환된다. 메시지는 모든 인증된 구독자에게 자동으로 푸시되는 토픽으로 전달된다.
- 프로듀서와 컨슈머는 연결이 지정coupling된 관계가 아니다. 구독자와 게시자는 실행 중에 추가될 수 있으며, 시간이 지남에 따라 복잡해지는 시스템을 확장하거나 줄일 수 있다.
- 토픽을 구독 중인 모든 클라이언트는 해당 토픽에 게시된 메시지 사본을 수신한다. 게시자에 의해 생성된 단일 메시지는 수백, 혹은 수천 개의 구독자에게 복사와 배포가 될 수 있다.

메시지나 이벤트를 다중 메시지 컨슈머에게 브로드캐스트하고자 한다면, 게시/구독 모델을 사용하는 방법이 좋다. 여기서 중요한 점은 다중 컨슈머가 메시지를 사용할 수 있다는 점이다.

게시/구독 모델 여러 구독자에게 메시지 사본을 푸시하도록 설계돼 있다. 몇 가지 예로는 예외 발생exception이나 오류를 통보하는 것과 데이터베이스의 특정 데이터 항목의 변경을 통보하는 경우 등이 있다.

이벤트를 여러 구독자에게 알릴 필요가 있는 상황이라면 게시/구독 모델이 좋은 선택이다. 예를 들어 애플리케이션이나 시스템 구성 요소에서 예외가 발생할 때마다 토픽으로 알리는 경우가 있다. 정보가 어떻게 사용될지, 또는 어떤 유형의 구성 요소가 그것을 사용할지 모를 수도 있다. 구독 의사를 갖고 있는 다양한 그룹에 예외가 발생하면 메일이 발송되는지, 경보기나 호출기로 알림을 보내는지 등을 모른다는 점이 게시/구독 모델의 이점이다. 게시자는 어떻게 정보가 사용될지 관심을 갖거나 걱정할 필요가 없다. 단순히 토픽으로 게시만 하면 된다.

AMQP

이전 절에서 설명했듯이 센더, 리시버, 메시지 큐 간에 메시지를 전달하는 데이터 전송 프로토콜은 동일하지 않다. 이 책 범위에서 그러한 모든 프로토콜을 다루기는 어렵다. 그러나 어떻게 데이터 전송 프로토콜이 동작하는지 이해하고, 메시지 기반의 애플리케이션 통합 구조를 설계하는데 왜 프로토콜이 중요한지 알아야 한다. 이를 위해 여기서는 프로토콜에 대한 하나의 예로 AMQP[2]을 다룬다.

AMQP는 여러 해에 걸쳐 발전해온 비동기 메시지 큐 방식의 공개 프로토콜이다. AMQP는 더욱 향상된 메시징 시나리오를 지원하기 위해 사용되는 풍부한 메시징 기능을 갖는다. 다음 그림에서 보듯이 AMQP 기반의 메시징 시스템에는 세 가지 주요 구성 요소가 있다.

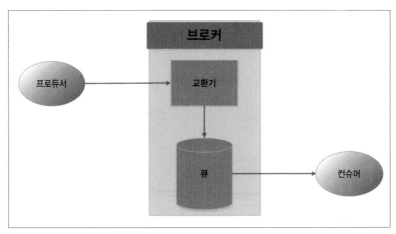

AMQP 구조

---

2 원서 내용 일부에 AQMP(Advance Queuing Messaging Protocol)로 표시돼 있는데, 이는 AMQP(Advanced Message Queueing Protocol)의 잘못된 표현이다. - 옮긴이

각 구성 요소 이름에서 알 수 있듯이 프로듀서는 메시지를 중개 역할을 하는 브로커에게 보내고, 브로커는 컨슈머에게 순서대로 전달한다. 모든 브로커는 프로듀서의 메시지를 올바른 메시지 큐로 라우팅하는 역할을 하는 교환기로 정의된 구성 요소를 가진다.

AMQP 메시징 시스템은 세 가지 주요 구성 요소를 갖는다.

- 게시자
- 컨슈머
- 브로커/서버

각 구성 요소는 한 개 이상으로 존재할 수 있으며, 독립적인 호스트에 위치할 수 있다. 게시자와 컨슈머는 브로커 내의 교환기가 작동하는 범위에서 메시지 큐를 통해 서로 통신한다. AMQP는 신뢰할 수 있고 전달이 보장되며, 순서대로 메시지를 전달하는 기능을 제공한다. AMQP 모델에서의 메시지 교환은 다양한 방법으로 진행되는데, 이와 관련해서 다음의 항목을 살펴보자.

- **직접 교환**: 키^{key}를 사용한 라우팅 방식이다. 이 경우 메시지는 메시지의 라우팅 키와 동일한 이름의 큐로 전달된다.
- **팬 아웃^{fan-out} 교환**: 팬 아웃 교환 방식은 라우팅 키가 무시되고, 교환 가능한 범위 내에서 모든 큐에 대해 메시지 경로를 설정한다. N 개의 큐가 팬 아웃 교환의 범위에 있다면 새로운 메시지가 게시될 때, 그 메시지의 사본이 N 개의 큐 모두에게 전달된다. 팬 아웃 교환 방식은 메시지를 브로드캐스트 형태로 라우팅하기에 적합하다. 바꿔 말하면 메시지는 해당 교환기에 연결된 모든 큐에 복제돼 전송된다.
- **토픽 교환**: 토픽 교환은 와일드카드를 사용해서 일부 연결된 큐로 메시지 경로를 설정하는 방식이다. 토픽 교환 방식은 다양한 게시/구독 유형에 맞춰 자주 사용되는 방식이다. 토픽 교환은 일반적으로 메시지의 멀티캐스트^{multicast} 라우팅에 사용된다.

▌ 빅데이터 스트리밍 애플리케이션에 메시징 시스템 사용하기

여기에서는 빅데이터 애플리케이션에 대해서 메시징 시스템이 얼마나 중요한 역할을 하는지 이야기한다.

먼저 빅데이터 애플리케이션의 여러 계층layer에 대해 알아보자.

- **수집 계층**ingestion layer: 처리 과정에 필요한 입력 데이터는 어떤 저장소 시스템에 수집된다. 동일하거나 다른 처리 과정을 완료하기 위한 데이터 소스는 여러 개가 될 수 있다.

- **처리 계층**processing layer: 수집 계층에서 받은 데이터를 처리하는 비즈니스 로직이 여기에 포함되며, 사용 가능한 데이터 형식을 만들기 위해 일부 데이터를 변환한다. 원시 데이터를 정보로 변환하는 것이다. 동일한 데이터 또는 다른 데이터를 처리하는 여러 개의 프로그램이 있을 수 있다. 각 애플리케이션은 저마다 처리 로직이나 기능을 가질 수 있다.

- **소비 계층**consumption layer: 처리 계층에서의 처리 과정을 거친 데이터를 포함한다. 처리된 데이터는 비즈니스 의사 결정에 중요하고 정확한 정보를 포함한다. 여러 목적으로 동일한 데이터를 사용하거나, 동일한 용도로 여러 데이터를 사용하는 다수의 컨슈머가 있을 수 있다.

스트리밍 애플리케이션은 가급적 두 번째 계층, 즉 처리 계층에 위치하게 된다. 동일한 데이터는 여러 애플리케이션에서 동시에 사용될 수 있고, 여러 가지 방법으로 데이터를 애플리케이션에 제공할 수 있다. 그러므로 애플리케이션은 스트리밍, 배치, 또는 마이크로 배치 방식이 될 수 있다. 이러한 애플리케이션은 여러 방법으로 데이터를 사용하는데, 스트리밍 애플리케이션은 연속적인 스트림 데이터를 요구하고, 배치 애플리케이션은 배치 데이터를 요구하게 된다. 그러나 앞에서 이미 언급했듯이 이러한 데이터는 여러 데이터 소스를 가질 수 있다.

여기서 여러 개의 프로듀서와 컨슈머를 사용하는 사례를 알아봤고, 이제는 메시징 시스템을 살펴봐야 한다. 동일한 메시지가 여러 컨슈머에 의해 사용될 수 있으므로, 모든 컨슈머가 사용할 때까지 메시지를 보유할 필요가 있다. 데이터를 원하는 동안 보유할 수 있고, 높은 수준의 내결함성fault tolerance과 함께 데이터 스트림, 배치, 마이크로배치 등의 다양한 데이터 사용을 제공하는 메시징 시스템을 운영해 보면 어떨까?

스트리밍 애플리케이션은 원하는 메시징 큐에서 단순히 데이터를 사용하고, 필요에 따라 처리한다. 그러나 여기에 한 가지 문제점이 있다. 만약 메시지를 받은 스트리밍 프로그램이 중단돼 버린다면, 더군다나 그런 메시지가 많다면 어떨까? 이런 경우에 해당 요청에 대한 메시지를 제공해 다시 처리할 수 있도록 지원해주길 바라게 된다.

무엇인가 게시됐으니 바로 처리하라고 스트리밍 애플리케이션에 바로 알려주는 메시징 시스템이 필요하다. 다음 그림은 메시징 시스템이 스트리밍 애플리케이션을 사용하는 사례를 설명한다.

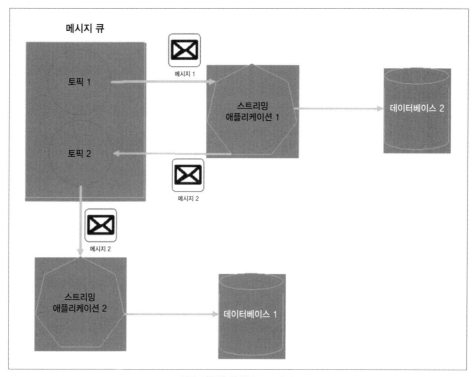

큐를 사용한 실시간 스트리밍

이 그림은 다음과 같은 내용을 설명한다.

- 스트리밍 애플리케이션 1은 토픽 1을 구독하고, 토픽 1에 게시되는 이벤트는 즉시 스트리밍 애플리케이션 1에 의해 사용 가능하다.
- 스트리밍 애플리케이션 1은 해당 이벤트를 처리하고, 두 군데에 저장한다. 하나는 데이터베이스이고, 다른 하나는 메시징 시스템의 토픽 2이다. 여기서 스트리밍 애플리케이션은 토픽 2에 대해 프로듀서 역할을 한다. 토픽 1에서 이벤트를 사용할 수 있는 다른 애플리케이션이 존재할 수 있다는 점을 유의한다.
- 스트리밍 애플리케이션 2는 토픽 2를 구독하고, 토픽 2에 이벤트가 게시될 때 바로 해당 이벤트를 수신하게 된다. 토픽 1이나 토픽 2로 게시할 수 있는 다른 애플리케이션이 존재할 수 있다는 섬에 유의힌다.

- 스트리밍 애플리케이션 2는 이벤트를 처리하고 데이터베이스에 저장한다.

스트리밍 애플리케이션에서 각각의 스트림이나 메시지는 그 자체로 중요하다. 메시지 유형 또는 성격에 따라서 무언가 트리거될 것이다. 어떤 스트리밍 애플리케이션이 이벤트를 처리하고 다른 스트리밍 애플리케이션에 다음 단계의 처리를 위해 전달하는 시나리오가 가능하다. 이런 경우 두 애플리케이션 모두 통신의 매개체가 될 필요가 있다. 애플리케이션은 어떻게 데이터를 보내는가보다는 무엇을 실행하기를 원하는지에 대해 관심을 갖는 것이 좋다. 이러한 점이 게시/구독 메시징 시스템의 좋은 활용 사례가 되며, 구독 중인 모든 애플리케이션에 전달될 메시지, 즉 프로듀서에 의해 게시된 메시지를 책임지게 된다.

메시징 시스템에 관한 논의를 정리해보면, 다음과 같이 스트리밍 애플리케이션에 대한 몇 가지 중요한 사항이 있다.

- **높은 사용률**high consuming rate: 스트리밍 데이터 소스는 웹사이트 방문기록이나 메시지 발생량이 많은 소셜미디어 데이터 등이 될 수 있다. 스트리밍 애플리케이션은 유사한 비율로 메시지를 사용하거나 그렇지 않을 수 있으며, 더 높은 비율로 데이터를 처리할 수 있는 메시징 큐를 원한다.
- **전달 보장**guaranteed delivery: 일부 스트리밍 애플리케이션은 메시지 손실이 허용되지 않는다. 필요할 때마다 발생하는 스트리밍 애플리케이션으로의 메시지 전달이 보장되는 시스템이 필요하다.
- **유지 능력**persisting capability: 유사한 데이터에 대해서 다른 처리 비율을 보이는 애플리케이션이 존재할 수 있다. 일정 기간 동안 데이터를 유지하면서, 비동기 방식으로 다른 프로그램에 데이터를 전달하는 메시징 시스템을 원하는 경우가 있다. 유지 능력은 모든 애플리케이션을 상호 의존적이지 않게 하고, 마이크로 서비스 구조를 지원한다.
- **보안**: 사용되는 데이터에 대해 일련의 보안 강화를 원하기도 한다. 동일한 메시징 시스템에서도 일부 데이터는 공유해서 사용되는 경우를 원하지 않을 수 있다. 시스템이 위와 같은 보안 조건을 갖추기를 원하기도 한다.

- **내결함성**: 시스템에서 필요할 때 발생하는 메시지나 데이터를 전달하지 않는 상황을 기대하는 애플리케이션은 없다. 데이터를 조금 전까지 제공한 서버의 중단과 상관없이 내결함성, 즉 무중단 시스템 운영을 보장하면서 메시지를 전달하는 시스템을 원한다.

앞으로 메시징 시스템에 대해 다뤄야 할 주제가 많고, 적어도 이전에 언급된 메시징 시스템의 처리 능력에 대해서는 더 다뤄야 한다. 카프카의 다른 메시징 시스템과의 차이점을 설명하고, 2장에서 스트리밍 애플리케이션을 위한 메시징 시스템의 요구 사항을 만족시키는 방법을 다룰 것이다.

▌ 요약

1장에서는 메시징 시스템의 개념을 다뤘고, 기업 환경에서의 메시징 시스템에 대한 기대에 대해서도 배웠다. 지점 간, 또는 게시/구독 방식 같은 메시징 시스템의 다양한 활용 방법에 대해서도 강조했고, AMQP도 소개했다.

2장에서는 카프카의 구조와 세부적인 구성 요소를 배운다. 또한 메시징 시스템의 유형별로 논의된 사항을 실제로 구축하는 방법에 대해서 배운다.

02

카프카 소개,
분산 메시징 플랫폼

2장에서는 폭넓은 확장성과 우수한 성능을 가진 분산 메시징 플랫폼으로서의 카프카를 소개한다. 여러 카프카 구성 요소에 대해 설명하고, 신뢰할 수 있는 메시지 전송을 위해 어떻게 일관성 있게 동작하는지 다룬다. 카프카 관련 시스템에 대해 익숙해질 수 있도록 카프카의 기초도 여기서 다룬다. 여러 세부적이고 다양한 카프카 구성 요소를 다루게 될 3장의 내용을 이해하는 데도 도움을 줄 것이다. 2장을 마치면 카프카의 구조와 메시징 시스템의 핵심 구성 요소에 대해 분명하게 이해할 수 있다.

2장에서는 다음과 같은 주제를 다룬다.

- 카프카의 유래
- 카프카 구조

- 메시지 토픽

- 메시지 파티션

- 복제replication와 복제 로그

- 메시지 프로듀서

- 메시지 컨슈머

- 주키퍼Zookeeper의 역할

▌ 카프카의 유래

대부분 경력 관리를 위해서 **링크드인**LinkedIn 포털을 사용한 경험이 있을 것이다. 카프카는 처음에 링크드인 기술팀에서 제작됐다. 링크드인 사내용으로 오픈 소스 도구를 써서 개발된 구성 요소를 사용해 소프트웨어의 일종의 기준이 되는 수집 시스템을 구축했다. 이 시스템은 포털에서의 사용자 활동 데이터를 수집하는데 사용됐다. 또한 이러한 활동 데이터를 해당 웹 포털에서 각 사용자에게 적절한 정보를 제공하는데 사용했다. 이 시스템은 다양한 ETL 도구를 써서 처리된 예전 방식의 XML 기반 로깅 서비스 형태로 만들어졌다. 그러나 이 같은 형태로 한동안 잘 동작하진 않았고, 다양한 문제를 겪게 된다. 결국 이러한 문제를 풀기 위해서 카프카로 불리는 시스템을 제작하게 되었다.

링크드인에서는 분산 시스템을 지원하고 내결함성을 갖는 게시/구독 시스템, 즉 카프카를 제작했다. 카프카는 메시지를 체계화된 토픽에 기록한다. 애플리케이션은 메시지를 생성하거나 토픽으로부터 받아서 사용할 수 있다. 모든 메시지는 영구적인 파일시스템 로그로 저장된다. 카프카는 **로그 선행 기입**WAL, write-ahead logging 시스템으로, 모든 게시된 메시지를 컨슈머 프로그램에서 사용하기 전에 로그 파일로 기록한다. 구독자 또는 컨슈머는 올바른 시점에 필요에 따라 기록된 메시지를 읽을 수 있다. 카프카는 주의 깊게 살펴볼 다음과 같은 목표를 갖고 제작됐다.

- 메시지 프로듀서와 컨슈머 사이의 느슨한 연계
- 다양한 형태의 데이터 사용 시나리오와 장애 처리 지원을 위한 메시지 데이터 유지
- 빠른 처리 시간을 지원하는 구성 요소로 시스템의 전반적인 처리량을 최대화
- 이진 데이터 형식을 사용해서 다양한 데이터 형식과 유형을 관리
- 기존의 클러스터 구성에 영향을 주지 않고 일정한 서버의 확장성을 지원

 이후 절에서 더 세부적으로 카프카를 소개하는 과정에서, 스트림 처리가 가능한 설계가 카프카를 일반적으로 사용하는 목적 중에 하나임을 이해하는 것이 좋겠다. 신뢰할 수 있는 메시지 전달에 대한 개념을 지원하면서 높은 이벤트 처리율을 지원한다. 또한 여러 컨슈머를 지원하기 위한 메시지 재생 기능을 갖는다.

이런 요소는 스트리밍 구조가 내결함성을 갖도록 도우면서, 알림이나 통지를 보내기 위한 다양한 서비스를 지원한다.

▌카프카의 구조

이제 카프카의 구조를 소개하겠다. 이 절을 다 마치면 카프카의 논리적인 구조와 물리적 동작원리에 대해 확실하게 이해할 수 있다. 먼저 카프카 구성 요소가 논리적으로 어떻게 구성되는지 살펴보자.

카프카 토픽에서 모든 메시지는 바이트의 집합이다. 이 집합은 **배열**로 표현되며, **프로듀서**는 **카프카 큐**에 정보를 저장하는 애플리케이션이다. 프로듀서는 모든 유형의 메시지를 저장할 수 있는 카프카 토픽으로 메시지를 전송한다. 모든 토픽은 **파티션**으로 더 나뉘게 된다. 각 파티션은 메시지를 도착한 순서에 맞게 저장한다. 카프카에서는 프로듀서와 컨슈머가 수행하는 두 가지 주요 동작이 있다. 프로듀서는 로그 선행 기입 파일 마지막에 메시지를

추가한다. **컨슈머**는 주어진 토픽 파티션에 속한 로그 파일에서 메시지를 가져온다. 물리적으로 각 토픽은 각각의 토픽에 대해 하나 이상의 파티션을 소유하는 다른 카프카 브로커에게 보급된다.

이상적으로 카프카 파이프라인은 브로커별로 파티션과 각 시스템의 모든 토픽에 대해 일정해야 한다. 컨슈머는 토픽에 대한 구독 또는 이런 토픽에서 메시지를 수신하는 애플리케이션 또는 프로세스다.

다음 그림은 카프카 클러스터cluster의 개념적인 구조를 보여준다.

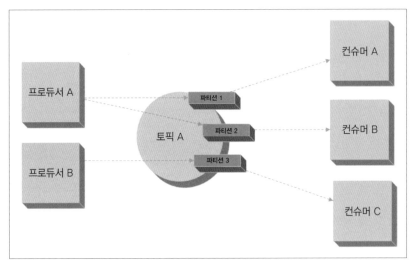

카프카의 논리적 구조

이 그림은 카프카의 논리적 구조를 설명하고, 여러 다른 논리적 구성 요소가 어떻게 밀접하게 동작하는지 보여준다. 논리적으로 카프카의 구조가 어떻게 구성되는지 이해하는 것도 중요하지만, 이 책의 다른 장에서 다룰 카프카의 물리적 구조를 이해하는 것도 중요하다. 카프카 클러스터는 기본적으로 하나 이상의 서버 노드node로 구성된다. 다음 그림은 다중 노드로 구성된 카프카 클러스터를 보여준다.

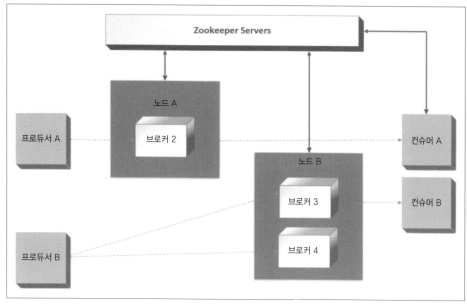

카프카의 물리적 구조

전형적인 카프카 클러스터는 **다중 브로커**로 구성된다. 클러스터에 대한 메시지 읽기와 쓰기 작업의 부하 분산load-balancing을 돕는다. 각 브로커는 **상태를 저장하지 않지만**stateless 주키퍼를 사용해 상태 정보state를 유지한다. 각각의 토픽 파티션에는 **리더**leader로 활동하는 브로커가 하나씩 있고, 0개 이상의 **팔로워**follower를 갖는다. 리더는 해당하는 파티션의 읽기나 쓰기 요청을 관리한다. 팔로워는 리더의 작업에 최대한 간섭하지 않으면서 백그라운드에서 해당 리더를 복제한다. 리더에 대한 백업으로 팔로워를 구성하는 것을 염두에 두고, 팔로워 중에 하나가 리더의 장애 시에 대체할 수 있도록 고려해야 한다.

 카프카 클러스터에서 단위 서버는 특정 토픽 파티션에 대해 리더이거나, 나머지에 대해 팔로워가 된다. 이러한 방식에서는 모든 서버에 대한 부하가 동등하게 분산된다. 카프카 브로커의 리더 선정은 주키퍼에 의해 수행된다.

주키퍼는 카프카 클러스터에서 중요한 요소로, 카프카 브로커와 컨슈머를 관리하고 조정한다. 주키퍼는 카프카 클러스터 안에서 새로운 브로커의 추가나 기존 브로커의 장애를 감시한다. 이와 관련한 클러스터 상태에 대해 카프카 큐의 프로듀서나 컨슈머에게 통보하며, 이는 활성화된 브로커와 연계해 동작하는 프로듀서와 컨슈머의 동작을 원활하게 한다. 또한 주키퍼는 어떤 브로커가 어떤 토픽 파티션에 대해서 리더인지 기록하고, 이러한 정보를 프로듀서나 컨슈머가 메시지를 읽고 쓸 수 있게 제공한다.

이 단계에서 카프카 클러스터와 관련해 프로듀서와 컨슈머 애플리케이션에 친숙해질 필요가 있다. 아무튼 독자의 이해를 점검하기 위해 간단하게 설명하는 편이 좋겠다. 프로듀서는 브로커에게 데이터를 푸시한다. 데이터를 게시하는 시점에 프로듀서는 해당 토픽 파티션의 선정된 리더(브로커)를 검색하고, 자동으로 해당 리더 브로커의 서버에 메시지를 전송한다. 비슷한 방식으로 컨슈머는 브로커에서 메시지를 읽는다.

컨슈머는 상태 정보를 주키퍼의 도움으로 기록하는 반면에 카프카 브로커는 상태 정보를 관리하지 않는다. 이러한 설계가 카프카의 확장성을 지원한다. 컨슈머의 오프셋 값은 주키퍼에 의해 유지된다. 컨슈머는 파티션 오프셋을 사용해 얼마나 많은 메시지가 사용됐는지 기록한다. 이는 컨슈머가 주키퍼의 메시지 오프셋을 잘 인지하고 있으며, 주키퍼의 오프셋은 컨슈머가 모든 이전 메시지를 사용했음을 의미한다.

 이제 카프카 구조의 끝부분에 도달했다. 이 시점에서 카프카의 동작 구조에 익숙해지고, 모든 논리적 및 물리적 구성 요소를 이해했기를 바란다. 다음 절에서는 각 구성 요소의 세부적인 내용을 다룬다. 그러나 각 구성 요소를 다루기 전에 전반적인 카프카의 구조에 대한 이해가 반드시 필요하다.

▌ 메시지 토픽

소프트웨어 개발 또는 서비스 분야에서 종사한다면, 데이터베이스, 테이블, 레코드 등의 용어를 들어봤을 것이다. 데이터베이스에는 상품, 가격, 재고, 구매 등 여러 테이블이 있다. 각 테이블은 특정 분류의 데이터를 포함한다. 애플리케이션도 두 가지 부분을 갖고 있는데, 하나는 이러한 테이블에 레코드를 추가하는 부분과 다른 하나는 해당 테이블에서 레코드를 읽는 부분이다. 여기서는 테이블이 카프카에서 토픽이 되고, 데이터를 추가하는 애플리케이션은 프로듀서가 되며, 데이터를 읽는 애플리케이션은 컨슈머가 된다.

메시징 시스템에서 메시지는 어딘가에 저장돼 있어야 하는데, 카프카는 토픽에 메시지를 저장한다. 각 토픽은 카테고리에 속하며, 이는 상품 정보를 저장하는 한 개의 토픽과 영업 정보를 저장하는 다른 토픽을 가질 수 있음을 의미한다. 메시지를 전송하는 프로듀서는 토픽에 해당되는 카테고리에 전송할 수 있다. 이러한 메시지를 읽고 싶어하는 컨슈머는 관심이 있는 토픽의 카테고리를 구독하면 되며, 해당 카테고리를 소비할 것이다. 여기서 알아야 할 몇 가지 용어를 알아보자.

- 보유^{retention} 기간: 토픽 안의 메시지는 처리 시간과 상관없이 공간을 절약하기 위해 정해진 기간 동안만 저장할 필요가 있다. 선택 가능한 기간, 예를 들어 며칠 간으로 보유 기간을 설정할 수 있고 기본값은 7일이다. 카프카는 정해진 기간 동안 메시지를 보관하고 나서 삭제한다.
- 공간 유지 정책^{space retention policy}: 메시지의 크기가 설정된 임계값에 도달하면 메시지를 지우도록 설정할 수 있다. 그러나 카프카 시스템을 구축하기 전에 충분한 용량 계획을 수립하지 않은 경우에도 이 설정에 의한 삭제가 발생할 수 있다.
- 오프셋: 카프카에 할당된 각 메시지는 오프셋이라고 불리는 숫자가 사용된다. 토픽은 많은 파티션으로 구성돼 있으며, 각 파티션은 도착한 순서에 따라 메시지를 저장한다. 컨슈머는 오프셋으로 메시지를 인식하며, 이는 특정 오프셋 이전의 메시지는 컨슈머가 수신했음을 의미한다.

- **파티션**: 단위 카프카 토픽은 고정된 숫자의 파티션으로 구성된다. 카프카에서 토픽을 생성하는 동안 파티션 수를 설정해야 한다. 파티션은 분산이 가능하며 높은 메시지 처리율을 지원한다.

- **압축**compaction: 토픽 압축은 카프카 0.8 버전에서 소개됐다. 카프카에서는 이전의 메시지를 변경할 방법이 없고 단지 보유 기간이 지나면 삭제될 뿐이다. 가끔은 일부만 변경된 동일키의 새로운 카프카 메시지를 받을 수 있고, 컨슈머 입장에서는 최신 데이터만 처리하길 원할 수 있다. 압축 기능은 동일키를 가진 모든 메시지를 압축하고 키에 대한 맵을 생성하므로 이런 상황에서 유용하다. 여러 메시지에서 중복된 부분을 제거하는 작업을 지원한다.

- **리더**: 파티션은 지정된 복제 팩터factor에 따라 카프카 클러스터 전역에 걸쳐 복제된다. 각 파티션은 리더 브로커와 팔로워를 가지며, 파티션에 대한 모든 읽기와 쓰기 요청은 리더를 통해서만 진행된다. 리더에 장애가 발생하면 다른 리더가 선정되고 진행이 재개된다.

- **버퍼링**buffering: 프로듀서와 컨슈머 양쪽의 카프카 버퍼 메시지는 처리 속도를 향상시키고 입출력 빈도를 줄인다. 세부적인 내용은 이후에 더 다룰 것이다.

▎ 메시지 파티션

우리가 구매 테이블을 소유하고 있고, 전자제품 같은 특정 카테고리에 있는 구매 테이블에서 하나의 제품에 대한 레코드를 읽기 원한다고 가정해보자. 일반적인 과정으로는 단순히 다른 레코드를 걸러내 찾아내겠지만, 우리가 선택한 기록을 빨리 읽을 수 있는 그런 방식으로 테이블을 파티션으로 나누면 어떻게 될까?

이것이 바로 카프카에서 **병렬 처리를 위한 단위**로 알려진 파티션으로 구분했을 때 실제 일어나는 일이다. 이는 또한 더 많은 파티션이 더 나은 처리 속도를 만든다는 의미이기도 하지만, 파티션을 많이 나누도록 구성해야한다는 뜻은 아니다. 이제 파티션의 수를 증가시키는 경우에 대한 장단점을 알아보자.

토픽을 생성하는 동안에 토픽을 위한 파티션의 수를 항상 언급하게 된다. 각 메시지는 파티션에 추가되며 단위 메시지는 오프셋으로 불리는 숫자에 맞게 할당된다. 카프카는 유사한 키를 갖고 있는 메시지가 동일한 파티션으로 전송되도록 하며, 메시지 키의 해시(hash) 값을 산출하고, 해당 파티션에 메시지를 추가한다. 메시지의 시간적 순서는 토픽에 대해서는 보장되지 않지만, 파티션 안에서는 항상 보장된다. 이는 나중에 도착한 메시지가 항상 파티션의 끝부분에 추가됨을 의미한다.

 파티션은 내결함성을 지원하며, 카프카의 브로커에 걸쳐서 복제된다. 각 파티션은 파티션의 리더가 있고, 리더는 파티션에서 메시지를 읽기를 원하는 컨슈머에게 메시지를 제공한다. 리더에 장애가 발생하면 새로운 리더가 선정되고, 컨슈머에게 지속적으로 메시지를 제공한다. 이러한 동작은 높은 처리량과 빠른 처리 속도를 지원한다.

많은 수의 파티션을 구성하는 경우의 장단점을 알아보자.

- **높은 처리량**throughput: 파티션은 카프카에서 병렬 처리를 지원하도록 구성하는 방안이다. 여러 파티션에 대한 쓰기 동작은 동시에 진행된다. 시간을 소비하는 모든 동작은 병렬로 진행할 수 있으며, 하드웨어 자원을 최대한 활용할 수 있다. 컨슈머 입장에서 보면 하나의 파티션은 컨슈머 그룹 내에서 한 개의 컨슈머에 할당될 것이며, 이는 다른 그룹의 여러 컨슈머는 해당 파티션으로부터 읽기가 가능하지만, 동일한 컨슈머 그룹 안의 다른 컨슈머는 해당 파티션에서 메시지 읽기가 허용되지 않음을 의미한다.

  그러므로 단일 컨슈머 그룹의 병렬 처리량은 읽으려는 파티션의 수에 달려있다. 여러 개의 파티션은 높은 처리량을 이끌어낸다.

파티션 수의 선택은 달성하려는 처리량이 얼마나 되는지에 따른다. 더 자세한 사항은 이후에 다룰 것이다. 프로듀서 입장에서의 처리량도 여러 가지 요소에 의해 결정되는데, 예를 들면 배치 크기, 압축 형태, 복제 개수, ACK 유형, 그리고 '3장 카프카 프로듀서'에서 살펴볼 세부 설정에 영향을 받는다.

그러나 파티션 수의 변경은 신중해야 하며, 파티션에 대한 메시지 매핑mapping은 전적으로 메시지 키를 사용해 생성된 해시 코드에 달려있고, 메시지 키는 동일한 키를 사용하는 메시지가 동일한 파티션으로 기록되는 것을 보장한다. 이는 컨슈머에 대해 파티션에 저장된 순서대로 메시지가 전달되도록 한다. 만일 파티션 수를 변경한다면, 메시지의 분배가 변경되므로 구독 중인 컨슈머에 대해서 예전의 순서는 더 이상 보장하지 못한다. 프로듀서와 컨슈머의 처리 성능은 3장에서 논의할 여러 설정에 따라 향상되거나 감소될 수 있다.

- **프로듀서 메모리 증가**: 파티션 수를 증가시키는 일이 얼마나 프로듀서 메모리를 증가시키는지 관심을 가져야 한다. 프로듀서는 브로커로 데이터를 내보내기 전에 몇 가지 내부 동작이 있고, 파티션 안에 저장을 요청한다. 프로듀서는 파티션마다 들어오는 메시지를 버퍼에 보관한다. 일정 크기나 시간 설정에 도달하면 프로듀서는 브로커에게 메시지를 보내고 버퍼에서 지운다.

  파티션 수를 증가시키는 경우에는 버퍼링을 위해 할당된 메모리가 일시적으로 과도해질 수 있으며, 프로듀서는 브로커에게 버퍼에 있는 데이터를 보낼 때까지 메시지의 생성을 막게 된다. 결국 처리량이 감소하는 것이다. 이러한 상황을 막기 위해서 프로듀서에 대해서 더 많은 메모리를 설정할 필요가 있고, 결과적으로 여분의 메모리는 프로듀서에 할당된다.

- **고가용성 문제**: 카프카는 고가용성을 지원하는 고성능 분산 메시징 시스템이다. 카프카 브로커는 여러 토픽을 수천 개의 파티션에 저장한다. 파티션에 대한 읽기와 쓰기는 파티션 리더를 통해 발생한다. 일반적으로 리더에 장애가 발생하면 새

로운 리더가 수 밀리초 안에 선정되고, 컨트롤러를 통해 장애 여부를 관찰한다. 컨트롤러는 브로커 중에 하나일 뿐이다. 새로운 리더가 프로듀서와 컨슈머의 요청을 처리한다. 요청을 처리하기 전에 컨트롤러는 주키퍼에서 파티션의 메타데이터를 읽어 온다. 그러나 정상적인, 또는 예상되는 장애에 대해서는 읽을 정보가 적으며 수 밀리초만 소요된다. 의도하지 않은 브로커의 종료 같은 예상치 못한 장애의 경우, 파티션 수에 따라 몇 초의 지연이 발생할 수 있다. 일반적인 수식은 다음과 같다.

지연 시간 = (파티션 또는 복제 개수 × 단일 파티션의 메타데이터를 읽는 시간)

또 다른 가능성은 문제가 발생한 브로커가 컨트롤러인 경우이며, 컨트롤러의 대체 시간은 파티션의 수에 달려있다. 새로운 컨트롤러는 각 파티션의 메타데이터를 읽고, 컨트롤러를 시작하는 시간의 경우 파티션 수에 비례해 증가한다.

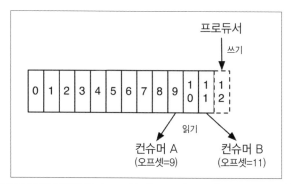

카프카 파티션(참고자료: https://kafka.apache.org/documentation/)

파티션 수를 선택하는 데는 주의가 필요하며, 이후 이러한 내용과 함께 카프카 성능을 최대한 사용할 수 있는지에 대한 내용을 다룰 것이다.

▌ 복제와 복제 로그

복제는 카프카 시스템에서 신뢰성을 구현하기 위해 가장 중요한 부분이다. 각 토픽 파티션에 대한 메시지 로그의 복제본은 카프카 클러스터 내의 여러 서버에 걸쳐서 관리되고, 구분된 개별 토픽에 대해서 설정이 가능하다. 기본적으로 하나의 토픽에 대해 복제 팩터를 3으로 설정하고 다른 토픽에는 5를 설정할 수 있다는 뜻이다. 모든 읽기와 쓰기 동작은 리더를 통해서 발생하고, 리더에 장애가 발생하면 팔로워 중 하나가 리더로 선정된다.

일반적으로 팔로워는 리더의 로그 복사본을 보관하는데, 이는 리더가 모든 팔로워로부터 ACK를 받기 전까지 메시지를 커밋commit하지 않는다는 것을 의미한다. 로그의 복제를 수행하는 알고리즘은 몇 가지가 있는데, 리더가 프로듀서에게 메시지가 커밋됐음을 알리면, 컨슈머가 메시지를 읽는 것이 가능하도록 해야 한다.

이 같은 복제본의 일관성을 유지하기 위한 두 가지 방법이 있다. 두 가지 모두 처리할 읽기와 쓰기 요청에 대한 리더가 있고, 복제본 관리와 리더 선정에서 작은 차이가 있다.

- **쿼럼quorum 기반 방식**: 이 방식은 다수 또는 과반수의 복제본replicas이 메시지를 수신했다는 ACK를 갖는 경우에만 리더가 메시지를 커밋된 것으로 표시하는 방식이다. 리더에 장애가 발생하면, 새 리더의 선정은 팔로워 사이에서의 조정을 통해서만 진행된다. 리더를 선정하는 알고리즘과 그러한 알고리즘에 대한 더 자세한 내용은 이 책에서는 다루지 않는다. 주키퍼는 리더 선정에 대해 쿼럼 기반 방식을 따른다.
- **주 백업primary backup 방식**: 카프카는 복제본 관리에 다른 방식을 사용하는데, 카프카 리더는 메시지를 커밋된 상태로 표시하기 전에 모든 팔로워로부터 ACK를 기다린다. 리더에 장애가 발생하면 어떤 팔로워라도 리더를 대체할 수 있다.

이 방식은 처리 시간과 처리량에 대해서 부담이 생기지만, 메시지와 데이터에 대한 더 나은 일관성을 보장한다. 각 리더는 ISR^in sync replica로 표기되는 인 싱크 복제 세트를 기록한다. 이는 각 파티션에 대해 한 개의 리더와 주키퍼에 저장된 ISR을 갖는다는 의미다. 읽기와 쓰기 작업은 다음과 같이 진행된다.

- **쓰기**: 모든 리더와 팔로워는 로그의 끝부분을 나타내는 오프셋을 유지하면서 자신만의 지역 로그^local log를 갖는다. 커밋된 최신 메시지의 오프셋을 하이 워터마크^high watermark라고 한다. 파티션에 메시지를 쓰기 위한 클라이언트 요청이 발생하면 먼저 주키퍼로부터 해당 파티션의 리더를 확인하고 쓰기 요청을 생성한다. 리더는 로그에 메시지를 쓰고, 이어서 ACK를 반환하는 ISR 안의 팔로워를 기다린다. 일단 ACK를 받으면 단순하게 하이 워터마크를 가리키는 포인터를 증가시키고 클라이언트로 ACK를 보낸다. ISR 안에 존재하는 팔로워 중에서 일부 장애가 발생하면, 리더는 단순히 ISR에서 해당 팔로워를 제외시키고 다른 팔로워와 계속 작업을 진행한다. 장애가 발생한 팔로워가 다시 회복되면 로그를 동기화해서 리더와의 작업을 재개한다. 그러면 이제 리더는 다시 ISR에 해당 팔로워를 추가하게 된다.

- **읽기**: 모든 읽기 작업은 리더를 통해서만 발생한다. 리더에 의해 ACK가 확인된 메시지는 클라이언트가 읽을 수 있도록 가용한 상태가 된다.

다음은 카프카의 로그 작업에 대한 이해를 돕는 그림이다.

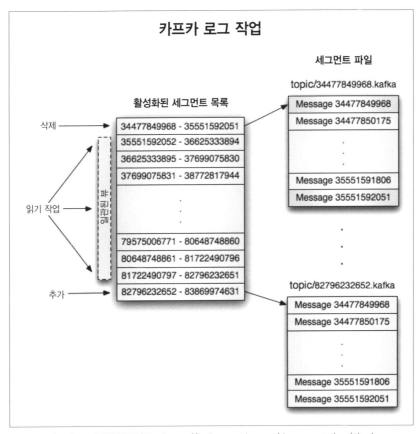

카프카 로그 작업(참고자료 : https://kafka.apache.org/documentation/#log)

▌ 메시지 프로듀서

카프카에서는 프로듀서가 데이터를 생성하기 위한 해당 토픽의 파티션으로 데이터를 보낼 책임이 있다.

일반적으로 프로듀서는 파티션으로 데이터를 쓰지 않고, 메시지에 대한 쓰기 요청을 생성해서 리더 브로커에게 전송한다. 파티셔너(partitioner)가 메시지의 해시 값(hash value)을 계산하는데, 프로듀서가 어떤 파티션을 선택해야 하는지 알 수 있도록 지원한다.

일반적으로 해시 값은 메시지 키를 갖고 계산되며, 메시지 키는 카프카의 토픽으로 메시지를 기록할 때 제공된다. 널null 키를 갖는 메시지는 분산 메시징을 지원하는 파티션에 대해 라운드 로빈round-robin 방식으로 분배된다. 카프카에서의 각 파티션은 한 개의 리더를 가지며, 각 읽기와 쓰기 요청은 리더를 통해서만 진행된다. 그래서 어떤 토픽의 파티션에 대한 쓰기 요청은 리더 브로커에 의해 관리된다. 프로듀서는 설정에 따라 메시지의 ACK를 기다리며, 일반적으로 특정 메시지에 대한 복제를 완료했는지 확인될 때까지 기다린다.

 메시지를 커밋해도 된다는 모든 복제본(replica)의 확인이 없다면, 읽기 작업은 허용되지 않는다. 이러한 설정이 기본값이며, 만일 리더 브로커에 장애가 발생하더라도 메시지 손실이 없음을 보장한다.

그렇지만 확인 여부acknowledgement 설정을 '1'로 할 수 있는데, 이 경우 리더에 의해 메시지가 커밋되면 읽기를 허용하고 카프카 프로듀서가 다음 메시지를 생성할 수 있게 한다. 이 설정은 다른 복제본이 메시지를 커밋하기 전에 브로커에 장애가 발생한 경우, 메시지가 손실될 수 있기 때문에 위험하다. 이러한 경우 지속성durability은 떨어지지만 처리 성능은 좋아진다.

반면에 컨슈머 시스템이 애플리케이션의 일부로 어떠한 메시지 손실도 허용하지 않는 경우에는 처리 성능을 어느 정도 타협하는 것이 좋다. 3장에서 프로듀서에 대한 더 세부적인 사항을 다룰 것이다.

▌ 메시지 컨슈머

카프카 토픽을 구독하는 것은 모두 컨슈머로 본다. 각 컨슈머는 컨슈머 그룹에 속해 있으며, 일부 컨슈머 그룹은 여러 개의 컨슈머를 포함한다. 카프카에서 흥미로운 부분인 컨슈머의 세부적인 내용을 알아보자.

 동일한 그룹에 속한 두 개의 컨슈머는 하나의 파티션으로부터 메시지를 읽을 수 없는데, 이는 메시지 사용과 순서가 엉키기 때문이다. 그러나 동일 그룹의 여러 컨슈머는 동시에 같은 토픽의 다른 파티션에서 메시지를 사용할 수 있다. 비슷한 원리로, 다른 그룹의 컨슈머는 사용 순서에 영향을 주지 않으면서 병렬 방식으로 동일한 파티션의 메시지를 사용할 수 있다.

그러므로 그룹이 중요한 역할을 하게 되며, 카프카의 초기 버전에서는 주키퍼가 그룹 관리를 했지만 최근 버전에서는 내장된 자체 그룹 프로토콜을 갖고 있다. 브로커 중 하나가 그룹 관리자 역할을 하게 되며, 그룹을 위한 파티션의 할당과 관리를 책임진다. 주키퍼와 주키퍼 프로토콜은 컨슈머와 관련된 내용으로 이후에 따로 다룰 것이다.

파티션 안의 메시지에 대해 오프셋을 할당한다는 점을 유념해야 한다. 각 컨슈머는 오프셋을 읽고 그룹 컨테이너나 주키퍼에 대해서 오프셋을 커밋한다. 그래서 컨슈머에 어떤 이유로 장애가 발생하면 커밋된 오프셋을 사용해 다음 메시지부터 작업을 재개한다.

 오프셋은 컨슈머에 의한 메시지 처리를 확실하게 관리하는데, 전반적인 처리 과정의 일부로 동작하는 프로그램의 대부분이 메시지의 손실을 허용할 수 없으므로 중요한 개념이다.

주키퍼의 역할

이미 이전 절에서 주키퍼에 대한 많은 내용을 설명했다. 주키퍼는 카프카 구조상 매우 중요한 역할을 수행하며, 카프카 클러스터 상태 정보를 어떻게 기록하는지 이해하는 것 역시 중요하다. 그래서 카프카 클러스터에서의 주키퍼 역할을 위한 별도의 부분을 마련했다. 카프카는 주키퍼 없이 동작하지 못하며, 카프카는 다음과 같은 기능을 위해 주키퍼를 사용한다.

- **컨트롤러 선정**: 컨트롤러는 파티션 관리를 책임지는 브로커 중에 하나이며, 파티션 관리는 리더 선정, 토픽 생성, 파티션 생성, 복제본 관리 등을 포함한다. 하나의 노드 또는 서버가 꺼지면 카프카 컨트롤러는 팔로워 중에서 파티션 리더를 선정한다. 카프카는 컨트롤러를 선정하기 위해 주키퍼의 메타데이터 정보를 활용한다. 주키퍼는 현재의 컨트롤러에 장애가 나면 새로운 컨트롤러가 선정되는 것을 보장한다.
- **브로커 메타데이터**: 주키퍼는 카프카 클러스터의 일부인 각 브로커에 대해 상태 정보를 기록한다. 클러스터 내에서 각 브로커의 모든 관련 메타데이터를 기록한다. 프로듀서와 컨슈머는 주키퍼와의 상호 작용으로 브로커의 상태 정보를 얻는다.
- **토픽 메타데이터**: 주키퍼는 또한 파티션 수, 특정한 설정 파라미터 등의 토픽 메타데이터를 기록한다.
- **클라이언트 할당quota 정보**: 새로운 버전의 카프카에서 할당 기능이 소개됐다. 할당량은 카프카 토픽의 메시지를 읽고 쓰는 클라이언트에 대한 바이트 비율의 임계값을 제한하며, 모든 정보와 상태는 주키퍼가 관리한다.
- **카프카 토픽 ACLs**: 카프카는 내장된 인증 모듈, 즉 **접근 제어 목록**ACLs, Access Control Lists을 갖고 있다. 이러한 ACLs는 사용자 역할과 관련된 토픽에 대해 읽기와 쓰기 권한 종류를 결정한다. 카프카는 ACLs를 저장하는데 주키퍼를 사용한다.

이 내용에서 주키퍼가 어떻게 카프카 클러스터 안에서 사용되며, 왜 카프카 클러스터가 주키퍼 없이는 실행될 수 없는지 요약했다. 3장에서는 기술적인 측면에서 더 깊이 있게 주키퍼의 개념을 다룰 것이다.

▌ 요약

드디어 2장의 끝부분에 도달했다. 이제는 카프카 메시징 시스템의 기초를 이해했을 것이다. 어떤 시스템을 완전히 익힐 때 중요한 점은 시스템의 처음부터 끝까지 개괄적으로 먼저 이해하는 것이다. 이제 세부적인 시스템의 구성 요소를 살펴보기 위한 더 좋은 위치에 와있다. 전반적인 시스템 이해를 통해 항상 논리적인 연결을 설정하며, 개별 구성 요소가 특정 방식으로 설계된 이유를 이해할 수 있다. 이것이 2장의 목표다.

카프카의 유래를 통해 왜 카프카가 제작됐는지 보았고, 이어서 카프카를 만들어야 했던 링크드인 시스템의 문제점도 다뤘다. 해당 내용은 카프카가 해결한 문제의 유형을 분명히 이해하게 한다.

더 나아가 카프카의 논리적인 구조와 시스템적인 구조를 설명했다. 두 가지 관점에서 카프카의 구조를 다뤄 기능적인 면과 기술적인 측면에서 카프카를 이해할 수 있었다. 논리적 관점에서는 데이터 흐름에 따른 동작 과정과 여러 구성 요소 사이의 관계에 집중했다. 기술적인 관점에서는 기술적으로 프로듀서와 컨슈머 애플리케이션에 대한 설계와 함께 카프카의 물리적 설계 구조에 대해 이해했다. 물리적 측면은 시스템 전반적인 논리적 구조에 대해 살펴봤다. 물리적 구조 부분에서는 프로듀서 애플리케이션, 컨슈머 애플리케이션, 카프카 브로커(노드)와 주키퍼를 다뤘다.

2장에서는 카프카의 설계 구조를 설명하면서 표현되는 모든 구성 요소를 언급했다. 이제 3장에서 이 모든 구성 요소를 깊이 있게 다룰 것이다. 하지만 카프카의 각 구성 요소 역할과 책임에 대한 이해가 중요한 목적이다. 카프카의 모든 구성 요소는 수행할 특정 역할이 있고, 하나만 빠지더라도 전반적인 기능을 수행할 수 없다. 2장에서 또 다른 중요한 점은 병렬 처리와 카프카에서 동작하는 파티셔닝partitioning 시스템에 대해 이해하는 것이다. 이는 카프카를 사용하면서 빠른 처리 속도를 내기 위한 설계에서 핵심 요소 중 하나다.

3장에서는 카프카 프로듀서와 프로듀서 애플리케이션을 어떻게 설계해야 하는지 다룬다. 또한 프로듀서 API와 함께 카프카 프로듀서를 활용한 훌륭한 사례를 다룰 것이다.

03

카프카 프로듀서

2장에서 메시징 시스템과 카프카의 구조에 대해 배웠다. 좋은 출발을 했으니 이제 카프카 프로듀서를 깊이 있게 살펴볼 차례다. 카프카는 메시지 큐, 메시지 버스bus, 데이터 저장 시스템storage system으로 활용할 수 있다. 기업에서 카프카의 용도와 상관없이 카프카 클러스터에 대해 데이터를 기록하는 애플리케이션 시스템이 필요한데 이것을 **프로듀서**라고 한다. 그 이름에서 알 수 있듯이 카프카 토픽의 메시지 소스 또는 메시지 생산자다. 카프카 프로듀서는 카프카 제작자에 의해 정의된 카프카 프로토콜에 맞게 메시지를 게시한다. 프로듀서에 대한 모든 내용을 다루는 3장에서는 프로듀서의 내부 동작과 자바 또는 스칼라 Scala API를 사용한 예제 코드, 카프카 API를 작성하는 좋은 사례를 다룬다. 3장에서 다음과 같은 주제를 다룬다.

- 카프카 프로듀서의 내부 구조
- 카프카 프로듀서 API와 활용법
- 파티션과 활용법
- 프로듀서에 대한 추가 설정
- 일반적인 프로듀서 유형
- 프로듀서 예제
- 카프카 프로듀서 모범 사례

▌ 카프카 프로듀서의 내부 구조

여러 카프카 프로듀서 구성 요소에 대해 살펴보고, 카프카 프로듀서 애플리케이션에서 카프카 큐로 메시지가 전달되는 과정을 더 높은 수준에서 살펴본다. 프로듀서 애플리케이션 작성의 경우 추상화 계층abstract layer에 메서드를 노출하는 프로듀서 API를 보통 사용한다. 어떤 데이터를 보내기 전에 상당히 많은 단계가 위의 API를 사용하면서 수행되므로, 카프카 프로듀서에 대한 완벽한 지식을 얻기 위해서는 이 절에서 다룰 내부 동작을 이해하는 것이 중요하다. 우선 메시지 게시와 별개로 카프카 프로듀서가 책임지는 역할에 대해 하나씩 살펴보자.

- **카프카 브로커 URL 부트스트랩하기**: 프로듀서는 카프카 클러스터에 대한 메타데이터를 가져오기 위해 최소 하나의 브로커에 연결한다. 프로듀서가 연결하기를 원하는 첫 번째 브로커가 다운될 경우에 발생하기도 한다. 확실한 장애 조치failover를 위해 프로듀서를 실행하면서 부트스트랩하기bootstrapping 위한 한 개 이상의 브로커 URL을 보유한 목록을 사용한다. 프로듀서는 클러스터의 메타데이터를 가져오기 위한 하나의 연결이 생성될 때까지 카프카 브로커 주소 목록에서 하나씩 연결을 시도한다.

- **데이터 직렬화**: 카프카는 TCP기반의 데이터 송수신을 위해 이진 프로토콜을 사용한다. 이는 카프카에 데이터를 기록할 때, 프로듀서는 미리 정의된 카프카 브로커 네트워크 포트port에 데이터를 정렬된 바이트 시퀀스sequence 형태로 전송한다는 의미다. 계속해서 동일한 형태로 카프카 브로커에서 응답 바이트 시퀀스를 읽는다. 카프카 프로듀서는 네트워크상의 해당 브로커에 레코드를 보내기 전에 모든 메시지 데이터 객체를 바이트 배열로 직렬화serialization한다. 유사한 방식으로 메시지 객체에 대한 응답으로 브로커로부터 받은 바이트 시퀀스를 변환한다.
- **토픽 파티션의 결정**: 어떤 파티션으로 데이터가 전송돼야 하는지 결정하는 일은 카프카 프로듀서의 책임이다. 호출자caller 프로그램에 의해 파티션이 정해진다면, 프로듀서 API는 토픽 파티션을 결정하지 않고 직접 데이터를 보낸다. 그러나 파티션이 지정되지 않은 경우에는 프로듀서가 메시지에 대한 파티션을 선택한다. 일반적으로 메시지 데이터 객체의 키를 사용하게 된다. 또한 기업의 업무 로직에 따라 데이터가 특정 파티션에 속하기를 원하면 사용자 정의 파티셔너custom partitioner 코드를 작성할 수 있다.
- **처리 실패/재시도 기능**: 처리 실패 응답이나 재시도 횟수는 프로듀서 애플리케이션에 의해 제어돼야 한다. 프로듀서 API 설정을 통해 재시도 횟수를 설정할 수 있고, 기업의 표준으로 결정돼야 한다. 예외 처리는 프로듀서 애플리케이션 구성 요소를 통해 수행된다. 예외 오류의 종류에 따라 여러 데이터 흐름을 결정할 수 있다.
- **배치 처리**: 효율적인 메시지 전송을 위해서 배치는 매우 유용한 방식이다. 프로듀서 API를 설정을 통해 프로듀서가 비동기 모드의 사용 여부를 제어할 수 있다. 배치 처리는 입출력 횟수를 줄이고 프로듀서 메모리를 최적화한다. 배치에서의 메시지 수를 결정하면서 전반적인 처리 속도에 유의해야 한다. 전반적인 처리 속도는 배치에서의 메시지 수에 비례해 증가한다.

앞서 다룬 내용에서 카프카 프로듀서가 책임져야할 주요 사항을 잘 설명했기를 바란다. 이제 카프카 프로듀서의 데이터 흐름에 대해 논의하자. 데이터 흐름을 보면 카프카 메시지를 생성하는 과정에 대한 분명한 이해를 도울 수 있다.

다음 그림은 카프카 클러스터에서 메시지를 생성하는 과정과 관련된 단계를 개괄적으로 보여준다.

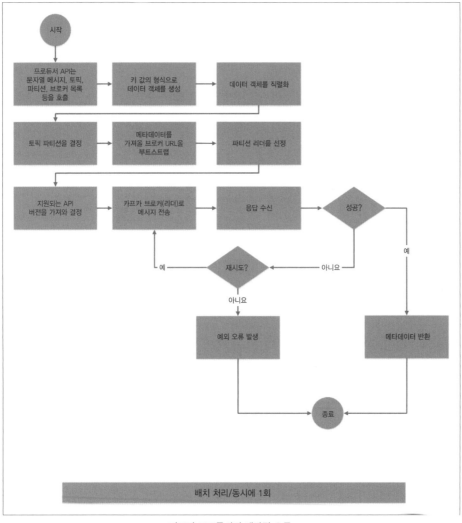

카프카 프로듀서의 개괄적 흐름

프로듀서의 내부 수행방식이나 단계적인 시퀀스는 프로그램 언어에 따라 다를 수 있다. 일부 과정은 스레드(thread)나 콜백(callback)을 사용해 병렬로 처리된다.

카프카 토픽으로 메시지를 게시하는 작업은 문자열 형식의 메시지, 파티션(선택적), 브로커 URL 같은 여러 설정 등의 세부 사항을 사용하는 프로듀서 API를 호출해 시작한다. 프로듀서 API는 중첩된 키 값^{key-value}의 쌍^{pair}으로 이뤄진 데이터 객체로 구성된 정보를 전달받아 사용한다. 일단 데이터 객체가 완성되면 프로듀서는 그것을 바이트 배열로 직렬화하는데, 이는 내장된 직렬화 기능을 사용하거나 직접 시리얼라이저^{serializer}를 제작할 수 있다. 에이브로가 일반적으로 데이터의 직렬화에 사용되는 도구 중 하나다.

 직렬화는 효과적인 네트워크 전송, 카프카 이진 프로토콜을 확실히 따르도록 한다.

다음으로 데이터가 전송될 파티션을 결정한다. 파티션 정보가 API 호출로 전달되면, 프로듀서는 해당 파티션을 직접 사용한다. 그러나 파티션 정보가 전달되지 않은 경우에는 프로듀서가 데이터를 전달할 파티션을 선정한다. 일반적으로 데이터 객체에 정의된 키를 사용해 결정한다. 일단 레코드 파티션이 결정되면 프로듀서는 메시지를 보내기 위해 연결할 브로커를 결정한다. 프로듀서를 선택하는 부트스트랩 과정으로 이러한 과정이 수행되며, 다음 단계로 메타데이터를 사용해 리더 브로커를 결정한다.

프로듀서는 또한 카프카 브로커를 지원하는 API 버전을 결정할 필요가 있다. 이는 카프카 클러스터에 의해 노출된 API 버전을 사용해 결정하는데, 여러 프로듀서 API 버전을 지원하도록 하는 것이 목표다. 해당되는 리더 브로커와 통신하는 동안 프로듀서와 브로커 양측은 지원 가능한 가장 높은 API 버전을 사용해야 한다.

프로듀서는 쓰기 요청에서 사용된 API 버전을 보낸다. 브로커는 호환되는 API 버전이 쓰기 요청안에 반영되지 않았다면 쓰기 요청을 거부할 수 있다. 이런 설정이 이전 버전의 API를 지원하면서도 계속 증가하는 버전의 API 변경을 안전하게 만든다.

일단 직렬화된 데이터 객체가 선택된 브로커로 전달되면, 프로듀서는 해당 브로커로부터 응답을 수신한다. 새로운 메시지 오프셋을 사용함에 따라 해당 파티션의 메타데이터를 수신하면, 응답은 곧 성공한 것으로 간주된다. 그러나 오류 코드가 응답으로 수신되면 프로듀서는 예외exception를 발생시키거나 기존에 받은 설정에 따라서 재시도를 수행한다.

3장에서 다루는 다음 내용은 카프카 프로듀서 API의 기술적인 측면을 깊이 있게 살펴보고, 자바와 스칼라 프로그램에서 사용하는 법을 다룰 것이다.

▍카프카 프로듀서 API

카프카는 상호 작용하는 애플리케이션을 만들기 위한 풍부한 API 세트를 제공한다. 프로듀서 API에 대해 세부 사항을 살펴보고 활용법을 알아보겠다.

카프카 프로듀서 생성은 다음과 같은 단계로 이뤄진다.

1. 필요한 설정
2. 프로듀서 객체 생성
3. 프로듀서 레코드 구성
4. 필요할 경우 사용자 정의 파티션 생성
5. 추가 설정

필요한 설정: 대부분의 애플리케이션에 대해 실행할 수 없는 경우를 제외하고는 초기 설정을 생성해서 시작한다. 다음은 세 가지 필수 설정 파라미터다.

- `bootstrap.servers`: 카프카 브로커 주소의 목록을 포함한다. 주소는 `hostname:port` 형식으로 지정된다. 한 개 또는 여러 개의 브로커 세부 사항을 지정할 수 있지만, 하나의 브로커가 실패하면 프로듀서가 다른 브로커를 사용할 수 있도록 최소 두 개를 지정하는 방법을 권한다.

> 카프카 프로듀서는 다른 여러 브로커 정보에 대해 이와 같이 이미 설정된 브로커를 질의하기 때문에 모든 브로커를 지정해둘 필요는 없다. 카프카의 예전 버전에서는 `metadata.broker.list` 속성을 사용했으며, 브로커 목록은 `host:port` 형식을 사용했다.

- `key.serializer`: 메시지는 키 값의 쌍으로 이뤄진 형태로 카프카 브로커에게 전송된다. 브로커는 이 키 값이 바이트 배열로 돼있다고 가정한다. 그래서 프로듀서에게 어떠한 직렬화 클래스가 키 값을 바이트 배열로 변환할 때 사용됐는지 알려줘야 한다. 이 속성이 프로듀서에게 어떤 클래스가 메시지 키를 직렬화하면서 사용됐는지 나타낸다.
  카프카는 세 가지 내장된 직렬화 클래스를 제공한다.
  - `ByteArraySerializer`, `StringSerializer`, `IntegerSerializer`

  이 모든 클래스는 다음과 같이 위치한다.
  - `org.apache.kafka.common.serialization` 패키지, 'serializer interface'로 구현된다.
- `value.serializer`: `key.serializer` 속성과 유사하지만 이 속성은 프로듀서가 값을 직렬화하기 위해 사용할 클래스를 알려준다. 직접 제작한 직렬화 클래스를 사용할 수 있으며, 이 속성에 설정하면 된다.

프로그램 작성 시에는 어떻게 구현할 수 있는지 살펴보자.

다음은 Java에서 어떻게 프로듀서 API를 구현하는지를 알아보는 사례다.

```
Properties producerProps = new Properties();
producerProps.put("bootstrap.servers", "broker1:port,broker2:port");
producerProps.put("key.serializer",
   "org.apache.kafka.common.serialization.StringSerializer");
    producerProps.put("value.serializer",
       "org.apache.kafka.common.serialization.StringSerializer");
KafkaProducer<String, String> producer = new
   KafkaProducer<String,String>(producerProps);
```

스칼라에서는 다음과 같다.

```
val producerProps = new Properties()
   producerProps.put("bootstrap.servers", "broker1:port,broker2:port");

producerProps.put("key.serializer",
   "org.apache.kafka.common.serialization.StringSerializer")
producerProps.put("value.serializer",
   "org.apache.kafka.common.serialization.StringSerializer")

val producer = new KafkaProducer[String, String](producerProps)
```

이 코드는 세 가지 특징을 갖고 있다.

- **속성 객체**: 처음에 속성 객체properties object를 생성하면서 시작하는데, 이 객체는 put 메서드를 포함하며, 올바른 위치에 키 값을 설정하는 데 사용된다.
- **직렬화 클래스**: 키 값 모두에 대해 StringSerializer를 사용하며, 키 값 모두 문자열로 구성된다.
- **프로듀서 객체**: 설정 객체를 넘겨주면서 프로듀서 객체를 생성하는데, 브로커 서버에 대한 특정 정보와 직렬화 클래스, 이후에 다룰 기타 설정을 프로듀서에게 전달한다.

프로듀서 객체와 ProducerRecord 객체

프로듀서는 .ProducerRecord 토픽에 레코드를 전송하는 ProducerRecord 객체를 갖는데, 토픽 이름, 파티션 번호, 타임스탬프timestamp, 키, 값 등을 포함한다. 파티션 번호, 타임스탬프, 키 등은 선택 파라미터지만 데이터를 보낼 토픽과 데이터 값은 반드시 포함해야 한다.

- 파티션 번호가 지정되면, 지정된 파티션은 레코드를 전송할 때 사용된다.
- 파티션이 지정되지 않고 키가 지정된 경우에는 파티션은 키의 해시를 사용해 정한다.
- 키와 파티션 모두 지정되지 않은 경우에는 파티션은 라운드 로빈round-robin 방식으로 할당된다.

자바에서의 ProducerRecord는 다음과 같다.

```
ProducerRecord producerRecord = new ProducerRecord<String,
    String>(topicName, data);
Future<RecordMetadata> recordMetadata = producer.send(producerRecord);
```

스칼라에서의 ProducerRecord는 다음과 같다.

```
val producerRecord = new ProducerRecord<String, String>(topicName, data);
val recordMetadata = producer.send(producerRecord);
```

ProducerRecord의 생성자는 다음처럼 다르게 사용된다.

- ProducerRecord의 처음 생성자다.

  ```
  ProducerRecord(String topicName, Integer numberOfpartition, K key, V
  value)
  ```

- 두 번째 생성자는 다음과 같다.

```
ProducerRecord(String topicName, Integer numberOfpartition, Long
timestamp, K key, V value)
```

- 세 번째 생성자는 다음과 같다.

```
ProducerRecord(String topicName, K key, V value)
```

- 여기서 논의하는 마지막 생성자는 다음과 같다.

```
ProducerRecord(String topicName, V value)
```

각 레코드는 또한 연관된 타임스탬프를 갖고 있다. 타임스탬프가 없다면 프로듀서는 현재 시간을 기준으로 레코드를 기록한다. 특정 토픽에 대해 설정된 타임스탬프 형식에 따라 카프카가 결국에는 타임스탬프를 사용하게 된다.

- CreateTime: ProducerRecord의 타임스탬프는 데이터를 추가할 때 사용된다.
- LogAppendTime: 카프카 브로커는 메시지에 ProducerRecord의 타임스탬프를 덮어 쓰고, 로그에 메시지가 추가되면 새로운 타임스탬프를 추가한다.

일단 send( )를 사용해 데이터를 전송하면 브로커는 파티션 로그에 메시지를 유지하고, 레코드에 대한 서버 응답의 메타데이터를 포함한 RecordMetadata를 반환하는데, 레코드는 오프셋, 체크섬checksum, 타임스탬프, 토픽, serializedKeySize 등을 포함한다. 앞에서 일반적인 메시지 게시 유형에 대해 논의했는데, 메시지의 전송은 동기 또는 비동기로 수행될 수 있다.

동기synchronous 메시징: 프로듀서는 메시지를 보내고 브로커의 회신을 기다린다. 카프카 브로커는 오류 또는 RecordMetadata를 보낸다. 오류 유형에 따라서 처리가 가능하며 이런 종류의 메시징은 처리 성능을 높이고 처리 시간을 줄이는데, 이는 프로듀서가 다음 메시지를 보내기 위해 응답을 기다리기 때문이다.

일반적으로 카프카는 어떤 연결 오류가 발생하면 재전송을 시도한다. 그러나 직렬화, 메시지 등에 관련된 오류는 애플리케이션에 의해 처리돼야 하며, 이 경우 카프카는 재전송을 시도하지 않고 예외를 즉시 발생시킨다.

자바:

```
ProducerRecord producerRecord = new ProducerRecord<String,
    String>(topicName, data);
Object recordMetadata = producer.send(producerRecord).get();
```

스칼라:

```
val producerRecord = new ProducerRecord<String, String>(topicName, data);
val recordMetadata = producer.send(producerRecord);
```

비동기asynchronous **메시징**: 일부 즉각적으로 응답 처리를 원하지 않는 경우, 또는 한두 개의 메시지를 잃어버려도 문제되지 않거나 나중에 처리하기를 원할 수 있다.

카프카는 send( ) 성공 여부와 관계없이 메시지 응답 처리를 지원하는 콜백 인터페이스를 제공한다. send( )는 콜백 인터페이스를 수행하는 객체를 받아들인다.

```
send(ProducerRecord<K,V> record,Callback callback)
```

콜백 인터페이스는 onCompletion 메서드를 포함하는데, 오버라이드override하면 된다. 다음의 자바 예를 살펴보자.

```
public class ProducerCallback implements Callback {
    public void onCompletion(RecordMetadata recordMetadata, Exception ex) {
        if(ex!=null){
            //deal with exception here
        }
        else{
            //deal with RecordMetadata here
        }
    }
}
```

스칼라:

```
class ProducerCallback extends Callback {
    override def onCompletion(recordMetadata: RecordMetadata, ex: Exception):
    Unit = {
        if (ex != null) {
            //deal with exception here
        }
        else {
            //deal with RecordMetadata here
        }
    }
}
```

일단 콜백 클래스를 갖추면 간단하게 send 메서드를 다음과 같이 사용할 수 있다.

```
val callBackObject = producer.send(producerRecord,new ProducerCallback());
```

카프카에서 메시지에 대한 예외가 발생되면, null 예외 객체는 존재하지 않는다. onCompletion( )에서 성공했거나 오류가 발생한 메시지를 처리할 수 있다.

사용자 정의 파티션

앞에서 카프카에서 사용되는 파티션뿐 아니라 키 시리얼라이저, 값에 대한 시리얼라이저 등을 설명했다. 이제 기본 파티셔너^{default partitioner}와 내장된 시리얼라이저를 사용한다. 다음으로 사용자 정의 파티셔너를 어떻게 생성하는지 살펴보자.

카프카는 일반적으로 메시지에 지정된 키의 해시를 사용해 파티션을 선택한다. 키가 지정되지 않았거나 null인 경우 라운드 로빈 방식으로 메시지를 분배한다. 하지만 가끔은 레코드가 해당 브로커에서 동일한 키는 동일한 파티션으로 가도록 자신만의 파티션 로직을 원할 수 있다. 파티션에 대한 몇 가지 좋은 사례를 3장 뒷부분에서 다룰 것이다. 카프카는 원하는 파티션을 지정해 수행되도록 API를 제공한다.

대부분의 경우 해시를 사용하는 기본 파티션으로 충분할 수 있지만, 하나의 키에 대한 데이터의 비중이 매우 큰 경우처럼 일부 시나리오에서는 해당 키에 대한 별도의 파티션 할당이 필요할 수 있다. 이는 K라는 키에 전체 데이터의 30%가 있는 경우 N 파티션에 할당해, 다른 키가 N 파티션에 할당되지 않게 만들어 공간이 소진되거나 속도가 느려지지 않도록 한다. 또 사용자 정의 파티션을 쓰는 다른 활용 사례가 있을 수 있으며, 카프카는 자신만의 파티션을 직접 생성하도록 지원하는 파티셔너 인터페이스를 제공한다.

다음은 자바를 사용하는 예제다.

```
public class CustomePartition implements Partitioner {
  public int partition(String topicName, Object key, byte[] keyBytes,
    Object value, byte[] valueByte, Cluster cluster) {
      List<PartitionInfo> partitions =
        cluster.partitionsForTopic(topicName);

      int numPartitions = partitions.size();
        //Todo: Partition logic here
      return 0;
    }
```

```
    public void close() {
    }

    public void configure(Map<String, ?> map) {

    }
}
```

스칼라:

```
class CustomPartition extends Partitioner {
    override def close(): Unit = {}

    override def partition(topicName: String, key: scala.Any, keyBytes:
Array[Byte], value: scala.Any, valueBytes: Array[Byte], cluster: Cluster):
Int = {

    val partitions: util.List[PartitionInfo] =
       cluster.partitionsForTopic(topicName)

    val numPartitions: Int = partitions.size

       //TODO : your partition logic here
       0
    }

    override def configure(map: util.Map[String, _]): Unit = {}
}
```

추가 프로듀서 설정

카프카 프로듀서가 성능, 메모리, 신뢰성 등의 측면에서 중요한 역할을 수행하기 위해 선택적으로 적용 가능한 여러 설정이 있다.

- `buffer.memory`: 카프카 서버로 전송을 기다리는 메시지를 위해 프로듀서가 사용할 버퍼 메모리의 크기다. 간단히 말하면 전송되지 않은 메시지를 보관하는 자바 프로듀서가 사용할 전체 메모리다. 이 설정의 한계에 도달하면, 프로듀서는 예외를 발생시키기 전에 `max.block.ms` 시간 동안 메시지를 대기시킨다. 만약 배치 사이즈가 더 크다면 프로듀서 버퍼에 더 많은 메모리를 할당해야 한다.

  이 내용에 더해서 큐에 있는 레코드가 계속 남아있는 것을 피하기 위해서, `request.timeout.ms`를 사용해 시간 초과 설정을 적용하는 방법이 좋다. 메시지가 성공적으로 전송되기 전에 설정된 시간이 초과되면, 메시지는 큐에서 제거되고 예외를 발생시킨다.

- `acks`: 이 설정은 메시지가 성공적으로 커밋되기 이전에 프로듀서가 리더로부터 ACK를 받는 경우에 유용하다.

  ○ `ack=0`: 프로듀서는 서버로부터의 ACK를 기다리지 않는다. 프로듀서는 어느 시점에 메시지가 손실됐는지 모르며, 메시지는 리더 브로커에 의해 커밋되지 않는다. 이 경우 재시도는 발생하지 않으며, 메시지는 완전히 손실된다는 점을 유의한다. 이 설정은 매우 높은 처리 성능이 필요하고, 잠재적인 메시지 손실 가능성이 문제되지 않을 때 사용한다.

  ○ `ack=1`: 프로듀서는 리더가 지역 로그에 메시지를 기록하자마자 ACK를 수신한다. 리더가 로그에 메시지 기록을 실패하면, 프로듀서는 재시도 정책^{retry policy set}에 맞게 데이터를 재전송하고, 잠재적 메시지 손실 가능성을 없앤다. 그러나 여전히 메시지를 손실할 수 있는 여지가 있는데 리더가 프로듀서에 ACK를 반환한 다음, 아직 다른 브로커에게 해당 메시지를 복제하기 전에 다운되면 손실이 발생할 수 있다.

  ○ `ack=all`: 리더가 모든 복제에 대해 ACK를 수신한 경우에만 프로듀서는 ACK를 받는다. 장애에 대처할 수 있을 정도로 복제수가 충분하다면 데이터를 손실하지 않는 안전한 설정이다. 다만 앞서 언급된 두 설정보다 처리 성능이 낮다는 점을 유의한다.

- batch.size: 이 설정은 설정된 크기만큼 파티션에서 메시지의 배치 처리를 허용한다. 설정된 임계값에 도달하면 배치로 존재하는 모든 메시지가 전송된다. 하지만 프로듀서는 단위 배치가 꽉 찰 때까지 기다릴 필요는 없다. 배치는 특정 주기로 전송되며 배치에 포함된 메시지 수는 상관하지 않는다.

- linger.ms: 브로커로 현재의 배치를 전송하기 전에 프로듀서가 추가 메시지를 기다리는 시간을 나타낸다. 카프카 프로듀서는 배치가 다 차기를 기다리거나 설정된 linger.ms의 시간 동안 기다리며, 어느 설정이든 해당되면 브로커로 배치를 전송한다. 프로듀서는 현재의 배치에 이후의 메시지가 추가되도록 밀리초 단위로 설정된 시간만큼 대기한다.

- compression.type: 프로듀서는 브로커에게 압축되지 않은 상태로 메시지를 전송하는 것이 기본값이다. 단일 메시지를 보내는 경우 이 설정이 특별한 의미를 갖지 않지만, 배치를 사용하는 경우라면 네트워크 부하를 줄이고 전체적인 처리 성능을 높이는 데 유용하다. GZIP, Snappy, LZA 형식의 압축이 가능하며, 배치 처리가 많을수록 압축 효과가 좋다.

- retries: 메시지 전송이 실패하면 프로듀서가 예외를 발생시키기 전에 메시지의 전송을 다시 시도하는 수. 예외가 발생하고 나서의 메시지 재전송은 무관하다.

- max.in.flight.requests.per.connection: 프로듀서가 브로커의 응답을 기다리지 않고 보낼 수 있는 메시지의 수. 메시지 순서가 상관없다면 이 설정을 1보다 큰 수로 설정해서 처리 성능을 높일 수 있다. 하지만 재시도가 허용되는 상태에서 이 값을 1보다 큰 수로 지정했다면 순서가 변경될 수 있다.

- partitioner.class: 자신만의 프로듀서에 대해 사용자 정의 파티셔너를 사용하려면 이 설정을 통해 허용할 수 있으며, 파티셔너 인터페이스로 구현된다.

- timeout.ms: 프로듀서에게 오류를 보내기 전에 메시지에 대한 팔로워의 ACK를 리더가 기다리는 시간이다. 이 설정은 acks 값이 all인 경우에만 유효하다.

▌ 자바 카프카 프로듀서 예제

이전 절에서 여러 설정과 API에 대해서 다뤘다. 자신만의 카프카 프로듀서를 제작해볼 수 있도록 여기서 간단한 자바 프로듀서의 코딩을 시작해보자.

사전 준비사항

- **IDE**: 스칼라를 지원하는 IDEA 같은 IDE, 넷빈즈NetBeans, 이클립스Eclipse 등을 사용하기를 권한다. 여기서는 JetBrains IDEA(https://www.jetbrains.com/idea/download/)를 사용했다.

- **개발 도구**: 메이븐Maven, 그래이들Gradle 등이 있으며, 여기에서는 메이븐을 사용했다.

- **pom.xml**: 다음과 같이 카프카 dependency를 pom 파일에 추가한다.

```
<dependency>
    <groupId>org.apache.kafka</groupId>
    <artifactId>kafka_2.11</artifactId>
    <version>0.10.0.0</version>
</dependency>
```

자바:

```
import java.util.Properties;
import java.util.concurrent.Future;
import org.apache.kafka.clients.producer.KafkaProducer;
import org.apache.kafka.clients.producer.ProducerRecord;
import org.apache.kafka.clients.producer.RecordMetadata;

public class DemoProducer {

    public static void main(final String[] args) {
    Properties producerProps = new Properties();
```

```
        producerProps.put("bootstrap.servers", "localhost:9092");
        producerProps.put("key.serializer",
            "org.apache.kafka.common.serialization.StringSerializer");
        producerProps.put("value.serializer",
            "org.apache.kafka.common.serialization.StringSerializer");
        producerProps.put("acks", "all");
        producerProps.put("retries", 1);
        producerProps.put("batch.size", 20000);
        producerProps.put("linger.ms", 1);
        producerProps.put("buffer.memory", 24568545);
        KafkaProducer<String, String> producer = new KafkaProducer<String,
            String>(producerProps);

        for (int i = 0; i < 2000; i++) {
            ProducerRecord data = new ProducerRecord<String,
                String>("test1", "Hello this is record " + i);
            Future<RecordMetadata> recordMetadata = producer.send(data);
        }
    producer.close();
    }
}
```

스칼라:

```
import java.util.Properties
import org.apache.kafka.clients.producer._

object DemoProducer extends App {
    override def main(args: Array[String]): Unit = {

        val producerProps = new Properties()
        producerProps.put("bootstrap.servers", "localhost:9092")
        producerProps.put("key.serializer",
            "org.apache.kafka.common.serialization.StringSerializer")
        producerProps.put("value.serializer",
            "org.apache.kafka.common.serialization.StringSerializer")
```

```scala
producerProps.put("client.id", "SampleProducer")
producerProps.put("acks", "all")
producerProps.put("retries", new Integer(1))
producerProps.put("batch.size", new Integer(16384))
producerProps.put("linger.ms", new Integer(1))
producerProps.put("buffer.memory", new Integer(133554432))

val producer = new KafkaProducer[String, String](producerProps)

for (a <- 1 to 2000) {
val record: ProducerRecord[String, String] = new

ProducerRecord("test1", "Hello this is record"+a)
producer.send(record);
}

producer.close()
    }
}
```

앞의 예제는 키를 사용하지 않고 문자열 데이터를 생성하는 자바 프로듀서 예제다. 토픽 이름은 코드에 직접 기재했으나 설정 파일이나 명령 창의 입력으로 읽어올 수도 있다. 프로듀서를 이해하기 위해서는 단순하게 정리할 필요가 있지만, 좋은 코드 작성을 위해 이후 장에서 유용한 예제를 살펴볼 것이다.

▌ 일반적인 메시지 게시 유형

애플리케이션은 프로듀서에 대해 다양한 요구가 있다. 예를 들어 전송한 메시지에 대한 ACK를 상관하지 않거나, ACK를 필요로 하지만 메시지 순서에 상관하지 않는 경우가 있다. 애플리케이션 요구에 따라 사용할 수 있는 프로듀서 패턴이 다른데, 하나씩 살펴보자.

- **Fire-and-forget**: 이 유형은 프로듀서가 오직 카프카 큐로 메시지를 보내는 데에만 관심을 갖는다. 이 경우 카프카의 성공이나 실패에 대한 응답을 정말로 기다리지 않는다. 카프카는 고가용성 시스템이며 대부분 메시지는 성공적으로 전달된다. 하지만 이러한 방식의 경우 일부 메시지 손실 위험이 있다. 이런 방식은 처리 시간을 최소화하거나 한두 개의 메시지 손실이 전반적인 시스템 기능에 영향을 주지 않을 때 유용하다. 카프카에서 Fire-and-forget 모델을 사용하려면 프로듀서 acks 설정을 0으로 한다. 다음 그림은 카프카 기반의 Fire-and-forget 모델을 보여준다.

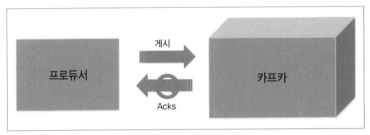

카프카 프로듀서의 Fire-and-forget 모델

- **단일 메시지 전달**one message transfers: 이 방식은 프로듀서가 한 번에 한 개의 메시지를 동기 또는 비동기 방식으로 전송한다. 동기 방식에서는 프로듀서가 메시지를 보내고 나서 재전송이나 예외를 발생시키기 전에 성공이나 실패에 대한 응답을 기다린다. 비동기 방식은 프로듀서가 메시지를 보낸 후 콜백 함수로 성공이나 실패 응답을 받는다. 다음 그림은 이런 방식을 보여준다. 이 방식은 매우 신뢰성이 높고 메시지 전달이 반드시 보장돼야 하는 시스템에 사용된다. 이 모델은 프로듀서 스레드가 카프카에서 응답을 기다린다. 하지만 여러 메시지를 동시에 보낼 수 없다는 의미는 아니며, 다중 스레드의 프로듀서 애플리케이션을 사용해 구현 가능하다.

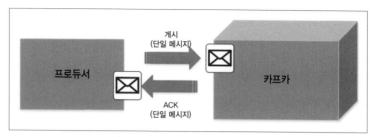

카프카 프로듀서 단일 메시지 전달 모델

- **배치 처리**: 이 방식은 프로듀서가 하나의 배치 안에 동일한 파티션으로 여러 레코드를 전송하는 것이다. 배치가 요구하는 메모리 크기와 카프카로 배치를 전송하기 전에 대기하는 시간은 프로듀서 설정 파라미터에 의해 제어된다. 배치 처리는 더 큰 네트워크 패킷을 사용하고, 더 큰 데이터 세트^{dataset}에 대한 순차적 방식의 디스크 입출력으로 성능을 향상시킨다. 배치 처리는 디스크 내에서 임의의 읽기와 쓰기에 대한 효율성 문제는 다루지 않는다. 하나의 배치에 포함된 모든 데이터는 하드 디스크에 하나의 순차적 방식으로 기록된다고 본다. 다음 그림은 배치 처리에 대한 메시지 모델이다.

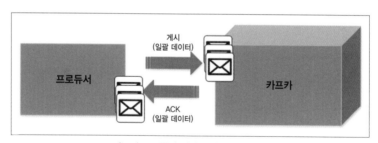

카프카 프로듀서 배치 처리 메시지 모델

▌ 카프카 프로듀서 모범 사례

이제 카프카 프로듀서 API와 내부 동작과 일반적으로 다양한 카프카 토픽에 메시지를 게시하는 방식을 잘 이해했기를 바란다. 이번 절은 카프카 프로듀서를 활용하는 모범적인 사례를 다룬다. 이런 사례는 프로듀서 구성 요소를 설계할 때 바람직한 선택을 돕는다.

대부분의 경우에 적용되는 훌륭한 프로듀서 애플리케이션을 설계하기 위한 일반적이고 좋은 사례를 살펴보자.

- **데이터 유효성 검증**^{validation}: 프로듀서 시스템을 제작하는 동안 보통 간과하기 쉬운 부분은 카프카 클러스터에 기록되는 데이터에 대한 기본적인 데이터 유효성 테스트를 수행하는 것이다. 이것과 관련한 예는 스키마와의 정합성, null이 아닌 키 항목 등이 될 수 있다. 이런 유효성 검증을 하지 않게 되면, 데이터가 올바르게 파티션에 할당되지 않으므로 사용자 애플리케이션 흐름에 문제가 생기는 위험이 생기고, 브로커에 대한 부하 분산에도 영향을 준다.

- **예외 처리**$^{exception\ handling}$: 예외 발생에 대한 프로그램 흐름을 결정하는 것은 온전히 프로듀서 프로그램의 책임이다. 프로듀서 애플리케이션을 제작하는 동안 여러 예외처리 클래스를 정의하고, 업무 요구 사항에 맞게 취해야 할 조치를 결정해야 한다. 분명하게 정의된 예외 처리는 디버깅에 도움을 줄 뿐만이 아니라 위험을 줄이는 데 도움이 된다. 예를 들어 거래사기탐지$^{fraud\ detection}$ 같은 중요한 애플리케이션에 카프카를 사용하는 경우, 관련 예외가 발생하면 반드시 운영팀에 즉각적인 대응안을 이메일로 보내는 것이 필요하다.

- **재시도 횟수**: 일반적으로 프로듀서 애플리케이션에서는 두 가지 유형의 오류가 있다. 첫째 유형은 네트워크 시간 초과나 리더를 사용할 수 없는 경우처럼 프로듀서가 재시도를 해볼 수 있는 경우다. 두 번째 유형은 앞에서 언급했듯이 프로듀서 프로그램에 의해 처리돼야 하는 오류다. 재시도 횟수의 설정은 카프카 클러스터나 네트워크 오류 때문에 발생하는 메시지 손실 위험을 줄일 수 있다.

- **부트스트랩 URL 수**: 프로듀서 프로그램의 부트스트랩 브로커 설정에 반드시 두 개 이상의 브로커를 목록에 포함시킨다. 그래서 어느 하나의 브로커를 사용할 수 없다면 프로듀서는 가능한 연결을 찾을 때까지 목록에 있는 브로커의 사용을 시도하기 때문에 프로듀서가 실패에 적응하는 데 도움을 준다. 이상적인 시나리오는 최악의 연결 실패 상황에 대비해 카프카 클러스터의 모든 브로커를 목록에 넣는 것이다. 하지만 매우 큰 규모의 클러스터일 경우 확실하게 클러스터 브로커를 대표하는 만큼만 작은 수로 선택할 수 있다. 아울러 재시도 횟수는 전반적인 처리 속도에 영향을 주고, 카프카 큐 안에서 중복된 메시지를 야기할 수 있다는 점에도 유의한다.

- **잘못된 파티셔닝**partitioning **방식의 사용 방지**: 파티션은 카프카에서 병렬 처리의 단위다. 메시지가 모든 토픽 파티션으로 균일하게 분배되도록 올바른 파티셔닝 전략을 선택해야 한다. 어설픈 파티셔닝 전략은 균일하지 않은 메시지 분배와 카프카 클러스터로부터 최적화된 병렬 처리가 불가능하도록 만들 수 있다. 사용자 메시지가 키를 사용하도록 설정된 경우에 특히 중요하다. 키를 정의하지 않은 경우에는 프로듀서는 파티션으로 메시지를 분산시키는데 라운드 로빈 방식을 기본적으로 사용한다. 키를 사용하는 경우에는 카프카는 산출된 해시 코드를 기반으로 키의 해시를 사용해 파티션을 할당한다. 요약하자면 메시지가 모든 가용한 파티션을 활용하도록 키를 선택해야 한다.

- **메시지의 임시 보존**persistence: 신뢰성이 높은 시스템은 프로듀서 애플리케이션을 거쳐간 메시지를 보존한다. 이는 디스크나 데이터베이스 같은 것으로 활용할 수 있으며, 애플리케이션 장애나 유지보수 과정에서 카프카 클러스터를 사용할 수 없는 경우에 메시지를 재연하도록 돕는다. 또한 이것 역시 기업의 애플리케이션 요구 사항에 맞게 결정돼야 한다. 카프카 클러스터에 기록된 메시지에 대해 프로듀서 애플리케이션에 내장된 메시지 퍼징purging 기술이 있으며, 일반적으로 카프카 프로듀서 API에서 활용 가능한 ACK관련 기능과 연계해서 활용한다. 카프카가 메시지 세트에 대해 성공한 ACK를 보낸 경우에만 메시지 퍼지를 수행해야 한다.

- **기존 토픽에 새로운 파티션 추가 방지**: 메시지를 분산시키기 위해서 키를 사용하는 파티셔닝 중에 기존 토픽에 파티션을 추가하는 것은 피해야 한다. 새로운 파티션 추가는 각 키에 대해 산출된 해시 코드를 변경시키며, 이는 파티션의 수도 산출에 필요한 입력 중 하나로 사용하기 때문이다. 결과적으로 동일한 키에 대해 다른 파티션을 갖게 된다.

▌ 요약

이제 카프카 프로듀서에 대한 결론이다. 3장은 카프카 메시지 흐름에서 핵심 기능에 대해 언급했다. 3장에서 주로 강조된 내용은 논리적 계층에서 카프카 프로듀서가 어떻게 동작하는지 이해하는 것과, 카프카 프로듀서에서 카프카 큐로 메시지가 어떻게 전달되는지에 관한 것이었다. 이 내용은 카프카 프로듀서의 내부 구조 부분에서 다뤘다. 카프카 API를 사용해 어떻게 코드를 구현하는지 배우기 전에 이해할 필요가 있는 중요한 부분이다. 카프카 프로듀서의 논리적인 동작 구조에 대한 이해가 없다면 기술적으로 올바른 프로듀서 애플리케이션을 설계할 수 없다.

카프카 프로듀서와 함께 사용자 정의 파티셔너 같은 다양한 관련 구성 요소도 논의했다. 자바와 스칼라 두 가지 언어를 활용한 예제를 제시했으며, 이는 기업용 애플리케이션에서 자주 활용된다. 제시된 예제를 직접 활용해 보길 바라고, 카프카 프로듀서가 어떻게 동작하는지 분명한 이해하기를 바란다. 또 다른 측면에서 카프카 프로듀서 설계 시의 중요한 고려 사항은 데이터 흐름이다. 3장에서 일반적으로 사용되는 일부 유형을 다루었고, 이런 유형을 전체적으로 이해해야 한다. 여기서 일반적인 설정 파라미터와 성능을 조정하기 위한 과정도 다뤘다. 이는 처음으로 카프카 프로듀서를 제작하는 경우에 분명히 도움이 될 것이다.

마지막으로 카프카 프로듀서를 활용하는 모범 사례를 제시했다. 이는 확장성 있는 설계를 도우면서 공통적으로 빠지기 쉬운 함정을 피할 수 있도록 돕는다. 카프카 프로듀서를 설계하는 기술과 구현하는 방법을 숙지했기를 바란다.

4장에서는 카프카 컨슈머의 내부 구조, 컨슈머 API, 일반적인 활용 방법을 다룬다. 4장에서 프로듀서가 생성한 메시지가 프로듀서와 상관없이 어떻게 여러 컨슈머에 의해 사용되는지 잘 이해할 수 있을 것이다.

04

카프카 컨슈머

모든 메시징 시스템은 두 가지 유형의 데이터 흐름을 갖는다. 하나는 카프카 큐로 데이터를 푸시하는 것이고, 다른 하나는 그 큐에서 데이터를 읽어오는 것이다. 3장에서 프로듀서 API를 사용해 카프카 큐로 데이터를 푸시하는 흐름을 다뤘다. 3장을 마치면서 자신만의 애플리케이션에서 프로듀서 API를 사용해 카프카 큐로 데이터를 게시하는데 충분한 지식을 얻었다. 4장에서는 두 번째 유형의 데이터 흐름, 즉 카프카 큐에서 데이터 읽어오기를 다룬다.

카프카 컨슈머를 깊이 있게 다루기 전에 카프카 큐에서 데이터를 가져오는 것은 다양한 개념과 관련돼 있으며, 기존 방식의 대기열 시스템queuing system에서 데이터를 가져오는 것과 다를 수 있다는 점을 이해해야한다.

카프카에서 모든 컨슈머는 고유한 아이디를 갖고 있으며 각 토픽 파티션에서 원하는 데이터를 읽어오는 동작에 대한 모든 제어권을 갖고 있다. 개별 컨슈머는 주키퍼에 의해 유지되는 자신의 컨슈머 오프셋을 가지며, 카프카 토픽에서 데이터를 읽을 때 다음 위치를 가리키도록 설정된다.

4장에서는 다양한 카프카 컨슈머의 개념을 다룬다. 전반적으로 4장은 카프카 컨슈머 API를 사용하면서 카프카 시스템에서 메시지 사용 방법을 다룬다. 이러한 과정에서 자바와 스칼라 프로그램 언어로 카프카 컨슈머를 사용해보는 예제를 살펴보고, 카프카 토픽에서 메시지를 사용하는 일반적인 유형을 따라가면서 컨슈머 메시지 흐름을 깊이 있게 살펴본다.

4장에서 다룰 주제는 다음과 같다.

- 카프카 컨슈머 내부 구조
- 카프카 컨슈머 API
- 자바 카프카 컨슈머 예제
- 스칼라 컨슈머 예제
- 일반적인 메시지 사용 유형
- 모범 사례

▌ 카프카 컨슈머 내부 구조

이번 절에서는 카프카 컨슈머의 여러 개념을 다루고, 카프카 큐에서 메시지를 사용하는 과정에 연관된 다양한 데이터 흐름을 다룬다. 이미 언급했듯이 카프카에서의 메시지 사용은 다른 메시징 시스템과 차이가 있다. 하지만 컨슈머 API를 사용해 컨슈머 애플리케이션을 작성할 때는 대부분의 세부 사항이 추상화된다. 애플리케이션이 사용하는 내부 동작은 주로 카프카 컨슈머 라이브러리를 사용해 수행된다.

컨슈머의 내부 동작은 대부분 직접 코드를 작성할 필요가 없지만, 전체적인 내부 동작을 이해할 필요가 있다. 여기서의 개념은 컨슈머 애플리케이션을 디버깅할 때 절대적으로 도움이 되며, 애플리케이션에 대한 결정에 올바른 선택을 하도록 돕는다.

카프카 컨슈머의 역할 이해

3장에서 살펴본 카프카 프로듀서 내용처럼, 카프카 큐에서 메시지를 사용하는 방법과는 별개로 카프카 컨슈머의 역할에 대한 내용으로 시작해보자.

하나씩 살펴보면 다음과 같다.

- **토픽 구독하기**: 컨슈머 동작은 토픽을 구독하면서 시작된다. 컨슈머가 컨슈머 그룹의 일부인 경우, 해당 토픽의 파티션 하부 세트가 할당된다. 컨슈머 프로세스는 결국 할당된 파티션에서 데이터를 읽는다. 토픽을 구독하는 것은 토픽 파티션에서 데이터를 읽어오는 일종의 등록 절차로 생각할 수 있다.

- **컨슈머 오프셋 위치**: 카프카는 다른 큐와는 다르게 메시지 오프셋을 보유하지 않는다. 모든 컨슈머는 자신의 컨슈머 오프셋을 유지할 책임이 있다. 컨슈머 오프셋은 컨슈머 API를 사용해 유지되며, 이를 위해 추가 코드 작업을 할 필요가 없다. 그러나 오프셋에 대해 더 많은 제어를 원하는 일부 사례의 경우, 오프셋을 커밋하는 커스텀 로직을 작성할 수 있다. 4장에서 이러한 시나리오를 다룰 것이다.

- **재연/되감기**rewind**/메시지 스킵**skip: 카프카 컨슈머는 토픽 파티션에서 메시지를 읽는 시작점의 오프셋에 대해 전체적인 제어권을 갖는다. 컨슈머 애플리케이션은 컨슈머 API를 사용해 토픽 파티션에서 메시지를 읽어오는 시작 오프셋을 전달할 수 있다. 파티션의 현재 오프셋 값과 상관없이 처음부터, 또는 특정 정수값의 오프셋에서 메시지를 읽도록 선택할 수 있다. 이런 경우에 컨슈머는 특정 업무 시나리오에 따라 메시지를 재연하거나 스킵하는 기능을 갖고 있다.

- **하트비트**heartbeat: 지정된 파티션의 멤버십과 소유권을 확인하기 위해 카프카 브로커(컨슈머 그룹 리더)로 하트비트 신호를 주기적으로 보내는 것은 컨슈머가 책임지는 역할이다. 정해진 시간 간격으로 그룹 리더가 하트비트를 수신하지 못하면, 파티션 소유권은 컨슈머 그룹 안의 다른 컨슈머에게 다시 할당된다.
- **오프셋 커밋**: 카프카는 컨슈머 애플리케이션이 읽는 메시지의 위치나 오프셋을 관리하지 않는다. 자신의 파티션 오프셋과 커밋을 관리하는 것은 컨슈머 애플리케이션의 역할이다. 이러한 역할 구성은 두 가지 장점이 있는데, 하나는 개별 컨슈머 오프셋을 관리하지 않으므로 브로커 성능이 향상되는 것이고, 다른 하나는 컨슈머 애플리케이션이 특정 시나리오에 맞게 자신의 오프셋을 관리하는 유연성을 갖는 것이다. 애플리케이션은 배치 처리를 마치면서 오프셋을 커밋할 수 있고, 매우 큰 배치를 처리하는 중간에도 리밸런스rebalance 부작용을 줄이기 위해 오프셋을 커밋할 수 있다.
- **역직렬화**deserialization: 카프카 프로듀서는 카프카에 메시지를 보내기 전에 바이트 배열로 객체를 직렬화한다. 비슷한 방식으로 카프카 컨슈머는 이 같은 자바 객체를 바이트 배열로 역직렬화한다. 카프카 컨슈머는 프로듀서 애플리케이션에서 사용된 시리얼라이저처럼 디시리얼라이저deserializer를 사용한다.

이제 컨슈머 역할에 대해 분명히 이해하고, 컨슈머의 데이터 흐름에 대해 살펴보자.

다음 그림은 카프카 컨슈머가 데이터를 어떻게 가져오는지 보여준다.

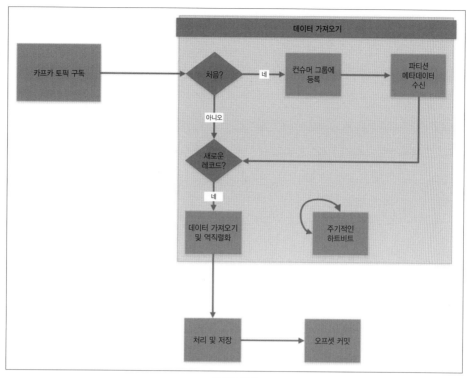

컨슈머 흐름

카프카에서 메시지를 사용하는 첫 단계는 토픽의 구독이다. 컨슈머 애플리케이션은 하나 이상의 토픽에 대해서 구독부터 한다. 그 다음 애플리케이션은 레코드를 가져오기 위해 카프카 서버를 조사한다. 일반적으로 이 과정을 **폴 루프**poll loop라고 한다. 이러한 반복 과정은 서버 조정, 레코드 획득, 파티션 리밸런스, 컨슈머 하트비트 유지 등을 관리한다.

 처음으로 데이터를 읽는 새로운 컨슈머는 폴 루프 과정에서 해당 컨슈머 그룹에 등록부터 하고, 파티션 메타데이터를 받는다. 파티션 메타데이터는 대부분 파티션과 각 토픽의 리더 정보를 포함한다.

메타데이터를 받은 컨슈머는 파티션에 할당된 해당 브로커에서 데이터를 가져오기 시작한다. 새로운 레코드가 발견되면 레코드를 가져오고 역직렬화한다. 레코드를 최종적으로 처리하고, 기본적인 데이터 유효성 검증을 하고 나면, 일종의 외부 저장소 시스템에 저장한다.

극히 일부의 경우에는 레코드를 런타임^{runtime} 처리하고 외부 애플리케이션에 전달한다. 최종적으로 컨슈머는 성공적으로 처리된 메시지 오프셋을 커밋한다. 폴 루프는 또한 주기적인 실행 상태 유지에 대한 하트비트를 카프카 서버에 전송해 어떠한 중단 요소 없이 메시지를 수신하는지 보장한다.

▌ 카프카 컨슈머 API

카프카 프로듀서와 마찬가지로 카프카는 컨슈머 애플리케이션에 대한 풍부한 API 세트를 제공한다. 4장의 앞 절에서 컨슈머 내부 동작에 대한 개념과 컨슈머 그룹 내에서의 컨슈머 작업, 파티션의 리밸런스에 대해 배웠다. 여기서는 이러한 개념이 좋은 컨슈머 애플리케이션을 개발하는데 어떻게 도움을 주는지 알게 될 것이다.

- 컨슈머 설정
- 카프카 컨슈머 객체
- 구독 및 폴링
- 커밋과 오프셋
- 추가 설정

컨슈머 설정

카프카 컨슈머를 생성하려면 몇 가지 필수 속성이 설정돼야 한다. 기본적으로 다음과 같은 네 가지 속성이 있다.

- bootstrap.servers: 이 속성은 3장의 프로듀서 설정에서 정의된 내용과 유사하다. 카프카 브로커의 IP 주소 목록을 말한다.
- key.deserializer: 이 속성 역시 프로듀서에서 지정했다. 프로듀서와의 차이는 메시지 키를 직렬화할 수 있는 클래스를 지정한다는 점이다. 직렬화는 키를 바이트 배열ByteArray로 변환하는 것을 의미한다. 컨슈머에서는 바이트 배열을 특정 키 형대로 역직렬화할 클래스를 지정한다. 프로듀서에서의 시리얼라이저는 반드시 여기서의 역직렬화 클래스와 대응하도록 맞춰야 하며, 그렇지 않으면 직렬화의 예외를 발생시킨다.
- value.deserializer: 이 속성은 메시지를 역직렬화하기 위해 사용한다. 디시리얼라이저 클래스deserializer class는 반드시 데이터 생성에 사용된 시리얼라이저 클래스와 맞춘다. 예를 들어 StringSerializer를 프로듀서에서 메시지를 직렬화하기 위해 사용했다면, 메시지를 역직렬화할 때는 StringDeserializer를 사용해야 한다.
- group.id: 이 속성은 필수적으로 생성하는 속성은 아니지만 사용을 권한다. 이전 절에서 컨슈머 그룹과 관련해 성능 측면에서의 중요성을 배웠다. 애플리케이션 생성 시에 컨슈머 그룹을 정의하는 것은 필요에 따라 컨슈머를 관리하고 성능을 향상시키는 데 도움이 된다.

이제 어떻게 이런 속성을 설정해 생성할 수 있는지 실제 프로그램에서 살펴보자.

자바:

```
Properties consumerProperties = new Properties();
consumerProperties.put("bootstrap.servers", "10.200.99.197:6667");
consumerProperties.put("group.id", "Demo");
consumerProperties.put("key.deserializer",
    "org.apache.kafka.common.serialization.StringDeserializer");
consumerProperties.put("value.deserializer",
    "org.apache.kafka.common.serialization.StringDeserializer");
KafkaConsumer<String, String> consumer = new KafkaConsumer<String,
    String>(consumerProperties);
```

스칼라:

```
val consumerProperties: Properties = new Properties();
consumerProperties.put("bootstrap.servers", "10.200.99.197:6667")
consumerProperties.put("group.id", "consumerGroup1")
consumerProperties.put("key.deserializer",
    "org.apache.kafka.common.serialization.StringDeserializer")
consumerProperties.put("value.deserializer",
    "org.apache.kafka.common.serialization.StringDeserializer")
val consumer: KafkaConsumer[String, String] = new KafkaConsumer[String,
    String](consumerProperties)
```

이 코드는 세 가지 특징을 갖는다.

- **Properties 객체**: 이 객체는 컨슈머 속성을 초기화하는데 사용된다. 앞에서 논의한 필수 속성은 키 값의 쌍으로 설정되는데 키는 속성의 이름이고, 값은 해당하는 키에 대한 값이다.
- Deserializer: 역시 필수 속성이며, 바이트 배열을 필요한 객체로 변환하는데 어떤 디시리얼라이저 클래스가 사용되는지 알려준다. 클래스는 키와 값에 따라 다

를 수 있지만, 프로듀서가 토픽으로 데이터를 게시하는 과정에 사용된 시리얼라이저 클래스와 대응하도록 맞춰야 한다. 그렇지 않으면 직렬화 예외가 발생한다.

- KafkaConsumer: 일단 속성이 설정되면, 이 속성을 클래스에 전달하면서 컨슈머 객체를 생성할 수 있다. 이 속성은 컨슈머 객체에 연결할 브로커 IP, 컨슈머가 속하게 될 그룹명, 사용할 역직렬화 클래스, 커밋하면서 사용할 오프셋 운영 방안을 알려준다.

구독과 폴링

컨슈머는 데이터를 받기 위해 토픽을 구독한다. KafkaConsumer 객체는 subscribe()를 갖는데, 컨슈머가 구독하기를 원하는 토픽의 목록을 가져온다. 구독 메서드에 대해서는 몇 가지 다른 형태가 있다.

구독 메서드에 대한 세부 사항과 다양한 등록 방법에 대해 알아보자.

- public void subscribe(Collection<String> topics): 이 등록 방법은 컨슈머가 등록을 원하는 토픽 이름의 목록을 전달한다. 이것은 메시지 데이터 처리에 영향을 줄 수 있는 기본 리밸런서default rebalancer를 사용한다.

- public void subscribe(Pattern pattern,ConsumerRebalanceListener listener): 카프카에 존재하는 적합한 토픽을 대응시키는 정규식regex을 전달하고, 이는 동적으로 처리된다. 정규식에 대응하는 새로운 토픽의 추가나 삭제 시에 리밸런서를 트리거한다. 두 번째 파라미터 ConsumerRebalanceListener는 해당 인터페이스를 구현하는 자신의 클래스를 가져온다. 세부 내용은 뒷부분에서 다루겠다.

- public void subscribe(Collection<String>topics,ConsumerRebalanceListener listener): 토픽의 목록을 전달하고, ConsumerRebalanceListner를 수반한다.

커밋 처리와 폴링

폴링은 카프카 토픽에서 데이터를 가져오는 것이다. 카프카는 컨슈머가 아직 읽지 않은 메시지를 반환한다. 컨슈머가 아직 해당 메시지를 읽지 않았다는 사실을 카프카는 어떻게 알 수 있을까?

컨슈머는 특정 오프셋에서 데이터가 필요하다는 점을 카프카에게 알려야 하므로, 컨슈머는 가장 최근에 읽은 메시지를 어딘가에 저장하고, 컨슈머에 장애가 발생하면 다음 오프셋부터 다시 읽도록 재개할 수 있다.

카프카는 성공적으로 읽은 메시지의 오프셋을 커밋한다. 커밋이 일어나는 몇 가지 방법이 있으며, 각각 장단점이 있다. 다음과 같이 활용 가능한 몇 가지 방법을 살펴보자.

- **자동 커밋**: 컨슈머 설정의 기본값이다. 컨슈머는 설정된 주기에 따라 최근에 읽은 메시지의 오프셋을 자동으로 커밋한다. `enable.auto.commit=true`로 설정하고 `auto.commit.interval.ms=1000`인 경우라면, 컨슈머는 매초마다 오프셋을 커밋할 것이다. 여기에 이 설정과 관련된 위험 요소가 있는데, 예를 들어 주기를 10초로 설정하고 컨슈머가 데이터를 읽어 오기 시작한 상황에서, 처음 7초가 지난 순간 컨슈머에 장애가 발생하면 어떤 일이 일어날까? 컨슈머는 아직 읽어 온 오프셋을 커밋하지 않았는데 재시작하면 다시 가장 최근에 커밋된 오프셋부터 시작하는데, 이는 중복 작업이 된다.
- **현재 오프셋 커밋**: 대부분의 기간 동안에는 필요할 때 오프셋을 커밋하도록 제어하기를 바랄 수 있다. 카프카는 이런 기능이 가능하도록 API를 제공한다. 우선 `enable.auto.commit = false`로 하고 나서 `commitSync()` 메서드를 사용해 컨슈머 스레드에서 커밋할 오프셋을 호출한다. 이는 폴링에 의해 반환된 가장 최근의 오프셋을 커밋한다. `ConsumerRecord`의 모든 인스턴스를 처리한 후 이 메서드를 호출하는 것이 좋은데, 그렇게 안 하면 중간에 컨슈머에 장애가 발생하는 경우, 레코드가 손실되는 위험이 존재한다.

자바:

```
while (true) {
    ConsumerRecords<String, String> records = consumer.poll(2);
    for (ConsumerRecord<String, String> record : records)
        System.out.printf("offset = %d, key = %s, value = %sn",
            record.offset(), record.key(), record.value());
    try {
        consumer.commitSync();
    } catch (CommitFailedException ex) {
    //Logger or code to handle failed commit
    }
}
```

스칼라:

```
while (true) {
    val records: ConsumerRecords[String, String] = consumer.poll(2)
    import scala.collection.JavaConversions._
    for (record <- records) println("offset = %d, key = %s, value = %sn",
        record.offset, record.key, record.value)
    try
        consumer.commitSync()
    catch {
        case ex: CommitFailedException => {
        //Logger or code to handle failed commit
        }
    }
}
```

- **비동기 커밋**: 동기 방식으로 커밋할 때의 문제점은 카프카 서버에서 커밋 오프셋 요청에 대한 ACK의 수신이 없는 경우, 컨슈머는 대기 상태가 되는 것이다. 결과적으로 처리 속도가 좋지 않다. 커밋을 비동기 방식으로 처리할 수 있는데, 비동기 방식에도 다음과 같은 문제가 있다. 커밋 오프셋 순서가 변경되는 몇몇 경우

에는 메시지 중복 처리가 발생한다. 예를 들어 10에 위치한 메시지 오프셋을 5에 위치한 메시지 오프셋 이전에 커밋했다면, 카프카는 5부터 10에 위치한 메시지를 다시 제공해야 하는데, 최근 오프셋인 10이 앞에 위치한 5에 의해 무효가 되기 때문이다.

자바:

```
while (true) {
    ConsumerRecords<String, String> records = consumer.poll(2);
    for (ConsumerRecord<String, String> record : records)
        System.out.printf("offset = %d, key = %s, value = %sn",
            record.offset(), record.key(), record.value());
    consumer.commitAsync(new OffsetCommitCallback() {
        public void onComplete(Map<TopicPartition, OffsetAndMetadata> map,
            Exception e) {
            }
    });
}
```

스칼라:

```
while (true) {
    val records: ConsumerRecords[String, String] = consumer.poll(2)
    for (record <- records) println("offset = %d, key = %s, value = %sn",
        record.offset, record.key, record.value)
    consumer.commitAsync(new OffsetCommitCallback {
        override def onComplete(map: util.Map[TopicPartition,
        OffsetAndMetadata], ex: Exception): Unit = {
        }
    })
}
```

지금까지 동기와 비동기 방식의 호출을 배웠다. 하지만 좋은 활용 사례는 두 가지를 조합해서 사용하는 것이다. 비동기 방식은 데이터를 가져오는 호출에 이어서 사용해야 하며, 동기 방식은 리밸런서의 트리거나 일부 상황에서 컨슈머를 종료하는 등의 동작에 사용해야 한다.

카프카는 또한 특정 오프셋을 커밋하는 API를 제공한다.

추가 설정

4장의 앞부분에서 몇 가지 필수 파라미터를 배웠다. 카프카 컨슈머는 많은 속성을 가지며, 대부분의 경우 수정할 필요가 없는 설정이다. 다음과 같이 컨슈머의 성능과 가용성을 향상시킬 수 있는 몇 가지 파라미터도 있다.

- enable.auto.commit: 이 값이 true로 설정되면, 컨슈머는 설정된 주기에 따라 메시지 오프셋을 자동으로 커밋한다. auto.commit.interval.ms 설정에서 주기를 정의할 수 있다. 하지만 오프셋을 커밋할 시점을 제어하기 위해서는 이 값을 false로 설정하는 것이 좋은 방법일 수 있다. 이 경우 중복 작업을 피하고, 처리할 데이터를 놓치는 일이 없도록 지원한다.
- fetch.min.bytes: 데이터 읽기 요청에 대한 카프카 서버의 회신return을 요구하는 최소한의 데이터 바이트의 크기다. 데이터가 설정된 바이트 수보다 작은 경우에는, 서버가 축적할 충분한 데이터를 기다리고 나서 컨슈머에게 전송한다. 1바이트인 기본값보다 더 큰 값을 설정하는 경우, 서버의 처리 성능은 향상되지만 컨슈머 애플리케이션의 처리 속도는 나빠지게 된다.
- request.timeout.ms: 컨슈머가 요청을 재전송하거나 최대 재시도 수에 도달해서 실패하기 전에, 컨슈머가 요청에 대한 응답을 기다리는 최대 시간이다.
- auto.offset.reset: 이 속성은 컨슈머가 값을 읽어올 파티션에 대한 유효한 오프셋이 없을 때 사용된다.

- ○ lastest: 이 값은 컨슈머가 시작되는 시점에 가용한 파티션에서 가장 최근 메시지부터 시작하게 한다.
- ○ earliest: 이 값은 컨슈머가 해당 파티션의 처음부터 데이터 읽기를 시작하게 하며, 이는 파티션으로부터 모든 데이터를 읽는다는 것을 의미한다.
- ○ none: 이 값은 컨슈머에게 예외를 발생시키는 것을 의미한다.
- session.timeout.ms: 컨슈머가 동작 중임을 알리고, 리밸런서를 트리거하는 것을 막기 위해 컨슈머 그룹 코디네이터에게 하트비트를 전송한다. 컨슈머는 설정된 시간 주기 안에 하트비트를 전송한다. 예를 들어 10초로 설정돼 있다면, 컨슈머는 그룹 코디네이터에게 하트비트를 보내기 전에 최대 10초까지 기다린다. 이런 동작이 실패하면, 그룹 코디네이터는 컨슈머가 죽었다고 판단하고 리밸런서를 트리거한다.
- max.partition.fetch.bytes: 서버에서 파티션마다 할당할 최대 데이터 크기다. ConsumerRecord 객체에 대해 컨슈머가 필요로 하는 메모리는 '파티션 수 × 설정값'보다 반드시 커야 한다. 파티션 10개와 1개의 컨슈머를 가지면서 max.partition.fetch.bytes가 2MB로 설정돼 있다면, 컨슈머는 컨슈머 레코드를 위해 $10 \times 2 = 20$MB가 필요하다.

이러한 설정 작업 이전에 데이터를 처리하기 위해 컨슈머가 얼마의 시간을 필요로 하는지 알아야 한다. 그렇지 않으면 컨슈머는 컨슈머 그룹에 하트비트를 전송할 수 없으며, 리밸런서를 트리거하게 된다. 이러한 문제의 해답은 세션 타임아웃timeout을 증가시키는 것이 될 수 있고, 또는 컨슈머가 최대한 신속하게 처리할 수 있도록 파티션 페치fetch 크기를 줄이는 방법일 수 있다.

자바 카프카 컨슈머

다음 프로그램은 test 토픽에서 데이터를 사용하는 간단한 자바 컨슈머 예제다. 여기에 언급된 토픽 데이터는 사용 가능한 상태여야 하며, 그렇지 않으면 어떠한 레코드도 읽어오지 못할 것이다.

```java
import org.apache.kafka.clients.consumer.*;
import org.apache.kafka.common.TopicPartition;
import org.apache.log4j.Logger;
import java.util.*;

public class DemoConsumer {
    private static final Logger log = Logger.getLogger(DemoConsumer.class);

    public static void main(String[] args) throws Exception {

        String topic = "test1";
        List<String> topicList = new ArrayList<>();
        topicList.add(topic);
        Properties consumerProperties = new Properties();
        consumerProperties.put("bootstrap.servers", "localhost:9092");
        consumerProperties.put("group.id", "Demo_Group");
        consumerProperties.put("key.deserializer",
            "org.apache.kafka.common.serialization.StringDeserializer");
        consumerProperties.put("value.deserializer",
            "org.apache.kafka.common.serialization.StringDeserializer");

        consumerProperties.put("enable.auto.commit", "true");
        consumerProperties.put("auto.commit.interval.ms", "1000");
        consumerProperties.put("session.timeout.ms", "30000");

        KafkaConsumer<String, String> demoKafkaConsumer = new
            KafkaConsumer<String, String>(consumerProperties);

        demoKafkaConsumer.subscribe(topicList);
        log.info("Subscribed to topic " + topic);
```

```
        int i = 0;
        try {
            while (true) {
                ConsumerRecords<String, String> records =
                    demoKafkaConsumer.poll(500);
                for (ConsumerRecord<String, String> record : records)
                log.info("offset = " + record.offset() + "key =" +
                    record.key() + "value =" + record.value());

                //TODO : Do processing for data here
                demoKafkaConsumer.commitAsync(new OffsetCommitCallback() {
                    public void onComplete(Map<TopicPartition,
                        OffsetAndMetadata> map, Exception e) {
                        }
                });

            }
        } catch (Exception ex) {
            //TODO : Log Exception Here
        } finally {
            try {
                demoKafkaConsumer.commitSync();
            } finally {
                demoKafkaConsumer.close();
            }
        }
    }
}
```

스칼라 카프카 컨슈머

다음은 위 프로그램에 대한 스칼라 버전의 프로그램이며 동작은 동일하다. 카프카는 스칼라를 포함해 많은 언어로 컨슈머를 작성할 수 있도록 지원한다.

```scala
import org.apache.kafka.clients.consumer._
import org.apache.kafka.common.TopicPartition
import org.apache.log4j.Logger
import java.util._

object DemoConsumer {
    private val log: Logger = Logger.getLogger(classOf[DemoConsumer])

    @throws[Exception]
    def main(args: Array[String]) {
        val topic: String = "test1"
        val topicList: List[String] = new ArrayList[String]
        topicList.add(topic)
        val consumerProperties: Properties = new Properties
        consumerProperties.put("bootstrap.servers", "10.200.99.197:6667")
        consumerProperties.put("group.id", "Demo_Group")
        consumerProperties.put("key.deserializer",
            "org.apache.kafka.common.serialization.StringDeserializer")
        consumerProperties.put("value.deserializer","org.apache.kafka.common.serial
            ization.StringDeserializer")
        consumerProperties.put("enable.auto.commit", "true")
        consumerProperties.put("auto.commit.interval.ms", "1000")
        consumerProperties.put("session.timeout.ms", "30000")
        val demoKafkaConsumer: KafkaConsumer[String, String] = new
            KafkaConsumer[String, String](consumerProperties)
        demoKafkaConsumer.subscribe(topicList)
        log.info("Subscribed to topic " + topic)
        val i: Int = 0
        try
            while (true) {
                val records: ConsumerRecords[String, String] =
                    demoKafkaConsumer.poll(2)
                import scala.collection.JavaConversions._

                for (record <- records) {
                    log.info("offset = " + record.offset + "key =" + record.key +
                        "value =" + record.value)
```

```
            System.out.print(record.value)
        }
        //TODO : Do processing for data here
        demoKafkaConsumer.commitAsync(new OffsetCommitCallback() {
            def onComplete(map: Map[TopicPartition, OffsetAndMetadata], e:
                Exception) {
            }
        })
    }

    catch {
        case ex: Exception => {
        //TODO : Log Exception Here
        }
    } finally try
        demoKafkaConsumer.commitSync()
    finally demoKafkaConsumer.close()
    }
}
```

리밸런스 리스너

컨슈머를 컨슈머 그룹에 추가하거나 제거하는 경우, 카프카는 리밸런서를 트리거하고 컨슈머는 현재 파티션의 소유권을 잃는다는 것을 앞서 논의했다. 이는 결과적으로 파티션이 컨슈머에게 다시 할당될 때 중복 처리가 발생할 수 있게 만든다. 데이터 연결 관리, 파일 관리, 컨슈머 일부인 캐시 관리 같은 여러 운영 작업이 있으며, 파티션이 소유권을 잃기 전에 이러한 작업을 처리하길 원할 수 있다.

카프카는 위와 같은 시나리오를 관리하기 위해 API를 제공한다. 카프카는 onPartitions Revoked()와 onPartitionsAssigned() 메서드를 보유한 ConsumerReba lanceListener 인터페이스를 제공한다. 이 두 메서드를 구현할 수 있고, 앞에서 언급한 subscribe 메서드를 사용해 토픽을 구독하면서 객체를 전달할 수도 있다.

```
import org.apache.kafka.clients.consumer.ConsumerRebalanceListener;
import org.apache.kafka.common.TopicPartition;

import java.util.Collection;

public class DemoRebalancer implements ConsumerRebalanceListener {
    @Override
    public void onPartitionsRevoked(Collection<TopicPartition> collection)
    {
        //TODO: Things to Do before your partition got revoked
    }
    @Override
    public void onPartitionsAssigned(Collection<TopicPartition> collection)
    {
        //TODO : Things to do when new partition get assigned
    }
}
```

▌ 일반적인 메시지 사용 유형

여기서 몇 가지 일반적으로 메시지를 사용하는 유형을 살펴보자.

- **컨슈머 그룹 – 연속적인 데이터 처리**continuous data processing: 이 유형은 일단 컨슈머가 생성되면 토픽을 구독하고, 현재의 오프셋에서 메시지 수신을 시작한다. 컨슈머는 설정된 주기에 맞게 배치 안에 수신된 메시지 수를 기반으로 최근 오프셋을 커밋한다. 컨슈머는 커밋할 시간이 맞는지 확인하고, 맞으면 오프셋을 커밋한다. 오프셋의 커밋은 동기 또는 비동기 방식으로 진행될 수 있으며, 컨슈머 API의 자동 커밋 기능을 사용한다.

  이 유형의 이해를 위한 핵심은 컨슈머가 메시지 흐름을 제어하지 않는다는 점이다. 컨슈머 그룹 파티션에서 현재 오프셋에 의해 운영된다. 현재 오프셋에서 메시지를 받고, 규칙적인 주기로 메시지를 수신하면서 오프셋을 커밋한다. 이 유형의 주요 장점은 훨씬 적은 양의 코드로 컨슈머 애플리케이션을 완성하고, 버그 위험이 적은 기존 컨슈머 API에 의존한다는 점이다.

다음 그림은 연속적인 데이터 처리 방식을 보여준다.

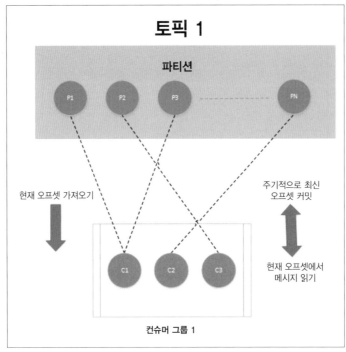

컨슈머 그룹 – 연속적인 데이터 처리

- **컨슈머 그룹 – 개별 데이터 처리**^{discrete data processing} : 가끔은 카프카에서 메시지를 사용하는데 더 많은 제어를 원할 수 있다. 메시지의 특정 오프셋 읽기를 원하거나 특정 파티션에서 최근의 현재 오프셋을 원하기도 한다. 결과적으로 주기적으로 받은 최신 오프셋이 아니라 특정 오프셋을 커밋하기를 원하기도 한다. 이러한 방식을 개별 데이터 처리라고 한다. 이 경우 컨슈머는 제공된 오프셋을 사용해 데이터를 가져오고, 애플리케이션의 요구에 따라 특정 오프셋을 커밋한다.

커밋은 동기 또는 비동기 방식으로 수행될 수 있다. 컨슈머 API는 commitSync( ) 와 commitAsync( )의 호출을 지원하며, 파티션 맵과 커밋을 원하는 오프셋을 전달해준다.

이 방식은 다양한 형태로 활용될 수 있다. 예를 들어 몇 개의 메시지 전으로 돌아가거나 몇 개의 메시지를 건너뛰는(아마도 시간에 민감한 애플리케이션, 즉 현재 시간에 더 가까운 관련 메시지를 수신하기 위해 몇 개를 버려서 시간에 뒤처지지 않기를 원하는) 경우 등이 있을 수 있지만, 이 기능의 가장 흥미로운 사례는 오프셋이 카프카가 아닌 어떤 시스템에 저장되는 경우다.

이러한 일반적인 시나리오를 생각해보자. 사용자 애플리케이션이 카프카에서 이벤트를 읽고(웹사이트에서 사용자 클릭의 흐름 같은 경우), 데이터를 처리하고(아마도 로봇에 의한 클릭은 제거하고 세션 정보를 추가하는), 그 결과를 NoSQL 저장소나 하둡 같은 데이터베이스에 저장한다. 그리고 어떠한 데이터라도 손실되거나 데이터베이스에 같은 결과를 두 번 저장하는 일은 절대로 원하지 않는다고 가정해보자. 다음은 개별 데이터 처리 유형을 보여준다.

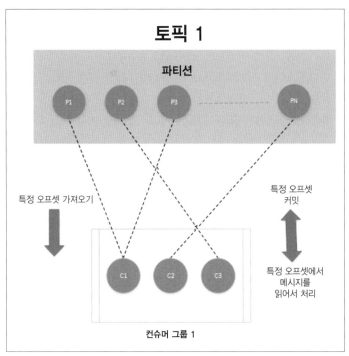

컨슈머 그룹 – 개별 데이터 처리

▌ 모범 사례

4장의 내용을 살펴보면서 유념할 몇 가지 모범적인 활용 사례를 다음과 같이 정리해보 겠다.

- **예외 처리**: 프로듀서 같이 예외 처리에 대한 책임은 전적으로 컨슈머 프로그램에 있으며, 예외에 따라서 프로그램의 흐름을 결정한다. 컨슈머 애플리케이션은 여러 예외 클래스를 정의하고, 업무적인 요구 사항에 따라서 취해야 할 동작을 결정해야 한다.

- **리밸런스 관리**: 새로운 컨슈머가 컨슈머 그룹에 합류할 때마다, 혹은 예전 컨슈머가 종료되면 파티션 리밸런스가 트리거된다. 컨슈머가 해당 파티션의 소유권을 잃을 때마다 카프카에서 수신한 가장 최근 이벤트의 오프셋을 반드시 커밋해야 한다. 예를 들어 메모리 안에 버퍼된 데이터 세트를 파티션의 소유권을 잃기 전에 처리해서 커밋해야 한다. 또한 아직 열려 있는 파일 핸들과 데이터베이스 연결 객체를 닫아야 한다.

- **제때 오프셋 커밋하기**: 메시지에 대한 오프셋을 커밋할 때는 제때 수행해야 한다. 카프카에서 메시지 배치를 처리하는 애플리케이션은 전체 배치의 처리를 완료하기 위해 시간이 더 소요될 수 있다. 반드시 지켜야할 규칙은 아니지만 처리 시간이 1분을 넘는다면, 애플리케이션의 장애 발생 시 데이터 처리가 중복되는 것을 막기 위해 일정한 주기로 오프셋을 커밋하게 한다. 데이터의 중복 처리가 심각한 대가를 치를 수 있는 중요한 애플리케이션에 대해서는 특히나 처리 성능이 중요하지 않다면, 오프셋을 커밋하는 시간을 가능한 짧게 해야 한다.

- **자동 오프셋 커밋**: 자동 커밋을 선택하는 경우는 중복되는 레코드 처리에 대한 염려가 없거나, 컨슈머가 자동으로 오프셋을 커밋하도록 관리하기를 바라는 경우다. 예를 들어 자동 커밋 주기가 10초이고 7초가 지나면서 컨슈머에 장애가 발생한 경우, 7초 동안 오프셋은 커밋되지 않았고 컨슈머가 장애 이후에 복구되면 그 7초 동안의 레코드를 다시 처리한다.

 자동 커밋 주기를 짧게 유지한다면 중복되는 메시지 처리가 줄어든다.

- 커밋 처리와 폴링 절에서 메시지를 가져오는 poll 함수의 호출은 항상 이전 호출에 대한 최신 오프셋을 커밋한다. 이런 경우 반드시 기존 호출에서의 모든 메시지가 성공적으로 처리됐어야 한다. 그렇지 않으면 컨슈머 애플리케이션이 최신 오프셋 커밋을 사용해서 다음 데이터를 가져온 이후에, 아직 기존 호출로 가

져온 메시지가 처리되기 이전 시점에서 장애가 나면 레코드를 잃는 문제가 발생한다. 그러므로 새로운 폴링 함수의 호출은 항상 기존에 호출에서 가져온 데이터 처리가 끝나면 수행한다.

▌ 요약

이제 카프카 컨슈머에 대한 결론을 내릴 때다. 4장에서 카프카 메시지 흐름의 핵심 기능에 접근해봤다. 여기서는 컨슈머의 내부 동작과 함께, 동일한 그룹의 컨슈머 수와 토픽 파티션 수가 어떻게 처리 성능과 속도를 향상시키는데 활용 가능한지 집중해서 살펴봤다. 또한 어떻게 컨슈머 API를 사용해 컨슈머를 생성하고, 컨슈머에 문제가 생기면 어떻게 메시지 오프셋을 관리하는지 다뤘다.

카프카 API로 시작해서 동기와 비동기 방식의 컨슈머 동작과 각각의 장단점에 대해서 살펴봤다. 컨슈머 애플리케이션의 처리 성능을 향상시키는 방법도 설명했다. 다음에는 컨슈머 리밸런서의 개념과 언제 트리거되는지, 어떻게 자신만의 리밸런서를 생성하는지 알아봤다. 또한 다양한 컨슈머 애플리케이션에서 활용되는 다양한 컨슈머 형태를 설명했고, 언제 어떻게 사용되는지 집중해서 다뤘다.

끝으로 카프카 컨슈머 활용에 대한 좋은 사례를 여기서 살펴봤다. 이러한 모범 사례는 확장성 있는 설계와 일반적으로 접할 수 있는 문제를 피하는데 도움이 될 것이다. 4장을 통해서 카프카 컨슈머를 설계하고 제작하는 기술을 숙지했기를 바란다.

5장에서는 스파크와 스파크 스트리밍streaming을 소개하고, 카프카와 스파크로 실시간 형태로 활용하는 사례를 살펴볼 것이며, 카프카와 스파크를 통합하는 다양한 방법을 알아보겠다.

05

카프카 스파크 스트리밍 애플리케이션 개발

지금까지 아파치 카프카의 모든 구성 요소와 카프카를 사용하는 애플리케이션 개발에 쓰이는 다양한 API를 살펴봤다. 4장에서는 카프카 프로듀서, 브로커, 카프카 컨슈머와 메시징 시스템으로서 카프카를 활용하기 위한 모범 사례와 관련된 개념을 배웠다.

5장에서는 분산된 메모리 내부 처리in memory processing 엔진인 아파치 스파크를 다루고, 스파크 스트리밍 개념과 어떻게 스파크와 아파치 카프카를 통합하는지 살펴보자.

다시 말해 다음의 주제를 다룬다.

- 스파크 소개
- RDD 같은 스파크 내부 구조
- 스파크 스트리밍

- 수신자 기반 접근 방식receiver-based approach 스파크-카프카 통합
- 직접 접근 방식direct approach 스파크-카프카 통합
- 활용 사례(로그 처리)

▌ 스파크 소개

아파치 스파크는 분산된 메모리상의 데이터 처리 시스템이며, 자바, 스칼라, 파이썬에 대해 풍부한 API 세트를 제공한다. 스파크 API는 배치와 실시간 데이터 처리와 분석, 머신러닝, 단일 클러스터 플랫폼상의 거대한 양의 데이터의 그래프 처리 등을 위한 애플리케이션의 개발에 사용된다.

 스파크 개발은 2009년에 버클리 대학교의 AMPLab(Berkeley's AMPLab)에서 맵리듀스(MapReduce) 프레임워크의 성능을 향상시키기 위해 시작됐다.

맵리듀스는 구글 연구 논문과 관련해 야후가 개발한 분산 배치 처리 프레임워크다.

그들이 발견한 사실은 어떤 문제를 풀기 위해 반복iterative 접근을 하는 애플리케이션은 디스크 입출력을 줄임으로써 빨라질 수 있다는 점이다. 스파크는 많은 데이터를 메모리에 캐시할 수 있고, 데이터 변환처럼 반복 접근 방식을 쓰는 애플리케이션의 성능이 향상되도록 캐시의 장점을 활용할 수 있다. 하지만 이 같은 반복 연산에 대한 내용은 스파크가 제공하는 일부 사례일 뿐이고, 현재 버전에서는 복잡한 문제를 쉽게 풀 수 있도록 매우 많은 기능을 갖고 있다.

스파크의 구조

하둡 같이 스파크 역시 마스터/슬래이브master/slave 구조이며, 마스터인 상주 프로그램 daemons은 **스파크 드라이버**라고 하고, 다중 슬래이브인 상주 프로그램은 **실행기**executors라고 한다. 스파크는 클러스터에서 실행되며 YARN, Mesos, 스파크 독립 클러스터 관리자 등 과 같은 클러스터 자원 관리자를 사용한다.

스파크의 개별 구성 요소에 대해 살펴보자.

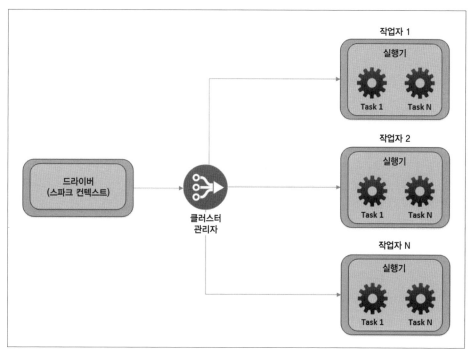

스파크의 구조

스파크 드라이버는 스파크 구조상 마스터이며, 스파크 애플리케이션의 진입점이다.

스파크 드라이버는 다음과 같은 작업에 책임을 진다.

- **스파크 컨텍스트**Context: 컨텍스트는 스파크 드라이버에서 생성된다. 컨텍스트 객체는 애플리케이션 설정을 초기화하는 역할도 한다.
- **DAG 생성**: 스파크 드라이버는 RDD(resilient distributed dataset, 복원 분산 데이터 세트) 운영을 기반으로 계보를 생성해서 DAG(directed acyclic graph, 방향성 비순환 그래프) 스케줄러에 등록하는 역할을 한다. 계보란 방향성 비순환 그래프로, 이 그래프는 이제 DAG 스케줄러에 등록된다.
- **스테이지**stage **생성**: 드라이버 안의 DAG 스케줄러는 계보 그래프에 기초한 작업task의 스테이지를 생성하는 역할을 한다.
- **작업 스케줄과 실행**: 일단 작업 스테이지가 생성되면 드라이버 안에서 작업 스케줄러는 클러스터 관리자를 사용해 단위 과업의 일정을 정하고, 그 실행을 제어한다.
- **RDD 메타데이터**: 드라이버는 RDD의 메타데이터와 해당 파티션을 유지한다. 파티션에 장애가 발생할 경우 스파크는 파티션이나 RDD를 쉽게 다시 산출한다.

스파크 작업자: 스파크 작업자는 해당 컴퓨터에서 실행 중인 실행기를 관리하고 마스터 노드와 통신을 수행하는 역할을 한다.

목록으로 정리하면 다음과 같다.

- **백엔드**backend **프로세스**: 단위 작업자 노드는 하나 이상의 백엔드 프로세스를 갖는다. 각 백엔드 프로세스는 실행기를 시작시키는 역할을 한다.
- **실행기**: 단위 실행기는 작업을 병렬로 진행시키는 역할을 하는 개별 스레드 집합thread pool으로 구성된다. 실행기는 데이터를 지정된 위치나 파일에서 읽고, 처리하고, 쓰는 역할을 한다.

스파크 구조를 전체적으로 보면 더 많은 내부 요소가 있지만, 이 책에서 다루지는 않는다. 그러나 전반적으로 스파크에 대한 기초적인 내용을 다룰 것이다.

스파크의 핵심 요소

다음은 스파크의 중요한 핵심 요소다.

복원 분산 데이터 세트(RDD): RDD는 스파크의 중심축이다. RDD는 변하지 않으며, 내결함성을 갖는 분산된 객체의 집합이다. RDD는 논리적인 파티션으로 구분되며, 여러 작업자 컴퓨터에 의해 산출된다.

요약하면 스파크에서 어떤 파일을 읽을 경우, 해당 파일의 데이터는 하나의 큰 RDD를 형성한다. RDD상에서 필터링 작업은 새로운 RDD를 생성하는데, RDD는 불변임을 유념하자. 이는 RDD를 수정할 때마다 새로운 RDD를 갖게 된다는 뜻이다. 이러한 RDD는 파티션이라는 논리적 구역으로 구분되며, 스파크에서의 병렬 처리 단위가 된다. 단위 구역 또는 파티션은 별개의 분산된 컴퓨터에서 처리된다.

다음 그림은 파티션에 대한 이해를 도울 것이다.

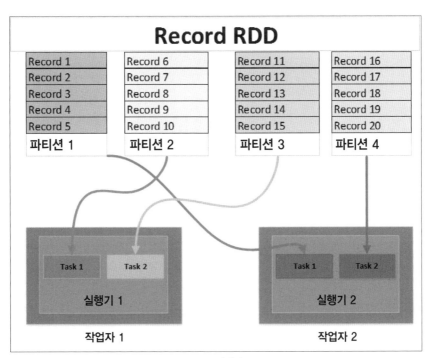

RDD 파티션

RDD상에서 수행되는 두 가지 유형의 작업이 있다.

- **변환**: RDD상에서의 변환은 또 다른 RDD를 생성한다. 변환은 필터를 적용하거나 기존의 RDD를 수정하는 것이며, 이는 새로 RDD를 생성하게 된다.
- **액션**action: 액션의 운영은 스파크에 대해 실행 트리거 역할을 한다. 스파크는 RDD에 대해 수동적인데, 이는 스파크가 액션을 만나지 못하면 실행 자체를 시작하지 않는다는 뜻이다. 여기서의 액션은 파일로 결과를 저장하거나, 콘솔에 결과를 출력하는 등의 작업을 말한다.

DAG: RDD는 변환이 가능하며 그 결과는 새로운 RDD를 생성하는 것이고, 이 과정은 어떤 액션을 실행하기까지 계속 진행된다. 어떤 액션을 만날 때마다 스파크는 DAG를 생성하고 나서 스케줄러에 등록한다. 단어 수를 세는 다음의 예제를 살펴보자.

```
val conf = new SparkConf().setAppName("wordCount")
val sc = new SparkContext(conf)
val input = sc.textFile(inputFile)
val words = input.flatMap(line => line.split(" "))
val word_counts = words.map(word => (word, 1)).reduceByKey{case (x, y) => x
    + y}
word_counts.saveAsTextFile(outputFile)
```

일단 DAG가 등록되면 DAG 스케줄러는 연산자를 써서 작업 단계를 생성한다. 작업 스케줄러는 클러스터 관리자와 작업자 노드의 도움을 받아 이 작업을 시작한다.

스파크 운영 환경

앞에서 설명했듯이 스파크는 실시간 처리, 머신 러닝, 그래프 처리 등 다양한 목적으로 활용될 수 있다. 스파크는 그 용도에 따라 다양한 독립적인 구성 요소로 이뤄진다. 다음 그림은 스파크 운영 환경에 대한 간단한 개념을 보여준다.

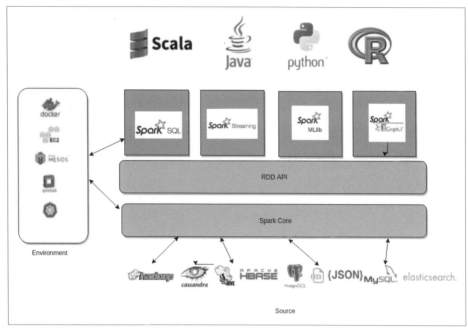

스파크 운영 환경

- **스파크 코어**: 스파크 코어는 스파크 운영환경에서 기초가 되는 범용적인 계층이다. 모든 계층에서 활용 가능한 기본적이고 공통적인 기능을 포함한다. 이는 코어에서의 성능 향상이 자동으로 모든 구성 요소에 대해 우선한다는 의미다. 스파크의 주요 추상화 부분인 RDD도 코어 계층의 일부다. RDD를 다루기 위한 API도 역시 포함한다.

  또한 작업 스케줄러, 메모리 관리자, 내결함성, 저장소 상호 작용 계층storage interaction layer 등의 공통 구성 요소도 스파크 코어의 일부다.

- **스파크 스트리밍**: 스파크 스트리밍은 실시간 스트리밍 데이터 처리에 사용되는데, 카프카와 스파크의 통합을 논의하면서 활용할 것이다. 스파크 스트리밍은 엄밀하게 실시간은 아니지만, 마이크로 배치 단위로 데이터를 처리하므로 실시간에 가깝다.

- **스파크 SQL**: 스파크 SQL은 SQL 같은 질의어^{queries}를 JSONRDD와 CSVRDD 같은 구조화된 RDD상에서 활용하도록 API를 제공한다.
- **스파크 MLlib**: MLlib는 스파크에서 확장성 있는 머신 러닝 솔루션을 생성하는데 사용된다. 회귀^{regression}, 분류작업^{classification}, 클러스터나 필터링 같은 풍부한 머신 러닝 알고리즘 세트를 제공한다.
- **스파크 GraphX**: GraphX는 복잡한 사회관계망을 기반으로 추천 엔진을 제작하는 등의 그래프 처리가 중요한 역할을 하는 상황을 다루는데 활용된다. 효율적인 알고리즘과 그래프를 다루기 위한 API를 풍부하게 제공한다.

스파크 스트리밍

스파크 코어 엔진의 맨 위에 위치하는 스파크 스트리밍은 빠르고 확장성이 있으며, 높은 처리 성능과 내결함성을 지원하는 실시간 처리 시스템이다. 데이터 스트리밍은 생산 로그, 클릭 흐름^{click stream} 데이터, 카프카, 키네시스^{Kinesis}(운동성), 플룸 등의 다양한 데이터를 제공하는 시스템을 데이터 소스로 활용한다.

스파크 스트리밍은 이러한 데이터를 수신하는 API를 제공하고, 데이터에서 업무적으로 가치 있는 값을 얻기 위해 복잡한 알고리즘을 적용한다. 최종적으로 가공된 데이터는 일종의 저장소 시스템으로 향하게 된다. 이번 절에서 스파크 스트리밍 통합^{spark streaming integration}에 대한 내용을 다룬다.

기본적으로 스파크로 카프카를 통합하는 두 가지 접근 방식이 있으며, 각 세부 사항을 알아보자.

- 수신자 기반 접근^{receiver-based approach} 방식
- 직접 접근^{direct approach} 방식

수신자 기반 접근 방식은 통합을 수행하는 더 오래된 방법이다. 다이렉트 API^{Direct API}를 사용한 통합은 수신자 기반 접근보다 더 많은 장점이 있다.

수신자 기반 통합 방식

스파크는 수신자를 구현하기 위해 상위 레벨의 컨슈머 API를 사용한다. 이는 예전에 사용된 접근 방식이며, 카프카 토픽 파티션에서 받은 데이터는 스파크 실행기와 스트리밍 잡^{streaming job} 프로세스에 저장된다. 하지만 스파크 수신자는 모든 실행기에 걸쳐 메시지를 복제하는데, 이것은 하나의 실행기가 실패할 경우 다른 실행기가 처리할 복제된 데이터를 제공할 수 있어야 하기 때문이다. 이러한 방식으로 스파크는 데이터에 대한 내결함성을 제공한다.

다음의 그림은 수신자 기반 통합 방식에 대한 개념을 보여준다.

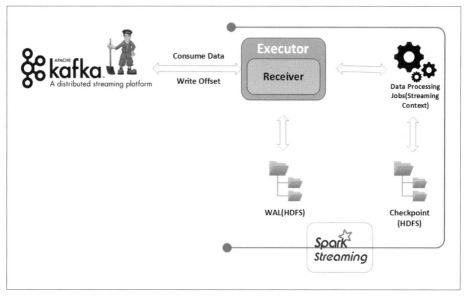

스파크 수신자 기반 접근 방식

스파크 수신자는 메시지가 성공적으로 실행기에 복제될 때만 브로커에게 통지하는데, 그렇지 않으면 주키퍼에 메시지 오프셋이 커밋되지 않고, 메시지는 아직 읽지 않은 상태로 남게 된다. 이 상황에서 메시지 처리가 보장되는 것처럼 보이지만, 일부 반대의 상황도 있다.

 스파크 드라이버에 장애가 나면 어떻게 될까? 스파크 드라이버가 실패하면 모든 실행 프로그램을 종료하므로 실행기에서 사용할 수 있는 데이터가 손실된다. 스파크 수신자가 그러한 메시지에 대해 이미 ACK를 보냈고, 주키퍼로 오프셋을 성공적으로 커밋했다면 어떻게 될까? 이런 경우에 얼마나 많은 레코드가 처리됐거나 처리되지 않았는지 알 수 없기 때문에 레코드를 잃어버리게 된다.

이런 문제를 방지하기 위한 몇 가지 기술에 대해 알아보자.

- **로그 선행 기입**WAL, write-ahead log: 드라이버에 장애가 발생하면 데이터가 손실되는 시나리오를 설명했다. 이런 데이터 손실을 방지하기 위해서 스파크는 로그 선행 기입 기능을 1.2 버전에서 도입했는데, 이는 하둡 분산 파일 시스템HDFS, Hadoop distributed file system이나 S3 같은 저장소 시스템으로 버퍼된 데이터를 저장하도록 지원한다. 일단 드라이버가 복구되고 실행기가 올라오면, 단순히 WAL에서 데이터를 읽고 처리한다.

  그러나 스파크 스트리밍 애플리케이션을 실행하는 동안 명시적으로 로그 선행 기입을 활성화할 필요가 있고, WAL에서 가용한 데이터를 처리하는 로직을 기록해야 한다.

- **정확한 1회 처리**: WAL은 데이터 손실이 없도록 보장하지만, 스파크 잡에 의해 중복된 데이터 처리가 생길 수 있다. WAL은 1회 처리를 보장하지 않는데, 다시 말해 데이터 중복 처리를 피할 수 없다는 뜻이다.

  다음의 시나리오를 보자. 스파크가 카프카 저장소에서 실행기 버퍼로 데이터를 읽고, 내결함성을 위해 다른 실행기로 복제한다. 일단 복제가 완료되면 동일한 메시지를 WAL에 기록하고, 카프카로 ACK를 전송하기 전에 드라이버에 장애가 발생한다. 이제 장애에서 벗어나 드라이버가 복구되면 WAL에서 가용한 데이터부터 먼저 처리할 것이고, WAL에는 기록됐지만 스파크 수신자에 의해 ACK를 받지 못한 모든 메시지를 재연하는 카프카에서 메시지를 사용하기 시작할 것이다. 이 같은 경우 메시지의 중복 처리가 발생한다.

- **검사점**checkpoint: 스파크는 스트리밍 애플리케이션에 검사점을 지정하도록 지원한다. 검사점은 어떤 것이 실행됐는지, 어떤 것이 실행되기 위해 큐에 대기 중인지, 그리고 애플리케이션 설정 등의 정보를 저장한다.

 검사점의 활성화는 애플리케이션의 중요한 메타데이터 정보를 제공하는데 도움이 되는데, 이 같은 정보는 드라이버가 장애로부터 복구될 때 유용하다. 장애 시점에서 어떤 것이 어떤 데이터와 함께 처리됐는지 알 수 있기 때문이다. 검사점 데이터는 HDFS 같은 영구적인 저장소에 다시 저장된다.

수신자 기반 접근 방식의 단점

수신자 기반 접근의 몇 가지 단점은 다음과 같다.

- **처리 성능**: 로그 선행 기입과 검사점 활성화로 처리 성능이 저하될 수 있는데, 데이터를 HDFS로 기록하는 시간이 더 소요되기 때문이다. 디스크 입출력이 더 많이 발생하면 처리 성능이 저하되는 것은 당연하다.
- **저장소**: 스파크 실행기 버퍼에 한 세트의 데이터를 저장하고, 동일한 데이터에 대한 또 하나의 세트를 선행 기입 로그용 HDFS에 저장한다. 동일한 데이터에 대해서 두 개의 저장소를 사용하는 것이고, 저장소는 애플리케이션 요구 사항에 따라 다양하다.
- **데이터 손실**: 로그 선행 기입을 활성화하지 않았다면 데이터를 손실할 가능성이 크고, 일부 중요한 애플리케이션에 심각한 영향을 줄 수 있다.

수신자 기반 통합의 자바 예제

다음 예제를 통해 배운 내용을 확실히 이해하자.

```
import org.apache.Spark.SparkConf;
import org.apache.Spark.api.java.function.FlatMapFunction;
import org.apache.Spark.api.java.function.Function;
import org.apache.Spark.api.java.function.Function2;
import org.apache.Spark.api.java.function.PairFunction;
import org.apache.Spark.streaming.Duration;
import org.apache.Spark.streaming.api.java.JavaDStream;
import org.apache.Spark.streaming.api.java.JavaPairDStream;
import org.apache.Spark.streaming.api.java.JavaPairReceiverInputDStream;
import org.apache.Spark.streaming.api.java.JavaStreamingContext;
import org.apache.Spark.streaming.kafka.KafkaUtils;
import scala.Tuple2;

import java.util.Arrays;
import java.util.HashMap;
import java.util.Iterator;
import java.util.Map;
import java.util.regex.Pattern;

public class KafkaWordCountJava {
    private static final Pattern WORD_DELIMETER = Pattern.compile(" ");
    public static void main(String[] args) throws Exception {
        String zkQuorum = "localhost:2181";
        String groupName = "stream";
        int numThreads = 3;
        String topicsName = "test";
        SparkConf SparkConf = new
            SparkConf().setAppName("WordCountKafkaStream");

        JavaStreamingContext javaStreamingContext = new
            JavaStreamingContext(SparkConf, new Duration(5000));

        Map<String, Integer> topicToBeUsedBySpark = new HashMap<>();
```

```
String[] topics = topicsName.split(",");
for (String topic : topics) {
   topicToBeUsedBySpark.put(topic, numThreads);
}


JavaPairReceiverInputDStream<String, String> streamMessages =
   KafkaUtils.createStream(javaStreamingContext, zkQuorum,
groupName, topicToBeUsedBySpark);
JavaDStream<String> lines = streamMessages.map(new
   Function<Tuple2<String, String>, String>() {
      @Override
      public String call(Tuple2<String, String> tuple2) {
         return tuple2._2();
      }
});


JavaDStream<String> words = lines.flatMap(new
   FlatMapFunction<String, String>() {
      @Override
      public Iterator<String> call(String x) {
         return Arrays.asList(WORD_DELIMETER.split(x)).iterator();
      }
});


JavaPairDStream<String, Integer> wordCounts = words.mapToPair(
new PairFunction<String, String, Integer>() {
   @Override
   public Tuple2<String, Integer> call(String s) {
   return new Tuple2<>(s, 1);
   }
}).reduceByKey(new Function2<Integer, Integer, Integer>() {
   @Override
   public Integer call(Integer i1, Integer i2) {
   return i1 + i2;
   }
});


wordCounts.print();
```

```
        javaStreamingContext.start();
        javaStreamingContext.awaitTermination();
    }
}
```

수신자 기반 통합의 스칼라 예제

다음은 스칼라 예제다.

```scala
import org.apache.Spark.SparkConf
import org.apache.Spark.streaming.{Minutes, Seconds, StreamingContext}
import org.apache.Spark.streaming.kafka._

object KafkaWordCount {
    def main(args: Array[String]) {
        val zkQuorum:String="localhost:2181"
        val group:String="stream"
        val numThreads:String="3"
        val topics:String="test"

        val SparkConf = new SparkConf().setAppName("KafkaWordCount")
        val ssc = new StreamingContext(SparkConf, Seconds(2))
        ssc.checkpoint("WALCheckpoint")
        val topicMap = topics.split(",").map((_, numThreads.toInt)).toMap
        val lines = KafkaUtils.createStream(ssc, zkQuorum, group,
            topicMap).map(_._2)
        val words = lines.flatMap(_.split(" "))
        val wordCounts = words.map(x => (x, 1L))
            .reduceByKeyAndWindow(_ + _, _ - _, Minutes(10), Seconds(2), 2)
        wordCounts.print()

        ssc.start()
        ssc.awaitTermination()
    }
}
```

직접 접근 방식

수신자 기반 접근 방식에서는 데이터 손실, 로그 선행 기입에 대한 처리 성능 저하, 중복 없는 정확한 단일 데이터 처리의 어려움 등의 문제를 보았다. 이러한 문제를 극복하기 위해 스파크는 카프카와 스파크를 통합하는 직접적인 스트림 접근 방식을 제공한다.

스파크는 배치라고 하는 일정 범위의 오프셋으로 카프카에서 메시지를 주기적으로 질의해온다. 스파크는 하위 레벨 컨슈머 API를 사용하고, 정의된 오프셋 범위로 카프카에서 직접 메시지를 가져온다. 병렬 처리는 카프카에서 파티션 단위로 정의되며, 스파크의 직접 접근 방식은 파티션의 장점을 활용한다.

다음의 그림은 병렬 처리에 대해 조금 더 자세한 구조를 보여준다.

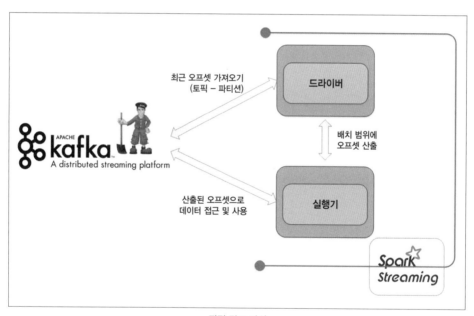

직접 접근 방식

직접 접근 방식의 몇 가지 기능을 살펴보자.

- **병렬 처리와 처리 성능**: RDD 안의 파티션 수는 카프카 토픽 하나의 파티션 개수에 의해 정의된다. 이러한 RDD 파티션은 카프카 토픽 파티션에서 병렬로 메시지를 읽는다. 간단히 말하면 스파크 스트리밍은 RDD 파티션을 카프카 파티션 수만큼 생성해서 처리 성능을 향상시킬 수 있도록 병렬로 데이터를 사용한다.

- **로그 선행 기입 배제**: 직접 접근 방식은 데이터 손실을 막기 위해 로그 선행 기입을 하지 않는다. 로그 선행 기입은 추가로 저장소가 필요하고, 일부 중복된 데이터 처리가 발생할 수 있다. 대신에 직접 접근 방식은 카프카에서 데이터를 직접 읽고, 처리된 메시지를 검사점에서 커밋한다. 장애가 발생하면 스파크는 어디서부터 시작할지 알게 된다.

- **주키퍼 배제**: 직접 접근 방식은 기본값으로 스파크에 의해 사용되는 오프셋을 커밋하기 위해 주키퍼를 사용하지 않는다. 스파크는 데이터 손실을 관리하기 위해 검사점을 활용하고, 장애가 발생하면 마지막 지점에서부터 실행을 시작한다. 그러나 오프셋 커밋 기반의 주키퍼를 사용하는 경우라면 큐레이터 클라이언트 Curator Client를 사용할 수 있다.

- **정확한 1회 처리**: 직접 접근 방식은 정확하게 한 번만 처리할 수 있는 기회를 제공하는데, 이는 어떠한 데이터도 두 번씩 처리되지 않으면서 데이터 손실도 없음을 의미한다. 이러한 과정은 검사점을 관리하는 스파크 스트리밍 애플리케이션에 의해 수행될 수 있으며, 장애 발생 시 어디서 시작하는지 스파크 스트리밍 애플리케이션에게 알려주므로 가능하다.

직접 접근 방식의 자바 예제

다시 자바 예제를 살펴보자.

```java
import java.util.HashMap;
import java.util.HashSet;
import java.util.Arrays;
import java.util.Map;
import java.util.Set;
import java.util.regex.Pattern;

import scala.Tuple2;

import kafka.serializer.StringDecoder;

import org.apache.Spark.SparkConf;
import org.apache.Spark.streaming.api.java.*;
import org.apache.Spark.streaming.kafka.KafkaUtils;
import org.apache.Spark.streaming.Durations;

public class JavaDirectKafkaWordCount {
    private static final Pattern SPACE = Pattern.compile(" ");

    public static void main(String[] args) throws Exception {

        String brokers = "localhost:9092";
        String topics = "test";

        SparkConf SparkConf = new
            SparkConf().setAppName("DirectKafkaWordCount");
        JavaStreamingContext javaStreamingContext = new
            JavaStreamingContext(SparkConf, Durations.seconds(2));

        Set<String> topicsSet = new
            HashSet<>(Arrays.asList(topics.split(",")));

        Map<String, String> kafkaConfiguration = new HashMap<>();
```

```java
kafkaConfiguration.put("metadata.broker.list", brokers);

JavaPairInputDStream<String, String> messages =
    KafkaUtils.createDirectStream(
        javaStreamingContext,
        String.class,
        String.class,
        StringDecoder.class,
        StringDecoder.class,
        kafkaConfiguration,
        topicsSet
    );

JavaDStream<String> lines = messages.map(Tuple2::_2);
JavaDStream<String> words = lines.flatMap(x ->
    Arrays.asList(SPACE.split(x)).iterator());

JavaPairDStream<String, Integer> wordCounts = words.mapToPair(s ->
    new Tuple2<>(s, 1))
    .reduceByKey((i1, i2) -> i1 + i2);

wordCounts.print();

javaStreamingContext.start();
javaStreamingContext.awaitTermination();
    }
}
```

직접 접근 방식의 스칼라 예제

다음은 직접 접근 방식을 사용하는 스칼라 예제다.

```scala
import kafka.serializer.StringDecoder
import org.apache.Spark.SparkConf
import org.apache.Spark.streaming.kafka.KafkaUtils
```

```
import org.apache.Spark.streaming.{Seconds, StreamingContext}

object DirectKafkaWordCount {
    def main(args: Array[String]) {

        val brokers: String = "localhost:2181"
        val topics: String = "test"

        val SparkConf = new SparkConf().setAppName("DirectKafkaWordCount")

        val ssc = new StreamingContext(SparkConf, Seconds(2))
        val topicsSet = topics.split(",").toSet
        val kafkaParams = Map[String, String]("metadata.broker.list" ->
            brokers)
        val messages = KafkaUtils.createDirectStream[String, String,
            StringDecoder, StringDecoder](
            ssc, kafkaParams, topicsSet)

        val lines = messages.map(_._2)
        val words = lines.flatMap(_.split(" "))
        val wordCounts = words.map(x => (x, 1L)).reduceByKey(_ + _)
        wordCounts.print()

        ssc.start()
        ssc.awaitTermination()
    }
}
```

▌ 로그 처리 활용 사례 – 사기 IP 감지

이 절은 카프카와 스파크 스트리밍을 사용해 부정한 목적으로 접근하는 사기 IP를 감지fraud IP detection하고, 해당 IP가 서버에 얼마나 접근했는지 확인하는 간단한 활용 사례를 다룬다. 다음과 같은 구성 요소를 갖고 이 사례를 설명하겠다.

- **프로듀서**: 로그 파일을 읽고 카프카 토픽에 레코드를 게시하는 용도로 카프카 프로듀서 API를 사용할 것이다. 하지만 실제로는 실시간으로 직접 로그 레코드를 얻고, 카프카 토픽에 게시하는 플룸이나 프로듀서 애플리케이션을 사용한다.
- **사기 IP 목록**: 사기 IP를 특정화하기 위해 미리 정의된 사기 IP 범위 목록을 사용할 것이다. 이러한 애플리케이션을 위해 여기서는 HBase 같이 빠른 자료 조회 기능을 대체할 메모리 상주 IP 목록을 사용한다.
- **스파크 스트리밍**: 스파크 스트리밍 애플리케이션은 카프카 토픽에서 레코드를 읽고, 의심스러운 IP와 도메인을 감지해낼 것이다.

메이븐

메이븐은 빌드 및 프로젝트 관리도구이며, 메이븐을 사용해 이 프로젝트를 빌드할 것이다. 프로젝트의 생성을 위해서는 이클립스^{Eclipse}나 IntelliJ를 사용하기를 권한다. 자신의 pom.xml 파일에 다음과 같은 필요한 요소를 추가한다.

```xml
<?xml version="1.0" encoding="UTF-8"?>
<project xmlns="http://Maven.apache.org/POM/4.0.0"
   xmlns:xsi="http://www.w3.org/2001/XMLSchema-instance"
   xsi:schemaLocation="http://Maven.apache.org/POM/4.0.0
      http://Maven.apache.org/xsd/Maven-4.0.0.xsd">
   <modelVersion>4.0.0</modelVersion>

   <groupId>com.packt</groupId>
   <artifactId>ip-fraud-detetion</artifactId>
   <version>1.0-SNAPSHOT</version>
   <packaging>jar</packaging>

   <name>kafka-producer</name>

   <properties>
      <project.build.sourceEncoding>UTF-8</project.build.sourceEncoding>
```

```xml
</properties>

<dependencies>
    <!--
        https://mvnrepository.com/artifact/org.apache.Spark/Spark-streaming-
            kafka_2
    .10 -->
<dependency>
    <groupId>org.apache.Spark</groupId>
    <artifactId>Spark-streaming-kafka_2.10</artifactId>
    <version>1.6.3</version>
</dependency>

<!--
    https://mvnrepository.com/artifact/org.apache.hadoop/hadoop-common -->
<dependency>
    <groupId>org.apache.hadoop</groupId>
    <artifactId>hadoop-common</artifactId>
    <version>2.7.2</version>
</dependency>

<!--
    https://mvnrepository.com/artifact/org.apache.Spark/Spark-core_2.10 -->
<dependency>
    <groupId>org.apache.Spark</groupId>
    <artifactId>Spark-core_2.10</artifactId>
    <version>2.0.0</version>
    <scope>provided</scope>
</dependency>

<!--
    https://mvnrepository.com/artifact/org.apache.Spark/Spark-streaming_2.10
        -->
<dependency>
    <groupId>org.apache.Spark</groupId>
    <artifactId>Spark-streaming_2.10</artifactId>
    <version>2.0.0</version>
    <scope>provided</scope>
```

```xml
        </dependency>

        <dependency>
            <groupId>org.apache.kafka</groupId>
            <artifactId>kafka_2.11</artifactId>
            <version>0.10.0.0</version>
        </dependency>
    </dependencies>

    <build>
        <plugins>
            <plugin>
                <groupId>org.apache.Maven.plugins</groupId>
                <artifactId>Maven-shade-plugin</artifactId>
                <version>2.4.2</version>
                <executions>
                    <execution>
                        <phase>package</phase>
                        <goals>
                            <goal>shade</goal>
                        </goals>
                        <configuration>
                            <filters>
                                <filter>
                                    <artifact>junit:junit</artifact>
                                    <includes>
                                        <include>junit/framework/**</include>
                                        <include>org/junit/**</include>
                                    </includes>
                                    <excludes>
                                        <exclude>org/junit/experimental/**</exclude>
                                        <exclude>org/junit/runners/**</exclude>
                                    </excludes>
                                </filter>
                                <filter>
                                    <artifact>*:*</artifact>
                                    <excludes>
                                        <exclude>META-INF/*.SF</exclude>
```

```xml
                    <exclude>META-INF/*.DSA</exclude>
                    <exclude>META-INF/*.RSA</exclude>
                </excludes>
            </filter>
        </filters>
        <transformers>
            <transformer
implementation="org.apache.Maven.plugins.shade.resource.ServicesResourceTra
    nsformer"/>

            <transformer
implementation="org.apache.Maven.plugins.shade.resource.ManifestResourceTra
    nsformer">
<mainClass>com.packt.streaming.FraudDetectionApp</mainClass>
            </transformer>
        </transformers>
    </configuration>
</execution>
</executions>
</plugin>
<plugin>
    <groupId>org.codehaus.mojo</groupId>
    <artifactId>exec-Maven-plugin</artifactId>
    <version>1.2.1</version>
    <executions>
        <execution>
            <goals>
                <goal>exec</goal>
            </goals>
        </execution>
    </executions>
    <configuration>
<includeProjectDependencies>true</includeProjectDependencies>
<includePluginDependencies>false</includePluginDependencies>
        <executable>java</executable>
        <classpathScope>compile</classpathScope>
        <mainClass>com.packt.streaming.FraudDetectionApp</mainClass>
    </configuration>
```

```
                </plugin>

                <plugin>
                <groupId>org.apache.Maven.plugins</groupId>
                <artifactId>Maven-compiler-plugin</artifactId>
            <configuration>
                <source>1.8</source>
                <target>1.8</target>
            </configuration>
            </plugin>
        </plugins>
    </build>
</project>
```

▌프로듀서

프로듀서 애플리케이션을 빌드하기 위해 IntelliJ 또는 이클립스를 사용할 수 있다. 프로듀서는 아파치 프로젝트에서 가져온 로그 파일을 읽는데, 다음과 같은 레코드를 갖고 있다.

```
64.242.88.10 - - [08/Mar/2004:07:54:30 -0800] "GET
/twiki/bin/edit/Main/Unknown_local_recipient_reject_code?topicparent=Main.C
onfigurationVariables HTTP/1.1" 401 12846
```

테스트 파일에서 그냥 한 줄만 사용해도 좋으며, 프로듀서는 임의의 IP를 만들어 기존의 내용을 대체해서 레코드를 생성할 것이다. 그래서 고유한 IP로 구분 가능한 몇 백만 개의 레코드를 갖게 된다.

레코드는 공백을 구분자로 쓰는 칼럼을 갖고 있으며, 프로듀서는 쉼표로 바꿀 것이다. 첫 번째 칼럼은 IP 주소나 도메인명을 나타내며, 해당 요청이 부정한 목적을 가진 클라이언트로부터 왔는지 감지하는데 사용한다. 다음은 로그를 기억하고 있는 자바 카프카 프로듀서다.

속성 리더

토픽이나 카프카 브로커 URL 등과 같은 일부 중요한 값에 대해 속성 파일을 사용하는 방법을 선호한다. 속성 파일에서 더 많은 값을 가져오길 원한다면 다음 코드를 수정하면 된다.

streaming.properties 파일:

```
topic=ipTest2
broker.list=10.200.99.197:6667
appname=IpFraud
group.id=Stream
```

다음은 속성 리더reader의 예제다.

```java
import java.io.FileNotFoundException;
import java.io.IOException;
import java.io.InputStream;
import java.util.Properties;

public class PropertyReader {

    private Properties prop = null;
    public PropertyReader() {

        InputStream is = null;
        try {
            this.prop = new Properties();
            is =
                this.getClass().getResourceAsStream("/streaming.properties");
            prop.load(is);
        } catch (FileNotFoundException e) {
            e.printStackTrace();
        } catch (IOException e) {
            e.printStackTrace();
        }
```

```
    }

    public String getPropertyValue(String key) {
        return this.prop.getProperty(key);
    }
}
```

프로듀서 코드

프로듀서 애플리케이션은 실시간 로그 프로듀서처럼 설계되는데, 프로듀서는 3초마다 실행하면서 임의의 IP 주소를 가지고 새로운 레코드를 생성한다. IP_LOG.log 파일에 몇 개의 레코드를 추가하고 나서, 프로듀서는 세 개의 레코드에서 수백만 개의 고유 레코드를 생성한다.

또한 토픽의 자동 생성을 활성화했기 때문에, 프로듀서 애플리케이션을 실행하기 전에 토픽을 생성할 필요가 없다. 이전에 언급한 streaming.properties 파일에서 토픽 이름을 변경할 수 있다.

```
import com.packt.reader.PropertyReader;
import org.apache.kafka.clients.producer.KafkaProducer;
import org.apache.kafka.clients.producer.ProducerRecord;
import org.apache.kafka.clients.producer.RecordMetadata;
import java.io.BufferedReader;
import java.io.File;
import java.io.IOException;
import java.io.InputStreamReader;
import java.util.*;
import java.util.concurrent.Future;

public class IPLogProducer extends TimerTask {
    static String path = "";
    public BufferedReader readFile() {
        BufferedReader BufferedReader = new BufferedReader(new
```

```
        InputStreamReader(
            this.getClass().getResourceAsStream("/IP_LOG.log")));
    return BufferedReader;
}

public static void main(final String[] args) {
    Timer timer = new Timer();
    timer.schedule(new IPLogProducer(), 3000, 3000);
}

private String getNewRecordWithRandomIP(String line) {
    Random r = new Random();
    String ip = r.nextInt(256) + "." + r.nextInt(256) + "." +
        r.nextInt(256) + "." + r.nextInt(256);
    String[] columns = line.split(" ");
    columns[0] = ip;
    return Arrays.toString(columns);
}

@Override
public void run() {
    PropertyReader propertyReader = new PropertyReader();

    Properties producerProps = new Properties();
    producerProps.put("bootstrap.servers",
        propertyReader.getPropertyValue("broker.list"));
    producerProps.put("key.serializer",
        "org.apache.kafka.common.serialization.StringSerializer");
    producerProps.put("value.serializer",
        "org.apache.kafka.common.serialization.StringSerializer");
    producerProps.put("auto.create.topics.enable", "true");

    KafkaProducer<String, String> ipProducer = new
        KafkaProducer<String, String>(producerProps);

    BufferedReader br = readFile();
    String oldLine = "";
    try {
```

```
    while ((oldLine = br.readLine()) != null) {
        String line =
            getNewRecordWithRandomIP(oldLine).replace("[", "").replace("]",
                "");
        ProducerRecord ipData = new ProducerRecord<String,
            String>(propertyReader.getPropertyValue("topic"), line);
        Future<RecordMetadata> recordMetadata =
            ipProducer.send(ipData);
    }
} catch (IOException e) {
    e.printStackTrace();
}
ipProducer.close();
    }
}
```

사기 IP 룩업

다음 클래스는 사기 IP에서 요청받은 것인지 확인하는 룩업 서비스를 지원한다. NoSQL 데이터베이스나 기타 신속한 룩업 서비스를 추가할 수 있도록 클래스를 구현하기 전에 인터페이스를 활용한 적이 있다. 이제 이 같은 서비스를 구현하고, HBase나 다른 빠른 키 룩업key lookup 서비스를 사용해 룩업 서비스를 추가할 수 있다. 여기서는 메모리 내부 룩업 in-memory lookup을 사용하고, 단순히 캐시에 사기 IP 범위를 추가한다. 다음 코드를 프로젝트에 추가하자.

```
public interface IIPScanner {
    boolean isFraudIP(String ipAddresses);
}
```

CacheIPLookup은 메모리 룩업을 수행하는 IIPSCanner 인터페이스를 상속해 구현한다.

```java
import java.io.Serializable;
import java.util.HashSet;
import java.util.Set;

public class CacheIPLookup implements IIPScanner, Serializable {

    private Set<String> fraudIPList = new HashSet<>();

    public CacheIPLookup() {
        fraudIPList.add("212");
        fraudIPList.add("163");
        fraudIPList.add("15");
        fraudIPList.add("224");
        fraudIPList.add("126");
        fraudIPList.add("92");
        fraudIPList.add("91");
        fraudIPList.add("10");
        fraudIPList.add("112");
        fraudIPList.add("194");
        fraudIPList.add("198");
        fraudIPList.add("11");
        fraudIPList.add("12");
        fraudIPList.add("13");
        fraudIPList.add("14");
        fraudIPList.add("15");
        fraudIPList.add("16");
    }

    @Override
    public boolean isFraudIP(String ipAddresses) {

        return fraudIPList.contains(ipAddresses);
    }
}
```

하이브 테이블 노출하기

스트리밍 레코드를 HDFS에서 푸시된 기본 디렉터리에 하이브hive 테이블을 생성할 것이다. 이는 시간이 지남에 따라 계속 생성되는 사기 데이터 레코드의 수를 추적하도록 돕는다.

```
hive> create database packt;

hive> create external table packt.teststream (iprecords STRING) LOCATION
'/user/packt/streaming/fraudips';
```

전체 레코드에서 사기로 탐지되는 IP의 비율을 추적하기 위해 카프카 토픽으로 푸시되는 수신 데이터 상단에 하이브 테이블을 노출할 수도 있다. 한 개 이상의 테이블을 생성하고, 이후에 설명할 스트리밍 애플리케이션에 다음 코드를 추가한다.

```
ipRecords.dstream().saveAsTextFiles("hdfs://localhost:8020/user/packt/strea
ming/iprecords", "");
```

하이브에 다음의 테이블도 생성한다.

```
create external table packt.iprecords(iprecords STRING) LOCATION
'/user/packt/streaming/iprecords';
```

하이브로 데이터를 푸시하기 위해 **SqlContext**를 사용할 수도 있지만, 이 경우에는 단순하게 만들었다는 점을 유의한다.

스트리밍 코드

지금까지는 코드를 모듈화하는 부분에는 신경을 쓰지 않았다. 사기 IP 감지 애플리케이션은 개별 레코드를 검사하고, 사기 IP 룩업 서비스로 검증한 레코드를 걸러낸다. 룩업 서비스는 기타 신속한 룩업 데이터베이스로 변경될 수 있다. 여기서의 애플리케이션은 메모리 룩업 서비스를 사용한다.

```java
import com.packt.reader.PropertyReader;
import org.apache.Spark.SparkConf;
import org.apache.Spark.api.java.function.Function;
import org.apache.Spark.streaming.api.java.JavaStreamingContext;
import java.util.Set;
import java.util.regex.Pattern;
import java.util.HashMap;
import java.util.HashSet;
import java.util.Arrays;
import java.util.Map;
import scala.Tuple2;
import kafka.serializer.StringDecoder;
import org.apache.Spark.streaming.api.java.*;
import org.apache.Spark.streaming.kafka.KafkaUtils;
import org.apache.Spark.streaming.Durations;

public class FraudDetectionApp {
    private static final Pattern SPACE = Pattern.compile(" ");

    private static void main(String[] args) throws Exception {
        PropertyReader propertyReader = new PropertyReader();
        CacheIPLookup cacheIPLookup = new CacheIPLookup();
        SparkConf SparkConf = new SparkConf().setAppName("IP_FRAUD");
        JavaStreamingContext javaStreamingContext = new
            JavaStreamingContext(SparkConf, Durations.seconds(3));

        Set<String> topicsSet = new
            HashSet<>(Arrays.asList(propertyReader.getPropertyValue("topic").
                split(",")));
        Map<String, String> kafkaConfiguration = new HashMap<>();
        kafkaConfiguration.put("metadata.broker.list",
            propertyReader.getPropertyValue("broker.list"));
        kafkaConfiguration.put("group.id",
            propertyReader.getPropertyValue("group.id"));
```

```java
JavaPairInputDStream<String, String> messages =
    KafkaUtils.createDirectStream(
        javaStreamingContext,
        String.class,
        String.class,
        StringDecoder.class,
        StringDecoder.class,
        kafkaConfiguration,
        topicsSet
);
JavaDStream<String> ipRecords = messages.map(Tuple2::_2);

JavaDStream<String> fraudIPs = ipRecords.filter(new
    Function<String, Boolean>() {
    @Override
    public Boolean call(String s) throws Exception {
        String IP = s.split(",")[0];
        String[] ranges = IP.split("\\.");
        String range = null;
        try {
            range = ranges[0];
        } catch (ArrayIndexOutOfBoundsException ex) {

        }
        return cacheIPLookup.isFraudIP(range);

    }
});

fraudIPs.dstream().saveAsTextFiles("hdfs://localhost:8020/user/packt/stream
    ing/fraudips", "");

    javaStreamingContext.start();
    javaStreamingContext.awaitTermination();
    }
}
```

다음 명령어를 사용해서 애플리케이션을 실행한다.

```
Spark-submit --class com.packt.streaming.FraudDetectionApp --master yarn
ip-fraud-detetion-1.0-SNAPSHOT-shaded.jar
```

일단 스파크 스트리밍 애플리케이션이 시작되면 카프카 프로듀서를 실행하고, 관련 하이 브 테이블에서 레코드를 확인한다.

▌ 요약

5장에서는 아파치 스파크와 구조, 스파크 운영 환경을 간단하게 배웠다. 스파크와 카프카를 통합하는 여러 가지 방법에 대해서 장단점과 함께 집중해서 다뤘다. 또한 수신자 기반 접근과 직접 접근 방식을 설명했고, 마지막으로 간단한 활용 사례인 사기 IP 감지에 대해 로그 파일과 룩업 서비스를 사용해서 살펴봤다. 이젠 자신만의 스파크 스트리밍 애플리케이션을 만들 수 있을 것이다. 6장에서는 또 다른 실시간 스트리밍 애플리케이션으로 아파치 스톰을 계승한 아파치 헤론을 다룬다. 아파치 헤론이 아파치 스파크와 어떻게 다르며 언제 사용하는지를 다룰 것이다.

06

카프카 스톰
애플리케이션 개발

5장에서 배운 아파치 스파크는 마이크로 배치micro batches 단위로 데이터를 처리할 수 있고, 실시간에 가까운 처리 엔진이다. 하지만 몇 초 정도의 지연이 심각한 문제가 될 수 있는 상황에서, 매우 느린 처리 속도를 가진 애플리케이션과 동작한다면 스파크가 적합하지 않을 수 있다. 초당 수백만 개의 레코드를 처리하면서 시간이 더 많이 걸리는 배치 단위보다는 레코드 단위로 처리하는 프레임워크가 필요할 수도 있다. 6장에서는 실시간 처리 엔진인 아파치 스톰을 배운다. 스톰은 트위터가 처음 설계하고 개발했으며, 이후에 오픈 소스 아파치 프로젝트가 되었다.

6장에서 배울 주제는 다음과 같다.

- 아파치 스톰 소개
- 아파치 스톰 구조
- 아파치 헤론 개요
- 아파치 카프카와 아파치 스톰의 통합(자바/스칼라 예제)
- 활용 사례(로그 처리)

▌ 아파치 스톰 소개

아파치 스톰은 1초의 지연마저도 큰 손실이 되는, 매우 민감한 애플리케이션을 다루는데 사용된다. 많은 기업이 스톰을 사기 감지, 추천 엔진 제작, 의심스런 활동 트리거 등에 사용하고 있다. 스톰은 상태 저장 없이stateless, 중요한 메타데이터 정보를 유지하기 위한 조정coordinating을 목적으로 주키퍼를 사용한다.

 아파치 스톰은 분산형 실시간 처리 프레임워크며, 노드마다 초당 수백만 개의 레코드를 처리하면서도 한 번에 하나씩 이벤트를 처리하는 기능이 있다. 스트리밍 데이터를 제한하거나 제한하지 않을 수 있는데, 두 가지 상황 모두에서 신뢰할 수 있는 처리 능력이 있다.

스톰 클러스터 구조

스톰 역시 마스터-슬레이브master-slave 구조이며, 님버스nimbus가 마스터이고, 수퍼바이저supervisor가 슬레이브가 된다.

- **님버스**: 스톰 클러스터의 마스터 노드다. 클러스터 안에서 나머지 모든 노드를 작업자 노드라고 한다. 님버스는 작업자 노드에게 데이터를 분배하고, 작업을 할당

한다. 또한 작업자의 장애를 모니터하고, 장애가 발생하면 다른 작업자에게 작업을 다시 할당한다.

- **수퍼바이저**: 수퍼바이저는 님버스가 할당한 작업을 완료하는 역할을 하고, 가용한 자원 정보를 전송한다. 개별 작업자 노드는 정확히 한 개의 수퍼바이저가 있으며, 한 개 이상의 작업자 프로세스를 갖고 있고, 각 수퍼바이저는 다중 작업자 프로세스를 관리한다.

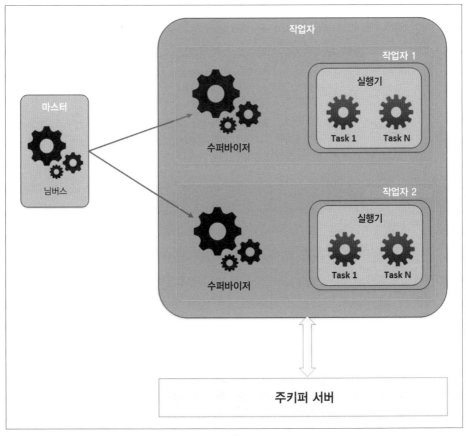

스톰의 구조

스톰은 상태 정보를 저장하지 않는다. 즉 님버스와 수퍼바이저는 상태 정보를 주키퍼에 저장한다. 님버스가 스톰 애플리케이션 실행 요청을 받을 때마다 주키퍼로부터 가용한 자원을 요구하고 나서, 사용할 수 있는 수퍼바이저에게 작업 스케줄을 준다. 또한 주키퍼에 진행 상황의 메타데이터를 저장하고, 장애가 발생해 님버스가 재시작되면 어디서부터 시작할지 알 수 있다.

스톰 애플리케이션의 개념

아파치 스톰은 두 가지 요소로 구성된다.

- **스파우트**: 스파우트spout는 외부의 소스 시스템에서 데이터 스트림을 읽고, 이후 처리를 위해서 토폴로지topology에 전달하는데 사용된다. 스파우트는 신뢰할 수 있거나, 아닐 수도 있다.
  - **신뢰할 수 있는 스파우트**: 신뢰할 수 있는 스파우트는 실행 중에 장애가 발생할 경우 데이터의 재연이 가능하다. 이런 경우 스파우트는 이후 과정의 처리를 위해 내보내는 이벤트마다 ACK를 기다린다. 더 많은 시간이 소요되긴 하지만 ATM 사기 감지 애플리케이션처럼 단 한 개의 레코드 손실 없이 관리하기를 원하는 종류의 프로그램인 경우 많은 도움이 된다.
  - **신뢰할 수 없는 스파우트**: 이벤트의 장애 발생 시 다시 이벤트를 내보내는 데에 대해 신경 쓰지 않는다. 100~200개의 레코드가 손실되는 것이 별다른 의미가 없는 경우에 유용하게 사용할 수 있다.
- **볼트**: 레코드 처리는 볼트bolt 안에서 수행한다. 스파우트가 내보낸 스트림은 스톰 볼트가 수신하고, 처리가 끝나면 해당 레코드는 볼트를 통해 데이터베이스, 파일, 또는 저장소 시스템에 저장될 수 있다.

- **토폴로지**: 토폴로지는 애플리케이션의 목적을 위해 스파우트와 볼트가 함께 구성된 애플리케이션의 전체적인 흐름이다. 프로그램 내에 스톰 토폴로지를 생성하고 나서 스톰 클러스터에 등록한다. 배치 잡[job]과는 달리 스톰 토폴로지는 지속적으로 동작한다. 스톰 토폴로지를 중단하고 싶다면 이것만 별도로 처리하거나, 강제로 종료시킬 필요가 있다.

다음은 여러 가지 유형의 스파우트를 이해하는데 도움이 되는 상세한 그림이다.

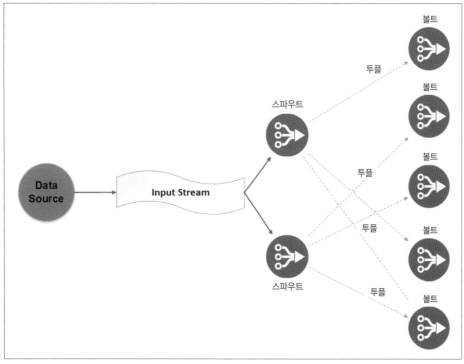

스톰 토폴로지 구조

한 개의 스파우트가 한 번에 여러 볼트에게 데이터를 내보낼 수 있고, 모든 볼트에 대한 ACK를 추적할 수 있다.

스톰의 내부 구조에 대한 세부 사항은 이 책에서 다루지 않는다. 아파치 스톰 문서는 http://Storm.apache.org에서 참고할 수 있다. 여기서는 아파치 카프카를 바탕으로 실시간 처리 애플리케이션을 제작하기 위해 아파치 스톰을 어떻게 잘 활용할 수 있는지에 집중할 것이다.

▌ 아파치 헤론 소개

아파치 스톰을 계승한 아파치 헤론은 하위 버전에 대한 호환성을 유지한다. 아파치 헤론은 트위터에서 활용되기 시작한 이후로 더 강력한 처리 성능과 속도, 처리 능력을 제공하며, 다음과 같은 스톰의 병목 현상 때문에 마치 새로운 스트림 처리 엔진을 갖고 있다고 느낀다.

- **디버깅**: 트위터는 코드 오류와 하드웨어 장애 등의 원인에 대한 디버깅에 어려움을 겪었다. 근본적 문제 원인의 발견이 어려웠는데, 이는 물리적인 처리 과정의 연산에 대한 논리적 단위로의 매핑이 분명하지 않았기 때문이다.
- **동적 확장성**scale on demand : 스톰은 전용 클러스터 리소스가 필요한데, 스톰 토폴로지를 실행하는 전용 하드웨어 자원이 필요하다는 의미다. 따라서 클러스터 리소스의 효과적인 활용과 동적으로 확장시키는 것이 제한된다. 또한 클러스터 자원을 스톰만이 아닌 다른 처리 엔진과 공유하는 것도 제한된다.
- **클러스터 관리 능력**: 새로운 클러스터 토폴로지를 실행하려면 컴퓨터를 수동으로 격리하는 작업이 필요하다. 또한 해당 토폴로지를 종료하려면 토폴로지에 할당된 컴퓨터를 제외시켜야 한다. 이런 작업을 운영 환경에서 한다고 생각해보자. 인프라 운영과 관리 비용, 사용자에 대한 생산성 측면에서 부담이 될 것이다.

아파치 헤론은 하위 버전 호환성을 유지하면서 아파치 스톰을 계승한다. 아파치 헤론은 아파치 스톰을 능가하는 더욱 강력한 처리 성능과 속도, 처리 능력을 제공한다.

이러한 모든 제약사항을 우선으로 지키면서 트위터는 이런 한계를 극복하고, 이전의 스톰 운영 토폴로지를 효과적으로 실행할 수 있는 새로운 스트림 처리 엔진을 개발하기로 결정했다.

헤론의 구조

헤론의 개발은 스톰과의 호환성에서 시작됐다. 헤론은 토폴로지를 실행하고, 모든 토폴로지는 오로라 스케줄러aurora scheduler라는 스케줄러에 등록된다. 오로라 스케줄러는 다중 컨테이너상에서 각 토폴로지를 오로라 잡으로 실행한다. 개별 잡은 토폴로지 구조 절에서 논의된 다중 토폴로지 프로세스로 구성된다.

다음의 그림을 보면 이 내용을 더 이해하기 쉽다.

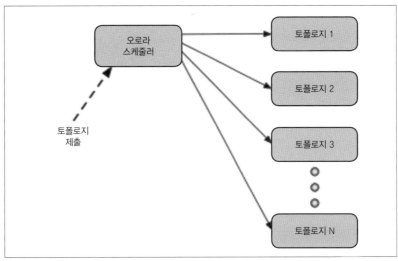

헤론의 구조

헤론 토폴로지 구조

헤론 토폴로지는 스톰 토폴로지와 유사하게 스파우트와 볼트로 구성되고, 스파우트는 소스에서 입력을 읽는 역할을 담당하며, 볼트는 실제 처리 작업을 수행하는 역할을 한다.

다음은 헤론 토폴로지에서의 핵심 구성 요소다.

- 토폴로지 마스터
- 컨테이너container
- 스트림 관리자
- 헤론 인스턴스instance
- 메트릭metric 관리자
- 헤론 추적기tracker

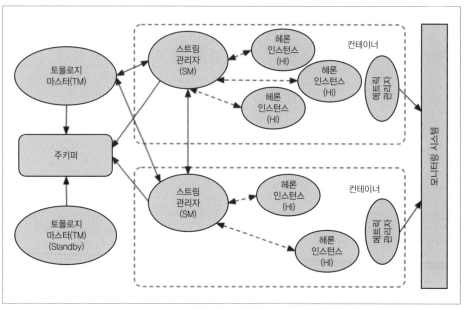

헤론 토폴로지의 구조

여기서 등장하는 개념을 다음과 같이 설명할 수 있다.

- **토폴로지 마스터**: YARN^{Yet Another Resource Negotiator}에서의 애플리케이션 마스터와 비슷한 방식으로 헤론은 여러 개의 컨테이너를 생성하고 첫 번째 컨테이너에 토폴로지 마스터™을 생성하는데, 토폴로지 마스터는 토폴로지의 전반적인 수명 주기^{life cycle}를 관리한다. 토폴로지 마스터는 주키퍼 안의 진입점을 생성해 찾기 쉽게 만들고, 동일한 토폴로지 내에서 또 다른 토폴로지 마스터가 존재하지 않도록 한다.
- **컨테이너**: 한 개의 컴퓨터가 자신의 JVM^{Java virtual machine}을 실행하는 다중 컨테이너를 가질 수 있는 YARN의 컨테이너와 개념이 유사하다. 각 컨테이너는 하나의 스트림 관리자^{stream manager}와 단일 메트릭^{metric} 관리자, 다중의 헤론 인스턴스^비를 갖는다. 개별 컨테이너는 토폴로지의 정확성을 확실히 하기 위해 토폴로지 마스터와 통신한다.
- **스트림 관리자**: 이름에서 그 기능을 알 수 있겠지만, 토폴로지 내에서 스트림의 라우팅^{routing}을 관리한다. 모든 스트림 관리자는 서로 연결돼 있어 부하를 효과적으로 관리할 수 있게 한다. 어느 볼트가 스트림을 매우 느리게 처리한다면, 스파우트가 데이터를 제공하는 것을 관리해 해당 볼트에 입력량을 줄인다.
- **헤론 인스턴스**: 컨테이너 안의 각 헤론 인스턴스는 스트림 관리자와 연결되며, 실제로 토폴로지의 스파우트와 볼트를 실행하는 역할을 한다. 개별 헤론 인스턴스는 JVM 프로세스이므로, 프로세스의 디버깅을 쉽게 한다.
- **메트릭 관리자**: 앞에서 설명했듯이 개별 컨테이너는 하나의 메트릭 관리자를 포함한다. 스트림 관리자와 모든 헤론 인스턴스는 그들의 측정값^{metric}을 메트릭 관리자에게 보고하고, 메트릭 관리자는 모니터링 시스템으로 이러한 측정값을 전송한다.

아파치 카프카와 아파치 스톰의 통합 – 자바

이전에 논의한 스톰 토폴로지 개념에 대해서는 친숙해졌을 테니, 이제 아파치 카프카로 어떻게 아파치 스톰을 통합할 수 있는지 살펴보겠다. 아파치 카프카는 운영 중인 애플리케이션에서 아파치 스톰과 함께 가장 폭넓게 활용된다. 이러한 통합을 위해 다양하고 활용 가능한 API를 살펴보자.

- KafkaSpout: 스톰에서의 스파우트는 소스 시스템에서 온 데이터를 사용하고, 이후 처리를 위해 볼트에게 전달하는 역할을 한다. KafkaSpout는 카프카 데이터를 스트림으로 사용한 다음 추가 처리를 위해 데이터를 볼트에 전달하도록 특별히 설계됐다. KafkaSpout는 주키퍼 정보, 카프카 브로커, 연결할 토픽 등을 포함하는 SpoutConfig를 받아들인다.

  다음의 코드를 살펴보자.

```
SpoutConfig spoutConfig = new SpoutConfig(hosts, inputTopic, "/" +
    zkRootDir, consumerGroup);
spoutConfig.scheme = new SchemeAsMultiScheme(new StringScheme());
spoutConfig.forceFromStart = false;
spoutConfig.startOffsetTime = kafka.api.OffsetRequest.LatestTime();
```

- 스파우트는 카프카 컨슈머 역할을 하므로, 어딘가를 가리키는 레코드 오프셋 관리가 필요하다. 스파우트는 오프셋을 저장하도록 주키퍼를 사용하며, SpoutConfig의 마지막 두 개의 파라미터는 주키퍼 루트 디렉터리 경로와 특정 스파우트의 ID를 표시한다. 다음과 같은 형태로 오프셋이 저장되며, 0과 1은 파티션 번호다.

```
zkRootDir/consumerID/0
zkRootDir/consumerID/1
zkRootDir/consumerID/2
```

- **SchemeAsMultiScheme**: 카프카에서 얼마의 ByteBuffer가 스톰 투플(관련된 속성 값의 집합)로 변환하는데 사용됐는지 나타낸다. 지금까지는 bytebuffer를 문자열로 변환하는 StringScheme을 구현해서 사용했다.

  이제 KafkaSpout로 설정이 전달되고, 스파우트가 토폴로지로 설정된다.

```
KafkaSpout kafkaSpout = new KafkaSpout(spoutConfig);
```

이제 잘 알려진 단어 수를 세는 예제를 활용해서 스톰 토폴로지를 실행할 것이다.

예제

스톰, 카프카 통합에 대한 예제로 유명한 단어 수 세기 예제를 활용할 것이며, KafkaSpout는 카프카 토픽에서 입력을 받고, 구분용 볼트split bolt와 카운트 볼트count bolt로 처리하겠다. 토폴로지 클래스부터 시작해보자.

토폴로지 클래스: 스파우트와 볼트의 연결된 흐름으로 토폴로지를 구성한다. 다음의 코드는 연결 흐름connection flow을 설정하는 TopologyBuilder 클래스다.

```
TopologyBuilder topologyBuilder = new TopologyBuilder();
topologyBuilder.setSpout("kafkaspout", new KafkaSpout(kafkaSpoutConfig));
topologyBuilder.setBolt("stringsplit", new
   StringToWordsSpliterBolt()).shuffleGrouping("kafkaspout");
topologyBuilder.setBolt("counter", new
   WordCountCalculatorBolt()).shuffleGrouping("stringsplit");
```

위 코드에서 스파우트를 KafkaSpout로 설정하고 나서 kafkaspout를 stringsplit 볼트로 전달하고, splitbolt는 wordcount 볼트로 전달되는 것을 볼 수 있다. 이런 방식으로 전체적인 토폴로지 파이프라인을 생성한다.

```java
import org.apache.Storm.Config;
import org.apache.Storm.LocalCluster;
import org.apache.Storm.StormSubmitter;
import org.apache.Storm.kafka.*;
import org.apache.Storm.spout.SchemeAsMultiScheme;
import org.apache.Storm.topology.TopologyBuilder;

public class KafkaStormWordCountTopology {
    public static void main(String[] args) throws Exception {
    String zkConnString = "localhost:2181";
    String topic = "words";
    BrokerHosts hosts = new ZkHosts(zkConnString);

    SpoutConfig kafkaSpoutConfig = new SpoutConfig(hosts, topic, "/" +
        topic,
        "wordcountID");
    kafkaSpoutConfig.startOffsetTime =
        kafka.api.OffsetRequest.EarliestTime();
    kafkaSpoutConfig.scheme = new SchemeAsMultiScheme(new
        StringScheme());

    TopologyBuilder topologyBuilder = new TopologyBuilder();
    topologyBuilder.setSpout("kafkaspout", new
        KafkaSpout(kafkaSpoutConfig));
    topologyBuilder.setBolt("stringsplit", new
        StringToWordsSpliterBolt()).shuffleGrouping("kafkaspout");
    topologyBuilder.setBolt("counter", new
        WordCountCalculatorBolt()).shuffleGrouping("stringsplit");
    Config config = new Config();
    config.setDebug(true);
    if (args != null && args.length > 1) {
        config.setNumWorkers(3);
        StormSubmitter.submitTopology(args[1], config,
            topologyBuilder.createTopology());
    } else {
        // Cap the maximum number of executors that can be spawned
        // for a component to 3
```

```
        config.setMaxTaskParallelism(3);
        // LocalCluster is used to run locally
        LocalCluster cluster = new LocalCluster();
        cluster.submitTopology("KafkaLocal", config,
           topologyBuilder.createTopology());
        // sleep
        try {
           Thread.sleep(10000);
        } catch (InterruptedException e) {
           // TODO Auto-generated catch block
           cluster.killTopology("KafkaToplogy");
           cluster.shutdown();
        }
        cluster.shutdown();
        }
    }
}
```

문자열 분리 볼트 String Split Bolt: 여러 줄의 데이터를 단어 단위로 쪼개고 나서, 토폴로지 파이프라인의 다음 볼트로 전송하는 역할을 한다.

```
import org.apache.Storm.task.OutputCollector;
import org.apache.Storm.task.TopologyContext;
import org.apache.Storm.topology.IRichBolt;
import org.apache.Storm.topology.OutputFieldsDeclarer;
import org.apache.Storm.tuple.Fields;
import org.apache.Storm.tuple.Tuple;
import org.apache.Storm.tuple.Values;

import java.util.Map;

public class StringToWordsSpliterBolt implements IRichBolt {
    private OutputCollector collector;

    public void prepare(Map StormConf, TopologyContext context,
                        OutputCollector collector) {
```

```
        this.collector = collector;
    }

    public void execute(Tuple input) {
        String line = input.getString(0);
        String[] words = line.split(" ");

        for(String word: words) {
            if(!word.isEmpty()) {
                collector.emit(new Values(word));
            }
        }

        collector.ack(input);
    }

    public void declareOutputFields(OutputFieldsDeclarer declarer) {
        declarer.declare(new Fields("word"));
    }

    @Override
    public void cleanup() {}
    @Override
    public Map<String, Object> getComponentConfiguration() {
        return null;
    }
}
```

단어 수 세기 볼트^{Wordcount Calculator Bolt}: 받은 입력을 split bolt를 사용해 내보내고 개수를
맵에 저장, 최종적으로 콘솔에 출력한다.

```
import org.apache.Storm.task.OutputCollector;
import org.apache.Storm.task.TopologyContext;
import org.apache.Storm.topology.IRichBolt;
import org.apache.Storm.topology.OutputFieldsDeclarer;
import org.apache.Storm.tuple.Tuple;
import java.util.HashMap;
import java.util.Map;
```

```java
public class WordCountCalculatorBolt implements IRichBolt {
    Map<String, Integer> wordCountMap;
    private OutputCollector collector;

    public void prepare(Map StormConf, TopologyContext context,
                        OutputCollector collector) {
        this.wordCountMap = new HashMap<String, Integer>();
        this.collector = collector;
    }

    public void execute(Tuple input) {
        String str = input.getString(0);
        str = str.toLowerCase().trim();
        if (!wordCountMap.containsKey(str)) {
            wordCountMap.put(str, 1);
        } else {
            Integer c = wordCountMap.get(str) + 1;
            wordCountMap.put(str, c);
        }

        collector.ack(input);
    }

    public void cleanup() {
        for (Map.Entry<String, Integer> entry : wordCountMap.entrySet()) {
            System.out.println(entry.getKey() + " : " + entry.getValue());
        }
    }
    @Override
    public void declareOutputFields(OutputFieldsDeclarer declarer) {

    }

    @Override
    public Map<String, Object> getComponentConfiguration() {
        return null;
    }
}
```

아파치 카프카와 아파치 스톰의 통합 – 스칼라

이번 절에서는 앞에서 논의한 스칼라 버전의 단어 수를 세는 프로그램을 다룬다.

토폴로지 클래스: 스칼라 버전으로 토폴로지 클래스를 시작해보자.

```scala
import org.apache.Storm.Config
import org.apache.Storm.LocalCluster
import org.apache.Storm.StormSubmitter
import org.apache.Storm.kafka._
import org.apache.Storm.spout.SchemeAsMultiScheme
import org.apache.Storm.topology.TopologyBuilder

object KafkaStormWordCountTopology {

  def main(args: Array[String]): Unit = {
    val zkConnString: String = "localhost:2181"
    val topic: String = "words"
    val hosts: BrokerHosts = new ZkHosts(zkConnString)
    val kafkaSpoutConfig: SpoutConfig =
      new SpoutConfig(hosts, topic, "/" + topic, "wordcountID")
    kafkaSpoutConfig.startOffsetTime =
      kafka.api.OffsetRequest.EarliestTime()
    kafkaSpoutConfig.scheme = new SchemeAsMultiScheme(new StringScheme())
    val topologyBuilder: TopologyBuilder = new TopologyBuilder()
    topologyBuilder.setSpout("kafkaspout", new
      KafkaSpout(kafkaSpoutConfig))
    topologyBuilder
      .setBolt("stringsplit", new StringToWordsSpliterBolt())
      .shuffleGrouping("kafkaspout")
    topologyBuilder
      .setBolt("counter", new WordCountCalculatorBolt())
      .shuffleGrouping("stringsplit")
    val config: Config = new Config()
    config.setDebug(true)
    if (args != null && args.length > 1) {
      config.setNumWorkers(3)
```

```scala
        StormSubmitter.submitTopology(args(1),
            config,
            topologyBuilder.createTopology())
    } else {
        // for a component to 3
        config.setMaxTaskParallelism(3)
        // LocalCluster is used to run locally
        val cluster: LocalCluster = new LocalCluster()
        cluster.submitTopology("KafkaLocal",
            config,
            topologyBuilder.createTopology())
        // sleep
        try Thread.sleep(10000)
        catch {
            case e: InterruptedException => {
            cluster.killTopology("KafkaToplogy")
            cluster.shutdown()
            }

        }
        cluster.shutdown()
    }
    // Cap the maximum number of executors that can be spawned
    // Cap the maximum number of executors that can be spawned
    }
}
```

문자열 분리 볼트: 스칼라에서도 동일하다.

```scala
import org.apache.Storm.task.OutputCollector
import org.apache.Storm.task.TopologyContext
import org.apache.Storm.topology.IRichBolt
import org.apache.Storm.topology.OutputFieldsDeclarer
import org.apache.Storm.tuple.Fields
import org.apache.Storm.tuple.Tuple
import org.apache.Storm.tuple.Values
```

```scala
import java.util.Map

class StringToWordsSpliterBolt extends IRichBolt {

    private var collector: OutputCollector = _

    def prepare(StormConf: Map[_, _],
        context: TopologyContext,
        collector: OutputCollector): Unit = {
            this.collector = collector
    }

    def execute(input: Tuple): Unit = {
        val line: String = input.getString(0)
        val words: Array[String] = line.split(" ")
        for (word <- words if !word.isEmpty) {
            collector.emit(new Values(word))
        }
        collector.ack(input)
    }

    def declareOutputFields(declarer: OutputFieldsDeclarer): Unit = {
        declarer.declare(new Fields("fraudIP"))
    }

    override def cleanup(): Unit = {}

    override def getComponentConfiguration(): Map[String, Any] = null
}
```

단어 수 세기 볼트: 예제는 다음과 같다.

```scala
import org.apache.Storm.task.OutputCollector
import org.apache.Storm.task.TopologyContext
import org.apache.Storm.topology.IRichBolt
import org.apache.Storm.topology.OutputFieldsDeclarer
import org.apache.Storm.tuple.Tuple
import java.util.HashMap
```

```scala
import java.util.Map

class WordCountCalculatorBolt extends IRichBolt {

    var wordCountMap: Map[String, Integer] = _

    private var collector: OutputCollector = _

    def prepare(StormConf: Map[_, _],
                context: TopologyContext,
                collector: OutputCollector): Unit = {
        this.wordCountMap = new HashMap[String, Integer]()
        this.collector = collector
    }

    def execute(input: Tuple): Unit = {
        var str: String = input.getString(0)
        str = str.toLowerCase().trim()
        if (!wordCountMap.containsKey(str)) {
            wordCountMap.put(str, 1)
        } else {
            val c: java.lang.Integer = wordCountMap.get(str) + 1
            wordCountMap.put(str, c)
        }
        collector.ack(input)
    }

    def cleanup(): Unit = {
        for ((key, value) <- wordCountMap) {
            println(key + " : " + value)
        }
    }

    override def declareOutputFields(declarer: OutputFieldsDeclarer): Unit =
    {}

    override def getComponentConfiguration(): Map[String, Any] = null

}
```

▌활용 사례 – 스톰, 카프카, 하이브를 사용한 로그 처리

5장에서 설명했던 사기 IP 감지 예제를 여기에서도 활용한다. 코드를 시작하면서 어떻게 동작하는지 살펴보자. 5장에서 다음의 클래스를 자신의 스톰 카프카 예제에 복사한다.

---

pom.xml :

```xml
<?xml version="1.0" encoding="UTF-8"?>
<project xmlns="http://maven.apache.org/POM/4.0.0"
        xmlns:xsi="http://www.w3.org/2001/XMLSchema-instance"
        xsi:schemaLocation="http://maven.apache.org/POM/4.0.0
            http://maven.apache.org/xsd/maven-4.0.0.xsd">
    <modelVersion>4.0.0</modelVersion>

    <groupId>com.packt</groupId>
    <artifactId>chapter6</artifactId>
    <version>1.0-SNAPSHOT</version>

    <properties>
        <project.build.sourceEncoding>UTF-8</project.build.sourceEncoding>
    </properties>

    <dependencies>
        <!-- https://mvnrepository.com/artifact/org.apache.Storm/Storm-hive-->
        <dependency>
            <groupId>org.apache.Storm</groupId>
            <artifactId>Storm-hive</artifactId>
            <version>1.0.0</version>
            <exclusions>
                <exclusion><!-- possible scala confilict -->
                    <groupId>jline</groupId>
                    <artifactId>jline</artifactId>
                </exclusion>
            </exclusions>
        </dependency>
```

```xml
<dependency>
    <groupId>junit</groupId>
    <artifactId>junit</artifactId>
    <version>3.8.1</version>
    <scope>test</scope>
</dependency>

<dependency>
    <groupId>org.apache.hadoop</groupId>
    <artifactId>hadoop-hdfs</artifactId>
    <version>2.6.0</version>
    <scope>compile</scope>
</dependency>

<!--
    https://mvnrepository.com/artifact/org.apache.Storm/Storm-kafka-->
<dependency>
    <groupId>org.apache.Storm</groupId>
    <artifactId>Storm-kafka</artifactId>
    <version>1.0.0</version>
</dependency>
<!-- https://mvnrepository.com/artifact/org.apache.Storm/Storm-core-->
<dependency>
    <groupId>org.apache.Storm</groupId>
    <artifactId>Storm-core</artifactId>
    <version>1.0.0</version>
    <scope>provided</scope>
</dependency>
<dependency>
    <groupId>org.apache.kafka</groupId>
    <artifactId>kafka_2.10</artifactId>
    <version>0.8.1.1</version>
    <exclusions>
      <exclusion>
          <groupId>org.apache.zookeeper</groupId>
          <artifactId>zookeeper</artifactId>
      </exclusion>
      <exclusion>
```

```xml
                    <groupId>log4j</groupId>
                    <artifactId>log4j</artifactId>
                </exclusion>
            </exclusions>
        </dependency>

        <dependency>
            <groupId>commons-collections</groupId>
            <artifactId>commons-collections</artifactId>
            <version>3.2.1</version>
        </dependency>
        <dependency>
            <groupId>com.google.guava</groupId>
            <artifactId>guava</artifactId>
            <version>15.0</version>
        </dependency>

    </dependencies>

    <build>
        <plugins>
            <plugin>
                <groupId>org.apache.maven.plugins</groupId>
                <artifactId>maven-shade-plugin</artifactId>
                <version>2.4.2</version>
                <executions>
                    <execution>
                        <phase>package</phase>
                        <goals>
                            <goal>shade</goal>
                        </goals>
                        <configuration>
                            <filters>
                                <filter>
                                    <artifact>junit:junit</artifact>
                                    <includes>
                                        <include>junit/framework/**</include>
                                        <include>org/junit/**</include>
```

```xml
                    </includes>
                    <excludes>
                        <exclude>org/junit/experimental/**</exclude>
                        <exclude>org/junit/runners/**</exclude>
                    </excludes>
                </filter>
                <filter>
                    <artifact>*:*</artifact>
                    <excludes>
                        <exclude>META-INF/*.SF</exclude>
                        <exclude>META-INF/*.DSA</exclude>
                        <exclude>META-INF/*.RSA</exclude>
                    </excludes>
                </filter>
            </filters>
            <transformers>
                <transformer
implementation="org.apache.maven.plugins.shade.resource.ServicesResourceTra
nsformer"/>
                <transformer
implementation="org.apache.maven.plugins.shade.resource.ManifestResourceTra
nsformer">
<mainClass>com.packt.Storm.ipfrauddetection.IPFraudDetectionTopology</mainC
lass>
                </transformer>
            </transformers>
        </configuration>
    </execution>
</executions>
</plugin>
<plugin>
    <groupId>org.codehaus.mojo</groupId>
    <artifactId>exec-maven-plugin</artifactId>
    <version>1.2.1</version>
    <executions>
        <execution>
            <goals>
                <goal>exec</goal>
```

```
            </goals>
          </execution>
        </executions>
        <configuration>
    <includeProjectDependencies>true</includeProjectDependencies>
    <includePluginDependencies>false</includePluginDependencies>

            <executable>java</executable>
            <classpathScope>compile</classpathScope>
    <mainClass>com.packt.Storm.ipfrauddetection.IPFraudDetectionTopology</mainC
    lass>
          </configuration>
        </plugin>
        <plugin>
          <groupId>org.apache.maven.plugins</groupId>
          <artifactId>maven-compiler-plugin</artifactId>
          <configuration>
            <source>1.6</source>
            <target>1.6</target>
          </configuration>
        </plugin>
      </plugins>
    </build>
</project>
```

프로듀서

5장의 프로듀서 코드를 다시 사용한다.

streaming.properties 파일:

```
topic=iprecord
broker.list=10.200.99.197:6667
appname=IpFraud
group.id=Stream
```

Property Reader:

```java
import java.io.FileNotFoundException;
import java.io.IOException;
import java.io.InputStream;
import java.util.Properties;

public class PropertyReader {

    private Properties prop = null;

    public PropertyReader() {

        InputStream is = null;
        try {
            this.prop = new Properties();
            is =
                this.getClass().getResourceAsStream("/streaming.properties");
            prop.load(is);
        } catch (FileNotFoundException e) {
            e.printStackTrace();
        } catch (IOException e) {
            e.printStackTrace();
        }
    }

    public String getPropertyValue(String key) {
        return this.prop.getProperty(key);
    }
}
```

프로듀서 코드

프로듀서 애플리케이션은 3초마다 실행하면서 임의의 IP 주소로 새로운 레코드를 생성하는 실시간 로그 프로듀서 형태의 설계다. IP_LOG.log 파일에 몇 개의 레코드를 추가할 수 있으며, 프로듀서는 세 개의 레코드로 수백만 개의 고유한 레코드 생성을 관리할 것이다.

토픽의 자동 생성을 활성화했으므로 자신의 프로듀서 애플리케이션을 실행하기 전에 토픽을 생성할 필요가 없다. 이전에 언급한 streaming.properties 파일에서 토픽 이름은 변경할 수 있다.

```
import com.packt.reader.PropertyReader;
import org.apache.kafka.clients.producer.KafkaProducer;
import org.apache.kafka.clients.producer.ProducerRecord;
import org.apache.kafka.clients.producer.RecordMetadata;

import java.io.BufferedReader;
import java.io.File;
import java.io.IOException;
import java.io.InputStreamReader;
import java.util.*;
import java.util.concurrent.Future;

public class IPLogProducer extends TimerTask {
    static String path = "";

    public BufferedReader readFile() {
        BufferedReader BufferedReader = new BufferedReader(new
            InputStreamReader(
                this.getClass().getResourceAsStream("/IP_LOG.log")));
        return BufferedReader;
    }

    public static void main(final String[] args) {
        Timer timer = new Timer();
        timer.schedule(new IPLogProducer(), 3000, 3000);
    }
```

```
private String getNewRecordWithRandomIP(String line) {
    Random r = new Random();
    String ip = r.nextInt(256) + "." + r.nextInt(256) + "." +
        r.nextInt(256) + "." + r.nextInt(256);
    String[] columns = line.split(" ");
    columns[0] = ip;
    return Arrays.toString(columns);
}

@Override
public void run() {
    PropertyReader propertyReader = new PropertyReader();
    Properties producerProps = new Properties();
    producerProps.put("bootstrap.servers",
        propertyReader.getPropertyValue("broker.list"));
    producerProps.put("key.serializer",
        "org.apache.kafka.common.serialization.StringSerializer");
    producerProps.put("value.serializer",
        "org.apache.kafka.common.serialization.StringSerializer");
    producerProps.put("auto.create.topics.enable", "true");

    KafkaProducer<String, String> ipProducer = new
        KafkaProducer<String, String>(producerProps);

    BufferedReader br = readFile();
    String oldLine = "";
    try {
        while ((oldLine = br.readLine()) != null) {
            String line =
                getNewRecordWithRandomIP(oldLine).replace("[", "").replace("]",
                    "");
            ProducerRecord ipData = new ProducerRecord<String,
                String>(propertyReader.getPropertyValue("topic"), line);
            Future<RecordMetadata> recordMetadata =
                ipProducer.send(ipData);
        }
    } catch (IOException e) {
        e.printStackTrace();
```

```
        }
        ipProducer.close();
    }
}
```

사기 IP 룩업

다음 클래스는 사기 IP에서 요청을 받은 것인지 확인하도록 지원한다. NoSQL 데이터베이스나 기타 신속한 룩업 서비스를 추가할 수 있도록 클래스를 구현하기 전에 인터페이스를 활용한 적이 있다. 이제 이 같은 서비스를 구현하고 HBase, 또는 기타 빠른 키 룩업 서비스를 사용해 룩업 서비스를 추가할 수 있다.

여기서는 InMemoryLookup을 사용하고, 단순히 캐시에 사기 IP 범위를 추가한다. 다음 코드를 프로젝트에 추가하자.

```
public interface IIPScanner {

    boolean isFraudIP(String ipAddresses);

}
```

CacheIPLookup은 메모리 룩업을 수행하는 IIPSCanner 인터페이스를 상속해 구현한다.

```
import java.io.Serializable;
import java.util.HashSet;
import java.util.Set;

public class CacheIPLookup implements IIPScanner, Serializable {

    private Set<String> fraudIPList = new HashSet<>();

    public CacheIPLookup() {
```

178

```
        fraudIPList.add("212");
        fraudIPList.add("163");
        fraudIPList.add("15");
        fraudIPList.add("224");
        fraudIPList.add("126");
        fraudIPList.add("92");
        fraudIPList.add("91");
        fraudIPList.add("10");
        fraudIPList.add("112");
        fraudIPList.add("194");
        fraudIPList.add("198");
        fraudIPList.add("11");
        fraudIPList.add("12");
        fraudIPList.add("13");
        fraudIPList.add("14");
        fraudIPList.add("15");
        fraudIPList.add("16");
    }

    @Override
    public boolean isFraudIP(String ipAddresses) {

    return fraudIPList.contains(ipAddresses);
    }
}
```

▌ 스톰 애플리케이션

이 절은 아파치 카프카와 스톰으로 사기 IP 감지 애플리케이션을 만드는데 도움이 된다. 스톰은 IP 로그 레코드를 갖는 카프카 토픽에서 데이터를 읽고 감지에 필요한 처리를 하며, 하이브와 카프카로 레코드를 동시에 출력한다.

토폴로지는 다음과 같은 구성 요소를 포함한다.

- **카프카 스파우트**: 카프카에서 레코드 스트림을 읽고, 두 개의 볼트에 전송한다.
- **사기 감지 볼트**^{fraud detector bolt}: 이 볼트는 카프카 스파우트가 내보낸 레코드를 처리하고, 사기로 감지된 레코드를 하이브와 카프카 볼트로 내보낸다.
- **하이브 볼트**: 이 볼트는 사기 감지 볼트에서 내보낸 데이터를 읽어 처리한 후 하이브 테이블로 해당 레코드를 푸시한다.
- **카프카 볼트**: 이 볼트는 하이브 볼트와 동일한 처리를 하지만, 결과 데이터를 다른 카프카 토픽으로 푸시한다.

iptopology.properties:

```
zkhost = localhost:2181
inputTopic =iprecord
outputTopic=fraudip
KafkaBroker =localhost:6667
consumerGroup=id7
metaStoreURI = thrift://localhost:9083
dbName = default
tblName = fraud_ip
```

하이브 테이블: 하이브에 다음의 테이블을 생성한다. 이 테이블은 하이브 볼트가 내보낸 레코드를 저장한다.

```
DROP TABLE IF EXISTS fraud_ip;
CREATE TABLE fraud_ip(
ip String,
date String,
request_url String,
protocol_type String,
status_code String
)
```

```
PARTITIONED BY (col1 STRING)
CLUSTERED BY (col3) into 5 buckets
STORED AS ORC;
```

IPFraudDetectionTopology: 이 클래스는 스파우트와 볼트가 서로 연결돼 스톰 토폴로지를 형성하는 방법을 보여주는 토폴로지를 작성한다. 이것은 애플리케이션의 핵심 클래스이며, 토폴로지를 스톰 클러스터에 등록하는 동안 사용한다.

```java
import com.packt.Storm.example.StringToWordsSpliterBolt;
import com.packt.Storm.example.WordCountCalculatorBolt;
import org.apache.log4j.Logger;
import org.apache.Storm.Config;
import org.apache.Storm.LocalCluster;
import org.apache.Storm.StormSubmitter;
import org.apache.Storm.generated.AlreadyAliveException;
import org.apache.Storm.generated.AuthorizationException;
import org.apache.Storm.generated.InvalidTopologyException;
import org.apache.Storm.hive.bolt.HiveBolt;
import org.apache.Storm.hive.bolt.mapper.DelimitedRecordHiveMapper;
import org.apache.Storm.hive.common.HiveOptions;
import org.apache.Storm.kafka.*;
import org.apache.Storm.spout.SchemeAsMultiScheme;
import org.apache.Storm.topology.TopologyBuilder;
import org.apache.Storm.tuple.Fields;

import java.io.FileInputStream;
import java.io.IOException;
import java.io.InputStream;
import java.util.Properties;

public class IPFraudDetectionTopology {

    private static String zkhost, inputTopic, outputTopic, KafkaBroker,
        consumerGroup;
    private static String metaStoreURI, dbName, tblName;
```

```java
    private static final Logger logger =
        Logger.getLogger(IPFraudDetectionTopology.class);

    public static void Intialize(String arg) {
        Properties prop = new Properties();
        InputStream input = null;

        try {
            logger.info("Loading Configuration File for setting up input");
            input = new FileInputStream(arg);
            prop.load(input);
            zkhost = prop.getProperty("zkhost");
            inputTopic = prop.getProperty("inputTopic");
            outputTopic = prop.getProperty("outputTopic");
            KafkaBroker = prop.getProperty("KafkaBroker");
            consumerGroup = prop.getProperty("consumerGroup");
            metaStoreURI = prop.getProperty("metaStoreURI");
            dbName = prop.getProperty("dbName");
            tblName = prop.getProperty("tblName");

        } catch (IOException ex) {
            logger.error("Error While loading configuration file" + ex);

        } finally {
            if (input != null) {
            try {
                input.close();
            } catch (IOException e) {
                logger.error("Error Closing input stream");
            }
            }
        }
    }
}

public static void main(String[] args) throws AlreadyAliveException,
    InvalidTopologyException, AuthorizationException {
        Intialize(args[0]);
        logger.info("Successfully loaded Configuration ");
```

```
BrokerHosts hosts = new ZkHosts(zkhost);
SpoutConfig spoutConfig = new SpoutConfig(hosts, inputTopic, "/" +
    KafkaBroker, consumerGroup);
spoutConfig.scheme = new SchemeAsMultiScheme(new StringScheme());
spoutConfig.startOffsetTime =
    kafka.api.OffsetRequest.EarliestTime();
KafkaSpout kafkaSpout = new KafkaSpout(spoutConfig);
String[] partNames = {"status_code"};
String[] colNames = {"date", "request_url", "protocol_type",
    "status_code"};

DelimitedRecordHiveMapper mapper = new
    DelimitedRecordHiveMapper().withColumnFields(new Fields(colNames))
        .withPartitionFields(new Fields(partNames));

HiveOptions hiveOptions;
//make sure you change batch size and all paramtere according to
    requirement
hiveOptions = new HiveOptions(metaStoreURI, dbName, tblName,
    mapper).withTxnsPerBatch(250).withBatchSize(2)
        .withIdleTimeout(10).withCallTimeout(10000000);

logger.info("Creating Storm Topology");
TopologyBuilder builder = new TopologyBuilder();

builder.setSpout("KafkaSpout", kafkaSpout, 1);

builder.setBolt("frauddetect", new
    FraudDetectorBolt()).shuffleGrouping("KafkaSpout");
builder.setBolt("KafkaOutputBolt",
    new IPFraudKafkaBolt(zkhost,
        "kafka.serializer.StringEncoder", KafkaBroker, outputTopic), 1)
            .shuffleGrouping("frauddetect");

builder.setBolt("HiveOutputBolt", new IPFraudHiveBolt(),
    1).shuffleGrouping("frauddetect");
builder.setBolt("HiveBolt", new
    HiveBolt(hiveOptions)).shuffleGrouping("HiveOutputBolt");
```

```
Config conf = new Config();
if (args != null && args.length > 1) {
    conf.setNumWorkers(3);
    logger.info("Submiting topology to Storm cluster");
    StormSubmitter.submitTopology(args[1], conf,
        builder.createTopology());
} else {
    // Cap the maximum number of executors that can be spawned
    // for a component to 3
    conf.setMaxTaskParallelism(3);
    // LocalCluster is used to run locally
    LocalCluster cluster = new LocalCluster();
    logger.info("Submitting topology to local cluster");
    cluster.submitTopology("KafkaLocal", conf,
        builder.createTopology());
    // sleep
    try {
        Thread.sleep(10000);
    } catch (InterruptedException e) {
        // TODO Auto-generated catch block
        logger.error("Exception ocuured" + e);
        cluster.killTopology("KafkaToplogy");
        logger.info("Shutting down cluster");
        cluster.shutdown();
    }
    cluster.shutdown();

}

}
}
```

사기 감지 볼트: 이 볼트는 카프카 스파우트가 내보낸 투플을 읽고, 메모리상의 룩업 서비스를 사용해 어떤 레코드가 사기 정보인지 감지한다. 그리고 사기 정보 레코드를 hivebolt와 kafkabolt에 동시에 내보낸다.

```java
package com.packt.Storm.ipfrauddetection;

import com.packt.Storm.utils.CacheIPLookup;
import com.packt.Storm.utils.IIPScanner;
import org.apache.Storm.task.OutputCollector;
import org.apache.Storm.task.TopologyContext;
import org.apache.Storm.topology.IRichBolt;
import org.apache.Storm.topology.OutputFieldsDeclarer;
import org.apache.Storm.topology.base.BaseRichBolt;
import org.apache.Storm.tuple.Fields;
import org.apache.Storm.tuple.Tuple;
import org.apache.Storm.tuple.Values;

import java.util.Map;

public class FraudDetectorBolt extends BaseRichBolt {
    private IIPScanner cacheIPLookup = new CacheIPLookup();
    private OutputCollector collector;

    @Override
    public void prepare(Map map, TopologyContext topologyContext,
        OutputCollector outputCollector) {
            this.collector = outputCollector;
    }
    @Override
    public void execute(Tuple input) {
        String ipRecord = (String) input.getValue(0);
        String[] columns = ipRecord.split(",");

        String IP = columns[0];
        String[] ranges = IP.split("\\.");
        String range = null;
        try {
            range = ranges[0];
        } catch (ArrayIndexOutOfBoundsException ex) {

        }
```

```
      boolean isFraud = cacheIPLookup.isFraudIP(range);

      if (isFraud) {
         Values value = new Values(ipRecord);
         collector.emit(value);
         collector.ack(input);
      }
   }

   @Override
   public void declareOutputFields(OutputFieldsDeclarer
      outputFieldsDeclarer) {
         outputFieldsDeclarer.declare(new Fields("fraudip"));
   }
}
```

IPFraudHiveBolt: 이것을 호출하면 사기 감지 볼트가 내보낸 레코드를 처리하고, 쓰리프트[thrift] 서비스를 사용해 데이터를 하이브로 푸시한다.

```
package com.packt.Storm.ipfrauddetection;

import com.packt.Storm.utils.CacheIPLookup;
import com.packt.Storm.utils.IIPScanner;
import org.apache.log4j.Logger;
import org.apache.Storm.task.OutputCollector;
import org.apache.Storm.task.TopologyContext;
import org.apache.Storm.topology.OutputFieldsDeclarer;
import org.apache.Storm.topology.base.BaseRichBolt;
import org.apache.Storm.tuple.Fields;
import org.apache.Storm.tuple.Tuple;
import org.apache.Storm.tuple.Values;

import java.util.Map;

public class IPFraudHiveBolt extends BaseRichBolt {
   private static final long serialVersionUID = 1L;
```

```java
    private static final Logger logger =
        Logger.getLogger(IPFraudHiveBolt.class);
    OutputCollector _collector;
    private IIPScanner cacheIPLookup = new CacheIPLookup();

    public void prepare(Map StormConf, TopologyContext context,
        OutputCollector collector) {
            _collector = collector;
    }

    public void execute(Tuple input) {
        String ipRecord = (String) input.getValue(0);
        String[] columns = ipRecord.split(",");
        Values value = new Values(columns[0], columns[3], columns[4],
            columns[5], columns[6]);
        _collector.emit(value);
        _collector.ack(input);

    }

    public void declareOutputFields(OutputFieldsDeclarer ofDeclarer) {
        ofDeclarer.declare(new Fields("ip", "date", "request_url",
            "protocol_type", "status_code"));
    }
}
```

IPFraudKafkaBolt: 카프카 프로듀서 API를 사용해 처리된 사기 IP를 또 다른 카프카 토픽으로 푸시한다.

```java
package com.packt.Storm.ipfrauddetection;

import com.packt.Storm.utils.CacheIPLookup;
import com.packt.Storm.utils.IIPScanner;
import org.apache.kafka.clients.producer.KafkaProducer;
import org.apache.kafka.clients.producer.Producer;
import org.apache.kafka.clients.producer.ProducerRecord;
```

```java
import org.apache.kafka.clients.producer.RecordMetadata;
import org.apache.log4j.Logger;
import org.apache.Storm.task.OutputCollector;
import org.apache.Storm.task.TopologyContext;
import org.apache.Storm.topology.OutputFieldsDeclarer;
import org.apache.Storm.topology.base.BaseRichBolt;
import org.apache.Storm.tuple.Fields;
import org.apache.Storm.tuple.Tuple;

import java.util.HashMap;
import java.util.Map;
import java.util.Properties;
import java.util.concurrent.Future;

public class IPFraudKafkaBolt extends BaseRichBolt {
    private static final long serialVersionUID = 1L;
    private Producer<String, String> producer;
    private String zkConnect, serializerClass, topic, brokerList;
    private static final Logger logger =
        Logger.getLogger(IPFraudKafkaBolt.class);
    private Map<String, String> valueMap = new HashMap<String, String>();
    private String dataToTopic = null;
    OutputCollector _collector;
    private IIPScanner cacheIPLookup = new CacheIPLookup();

    public IPFraudKafkaBolt(String zkConnect, String serializerClass,
        String brokerList, String topic) {
        this.zkConnect = zkConnect;
        this.serializerClass = serializerClass;
        this.topic = topic;
        this.brokerList = brokerList;
    }

    public void prepare(Map StormConf, TopologyContext context,
        OutputCollector collector) {
        logger.info("Intializing Properties");
        _collector = collector;
        Properties props = new Properties();
        props.put("zookeeper.connect", zkConnect);
```

```
    props.put("serializer.class", serializerClass);
    props.put("metadata.broker.list", brokerList);
    KafkaProducer<String, String> producer = new KafkaProducer<String,
        String>(props);
}

public void execute(Tuple input) {

    dataToTopic = (String) input.getValue(0);
    ProducerRecord data = new ProducerRecord<String, String>(topic,
        this.dataToTopic);
    Future<RecordMetadata> recordMetadata = producer.send(data);
    _collector.ack(input);
}

public void declareOutputFields(OutputFieldsDeclarer declarer) {
    declarer.declare(new Fields("null"));
}
}
```

프로젝트 실행

프로젝트를 실행하기 전에 다음과 같이 권한을 설정한다.

```
sudo su - hdfs -c "hdfs dfs -chmod 777 /tmp/hive"
    sudo chmod 777 /tmp/hive
```

- 클러스터 모드에서 실행하려면 다음 코드처럼 실행한다.

```
Storm jar /home/ldap/chanchals/kafka-Storm-integration-0.0.1-
SNAPSHOT.jar
com.packt.Storm.ipfrauddetection.IPFraudDetectionTopology
iptopology.properties TopologyName
```

- 로컬 모드에서 실행하려면 다음과 같이 실행한다.

```
Storm jar kafka-Storm-integration-0.0.1-SNAPSHOT.jar
com.packt.Storm.ipfrauddetection.IPFraudDetectionTopology
iptopology.properties
```

▌ 요약

6장에서는 간단하게 아파치 스톰의 구조를 배웠고, 헤론을 개발하도록 트위터에 자극을 준 스톰의 제약 사항을 살펴봤다. 또한 헤론의 구조와 구성 요소도 다뤘다. 스톰 카프카 통합에 관한 예제와 API도 살펴봤으며, IP 사기 감지 사례를 다루면서 어떻게 토폴로지를 생성하는지도 배웠다.

7장에서는 아파치 카프카를 위한 컨플루언트Confluent 플랫폼을 배운다. 이 플랫폼은 카프카와 함께 활용할 수 있는 많은 고급 도구와 기능을 제공한다.

07

컨플루언트 플랫폼에서의 카프카 활용

6장에서 아파치 스톰과 아파치 헤론에 대해서 배우고, 스톰을 어떻게 카프카와 통합하는지 살펴봤다. 7장에서는 운영 중인 애플리케이션을 카프카가 효율적으로 활용할 수 있게 하는 컨플루언트 플랫폼을 집중해서 다룬다.

7장에서는 다음의 주제를 다룬다.

- 컨플루언트 플랫폼 소개
- 컨플루언트 구조
- 카프카 커넥터와 카프카 스트림
- 스키마 레지스트리와 REST 프록시
- 캐머스Camus – HDFS로 카프카 데이터 이전

컨플루언트 플랫폼 소개

지금까지는 주로 내부 개념을 배웠고, 아파치 카프카를 사용할 때 도움이 되는 몇 가지 프로그램을 살펴봤다. 컨플루언트 플랫폼은 운영 환경에서 카프카의 활용도를 더욱 향상시키기 위해 카프카 제작자가 개발했다.

컨플루언트 플랫폼을 소개하는 몇 가지 이유는 다음과 같다.

- **카프카와의 통합**: 6장에서 카프카와 통합된 스파크와 스톰을 살펴봤다. 하지만 이러한 프레임워크는 풍부한 API와 함께 제공되고, 다른 분산형 실행 엔진을 별도로 유지할 필요 없이 카프카로 단일화된 플랫폼에서 스트림 처리가 가능하다.

- **내장된 커넥터**connector: 카프카 프로듀서나 컨슈머 애플리케이션을 카프카가 제공하는 API를 사용해 쉽게 작성할 수 있다는 사실을 확인했다. 카프카를 활용하는 다양한 애플리케이션의 구조를 확인했고, 데이터의 소스 유형은 데이터베이스, 서버 로그, 애플리케이션 서버 데이터 생성기 등의 일반적인 형태를 지원한다. 분석 결과를 그려내기 위한 데이터를 저장하는 최종 데이터 사용 계층도 이미 살펴봤다. 데이터는 HDFS 등을 지원하는 엘라스틱서치Elasticsearch에서 활용될 수 있다. 사용자가 필요한 설정만 제공하면 데이터를 카프카에서 사용할 수 있고, 또 다른 설정을 제공해 엘라스틱서치와 HDFS 등의 목적지로 데이터가 푸시되는 플랫폼을 제공할 수 있다면 어떨까?

- **클라이언트**: 카프카 API를 써서 카프카 프로듀서나 컨슈머 애플리케이션을 작성하기 위해 자바와 스칼라 클라이언트를 사용할 수 있다. 이 같은 작업을 PHP, 닷넷.NET, 펄Perl 등으로 제작할 필요도 있다. 이는 다양한 클라이언트 애플리케이션으로 카프카 사용범위를 확장시키기 위해 매우 필요한 부분이며, 특정 언어에 친숙한 사용자는 카프카 애플리케이션을 쉽게 개발할 수 있게 된다.

- **접근성**^{accessibility}: 애플리케이션이 RESTful 웹서비스를 써서 카프카에 접근하길 원한다면 어떨까? REST 호출을 사용해 카프카 토픽의 데이터에 접근하는 애플리케이션을 위한 기능은 아직 없다.

  REST 서비스를 카프카에서 노출시키면 많은 REST 클라이언트의 카프카 활용을 간단하게 만드는데, 단순히 카프카의 노출된 REST 서비스를 호출하면 되고, 컨슈머 애플리케이션을 제작 없이도 애플리케이션의 목적을 이루게 된다.

- **저장 형식**: 프로듀서와 컨슈머가 느슨하게 연계된 경우, 일반적으로 데이터 형식 문제를 만날 수 있다. 프로듀서 쪽에서 어딘가 데이터 변경이 있을 경우 이후의 처리 흐름에 위치한 모든 컨슈머 애플리케이션에 영향을 주지 말아야 한다거나, 컨슈머 애플리케이션이 사용할 수 없는 데이터 포맷을 실수로 생성하는 일이 없어야 한다는 등의 어떤 약속을 원할 수 있다.

  프로듀서와 컨슈머 모두 그러한 약속에 동의해야 하는데, 위와 같은 문제가 데이터 형식이 변경됐을 때 어느 쪽에 대해서도 영향을 주지 않도록 보장해야 한다.

- **카프카 성능 모니터링과 제어**: 이용자는 카프카 클러스터의 성능을 볼 수 있는 방법을 원하고, 카프카 클러스터는 좋은 인터페이스로 모든 유용한 메타데이터 정보를 제공해야 한다. 토픽의 성능을 보기 원할 수도 있고, 카프카 클러스터의 CPU 사용률을 확인해 컨슈머의 정보를 깊이 있게 볼 수 있기를 바라기도 한다. 이런 모든 정보는 자신의 애플리케이션을 가장 적합한 규모로 최적화하도록 도움을 준다.

이 모든 기능이 컨플루언트 플랫폼이라 불리는 단일 플랫폼으로 통합됐다. 여러 다른 데이터 소스를 통합할 수 있고, 신뢰할 수 있고 높은 성능의 시스템으로 데이터를 관리하게 한다. 컨플루언트 플랫폼은 카프카에 많은 데이터 소스를 매우 간단하게 연결할 방법을 제공하고, 카프카로 스트리밍 애플리케이션을 제작할 수 있게 한다. 또한 보안에 대해 안전하고 모니터 가능하며, 카프카 클러스터를 효율적으로 관리할 수 있는 기능을 제공한다.

▍ 컨플루언트 구조

이번 절에서는 컨플루언트 플랫폼의 구조와 그 구성 요소를 자세히 살펴본다. 컨플루언트 플랫폼은 내장된 커넥터, 업무적인 실용성, 값을 실제로 얻는 방법 등에 집중할 수 있도록 돕는 구성 요소를 제공한다. 다중 소스에서 데이터를 통합하고 대상^{target} 시스템에서 데이터를 사용할 수 있도록 지원한다. 그리고 컨플루언트 플랫폼은 보안, 모니터링, 전체적인 카프카 클러스터 관리에 대해 믿음직한 방법을 제공한다. 이러한 구성 요소를 하나씩 살펴보자.

다음의 그림은 컨플루언트 구조에 대한 간결한 개념을 보여준다.

컨플루언트 구조

이 그림에서 세 가지 색으로 구성 요소를 구분했다. 컨플루언트 플랫폼에서 검정색은 기업용 프로그램, 옅은 파랑은 오픈 소스를 나타낸다. 다음과 같은 두 가지 컨플루언트 플랫폼의 버전이 있다.

- 오픈 소스 버전은 무료로 제공되고, 옅은 파란색으로 표시된 모든 구성 요소를 포함한다.
- 나머지는 컨플루언트 플랫폼의 기업용 버전으로, 전반적인 카프카 인프라를 관리하고 제어하는 데 유용한 고급 구성 요소를 포함한다.

간략하게 개별 구성 요소를 살펴보자.

- **지원되는 커넥터**: 커넥터는 카프카 외부로 데이터를 이전할 때 사용된다. 카프카 커넥터로 알려졌으며, 컨플루언트는 다음과 같은 커넥터를 제공한다.
  - **JDBC 커넥터**: 관계형 데이터베이스에서 카프카로 데이터를 가져오거나 카프카에서 관계형 데이터베이스로 데이터 내보내기를 원할 수 있고, 또는 JDBC를 지원하는 어떤 데이터베이스가 필요할 수 있다. 컨플루언트는 개발자의 더 편안한 삶을 위해 이런 JDBC 커넥터를 제공한다.
  - **HDFS 커넥터**: 대부분의 경우 카프카 데이터의 배치 분석 처리를 위해 HDFS에 저장하거나 이후의 필요한 처리를 위해 경과를 기록historical records을 하게 된다.
  - **엘라스틱서치 커넥터**: 카프카 데이터를 엘라스틱서치로 이동하도록 지원한다. 카프카의 데이터에 대해 신속한 임의의 검색이 필요하면 카프카에서 엘라스틱서치로 데이터를 이전하고 관련 잡을 수행하기 위해 이 커넥터를 사용한다.
  - **파일 커넥터**: 컨플루언트는 파일에서 데이터를 읽고 카프카에 쓰거나 카프카의 데이터를 파일로 내보내는 작업 등을 지원한다. 알려진 커넥터로는 FileSource 커넥터와 FileSink 커넥터가 있다.
  - **S3 커넥터**: HDFS 커넥터와 유사하게 카프카 데이터를 S3 저장소로 내보내기를 지원한다.
- **클라이언트**: 컨플루언트 플랫폼은 오픈 소스 형태로 카프카 클라이언트 라이브러리를 제공하는데, 이를 사용해 카프카 프로듀서와 컨슈머 애플리케이션을 C,

C++, .NET, 파이썬 등의 다양한 언어를 사용해 작성할 수 있게 지원한다. 개발자가 본인에게 친숙한 언어를 사용해 애플리케이션을 제작할 수 있도록 개발자 친화적인 환경을 제공한다.

- **스키마 레지스트리**: 프로듀서와 컨슈머가 느슨한 연계를 사용할 때 데이터 형식이 문제가 될 수 있음을 언급했다. 컨플루언트는 에이브로 직렬화^{serialization}를 사용해 스키마 레지스트리를 제공하는데, 각각 등록된 카프카 토픽에 대한 모든 버전의 스키마를 유지한다. 개발자는 연관된 시스템에 줄 수 있는 영향에 대해 고민할 필요 없이 스키마를 수정할 수 있다.

- **REST 프록시**: 카프카 클러스터와의 연계를 위해 REST 기반의 API를 제공한다. REST 서비스는 쓰기, 읽기, 메타데이터 접근 등을 할 수 있다. 어떤 언어로 제작된 애플리케이션이라도 카프카 클러스터에 REST 기반의 요청을 보낼 수 있다. 이런 기능을 활용해 고성능 메시징 시스템을 잘 활용할 수 있도록 개발자가 기존의 구성 요소를 대체할 수도 있다.

앞의 절에서 다룬 모든 구성 요소는 오픈 소스 컨플루언트 플랫폼에서 활용이 가능하다. 다음의 네 가지 구성 요소는 많은 유용한 기능을 제공하는 컨플루언트 플랫폼에서의 기업용 버전에 대해 추가된 부분이다.

- **제어 센터**: 컨플루언트 플랫폼은 카프카 클러스터를 관리하고 모니터하는 풍부한 GUI를 제공한다. 또한 자신만의 카프카 파이프라인을 생성하기 위한 GUI 인터페이스를 제공하는데, 어떠한 코드의 작성 없이 약간의 설정만 제공하면 된다. 그리고 카프카 클러스터에서 다양한 메트릭을 수집함으로써 자신의 카프카 프로듀서와 컨슈머에 대해 매우 깊이 있는 수준의 성능을 측정할 수 있다. 이러한 모든 메트릭은 카프카 클러스터를 효과적으로 모니터하고 유지하는 데 매우 중요하며, 항상 좋은 성능을 내도록 돕는다.

- **다중 데이터센터 복제**^{multi-datacenter replication}: 컨플루언트 플랫폼은 여러 데이터 센터에 대해서 데이터를 복제하는 기능을 제공한다. 또한 소스 데이터센터의 데이터

에 영향을 주지 않고, 여러 카프카 데이터센터에서 다른 데이터 센터로 데이터를 모을 수 있다.

카프카 데이터센터 복제기replicator가 이 같은 작업을 수행하고, 제어 센터는 훌륭한 GUI를 제공한다. 반면에 컨플루언트는 명령줄 입력도 제공하고, 데이터센터 복제에 사용할 수 있다. 여러 데이터센터에서 비슷한 구성으로 카프카 토픽을 복제하는 기능을 제공한다.

- **자동 데이터 분배**auto data balancing: 카프카는 업무량이나 애플리케이션 요구 사항의 증가에 따라 확장이 가능하며, 이는 카프카 클러스터에 대한 확장을 말한다. 토픽과 파티션을 더 생성할 수 있고, 일부 브로커를 추가하거나 제거할 수 있다. 이런 작업은 어떤 브로커가 다른 브로커보다 더 많은 부하를 감당하게 만들고, 카프카 클러스터의 성능을 저하시킬 수도 있다. 컨플루언트의 자동 데이터 분배 도구는 필요할 때마다 자동 분배를 트리거하고, 운영 환경에서 리밸런싱의 영향을 줄일 수 있다.

- **24*7 지원**: 기업용 컨플루언트 버전에서는 자동으로 활성화되는데, 클러스터 메트릭을 컨플루언트에 수집해서 보고하고, 지원팀이 다양한 문제에 대해 정기적인 기술지원을 제공한다.

▌ 카프카 커넥트와 카프카 스트림의 이해

카프카 커넥트는 카프카 시스템으로, 또는 외부로 데이터를 이전하는 기능을 제공하는 도구다. 카프카를 사용하면서 동일한 소스나 대상 시스템을 활용하는 수천 개의 사례가 있다. 카프카 커넥트는 공통적인 소스나 대상 시스템에 대한 커넥터의 조합이다.

카프카 커넥트는 커넥터 세트로 구성되며, 커넥터는 두 가지 유형이 있다.

- **임포트**import **커넥터**: 임포트 커넥터는 소스 시스템에서 카프카 토픽으로 데이터를 가져오기 위해서 사용된다. 이러한 커넥터는 속성 파일을 통해 설정을 가져오고, 원하는 방법으로 카프카 토픽에 데이터를 전달한다. 이러한 작업을 위해 직접 프로듀서를 작성할 필요는 없다. JDBC 커넥터, 파일 커넥터 등 널리 활용되는 커넥터가 있다.

- **익스포트**export **커넥터**: 임포트 커넥터와는 달리 익스포트 커넥터는 카프카 토픽에서 대상 시스템으로 데이터를 복사하는데 사용된다. 이 작업 역시 설정 파일에 기초해서 동작하며 커넥터 종류에 따라 다양하다. 많이 쓰이는 커넥트는 HDFS, S3, 엘라스틱서치 등이 있다.

카프카 커넥트는 카프카 데이터에 대한 복잡한 고급 기능 처리는 수행하지 않고, 단순히 가져오는 용도다. 카프카 커넥트는 ETL 파이프라인에서 활용될 수 있는데, 소스에서 대상 시스템으로 데이터를 추출해서 적재하는 작업이 가능하다는 의미다. 카프카 커넥트에 대한 세부 사항은 8장에서 다룬다.

카프카 스트림

지금까지 아파치 스파크와 아파치 스톰 같은 스트림 처리 엔진을 6장에서 살펴봤다. 이러한 처리 엔진은 별도의 설치와 유지보수를 필요로 한다. 카프카 스트림은 카프카 토픽에 저장된 데이터를 처리하고 분석하는 도구다. 카프카 스트림 라이브러리는 널리 알려진 스트림 처리 개념을 기반으로 제작됐으며, 카프카 클러스터 자체적으로 자신의 스트림 애플리케이션을 실행할 수 있게 한다.

이제 카프카 스트림에서 사용할 용어를 살펴보고, 카프카 스트림의 자세한 내용은 8장에서 다룬다. 다음과 같이 카프카 스트림은 아파치 스톰에서 본 몇 가지 유사한 개념을 갖고 있다.

- **스트림**: 스트림은 처리 가능한, 한정되지 않은 레코드 세트다. 스트림 API는 스트림 파티션으로 구성되며, 스트림 파티션은 키와 값의 쌍으로 된 데이터 레코드다. 스트림은 재연이 가능하므로 당연히 내결함성을 갖는다.
- **스트림 처리 애플리케이션**: 카프카 스트림 API을 사용해 제작된 애플리케이션이다.
- **토폴로지**: 토폴로지는 애플리케이션의 목적을 달성하기 위해 스트림 프로세서가 연계된 애플리케이션 계산 결과의 논리적 도표다.
- **스트림 프로세서**: 스트림 프로세서는 토폴로지를 형성하며 연결돼 있고, 각 프로세서는 어떤 작업을 수행하는 역할을 한다. 카프카 스트림은 두 개의 특별한 스트림 프로세서를 포함한다.
  - **소스 스트림 프로세서**: 소스 스트림 프로세서는 카프카 토픽에서 스트림 데이터를 읽고, 이후 과정의 스트림 프로세서에 이 데이터를 전달하는 역할을 한다. 스트리밍 토폴로지에서 첫 번째 프로세서가 된다.
  - **싱크 스트림 프로세서**: 싱크sink 스트림 프로세서는 스트리밍 토폴로지의 마지막 프로세서로, 상위의 프로세서에서 데이터를 받아 대상 카프카 토픽에 저장한다.

카프카 스트림 API는 또한 스트림 데이터를 모으거나 필터링을 수행하는 클라이언트 API를 제공한다. 애플리케이션의 상태를 저장하고 효과적인 내결함성을 지원한다.

카프카 스트림 애플리케이션은 카프카 이외에 특정 프레임워크의 설치를 필요로 하지 않는다. 프로듀서, 컨슈머와 비슷하게 간단한 자바 애플리케이션으로도 처리가 가능하다. 카프카 스트리밍은 9장에서 상세하게 다룰 것이다.

스키마 레지스트리를 사용한 에이브로 다루기

스키마 레지스트리는 프로듀서와 컨슈머에 대한 에이브로 스키마를 저장한다. 또한 이 스키마에 접근하기 위해 RESTful 인터페이스를 제공한다. 모든 버전의 에이브로 스키마를 저장하며, 각 스키마 버전에는 스키마 ID가 할당된다.

프로듀서가 에이브로 직렬화를 통해 카프카 토픽으로 레코드를 전송하면, 전체 스키마를 보내는 것이 아니라 스키마 ID와 레코드를 보낸다. 에이브로 시리얼라이저는 스키마의 모든 버전을 캐시에 보관하고, 해당 스키마 ID에 맞는 스키마로 데이터를 저장한다.

컨슈머도 카프카 토픽에서 레코드를 읽기 위해 스키마 ID를 사용하며, 에이브로 디시리얼라이저는 레코드를 역직렬화하기 위해 스키마 ID를 사용한다.

 스키마 레지스트리는 순방향 및 역방향 호환성을 지원하기 위해 설정을 수정할 수 있는 스키마 호환성을 지원한다.

에이브로 스키마와 프로듀서 예제를 보자.

```
kafka-avro-console-producer \
    --broker-list localhost:9092 --topic test \
    --property
value.schema='{"type":"record","name":"testrecord","fields":[{"name":"count
    ry","type":"string"}]}'
```

다음은 위와 유사한 컨슈머의 에이브로 스키마 예제다.

```
kafka-avro-console-consumer --topic test \
    --Zookeeper localhost:2181 \
    --from-beginning
```

스키마 레지스트리가 올라와서 실행 중이면 컨슈머는 레코드를 역직렬화할 수 있다. 무효한 데이터를 푸시하거나 호환되지 않는 레코드가 카프카 토픽에 푸시되면 예외가 발생한다.

다음과 같이 스키마는 REST 요청을 사용해 등록된다.

```
curl -X POST -H "Content-Type: application/vnd.schemaregistry.v1+json" \
--data '{"schema": "{\"type\": \"string\"}"}' \
http://localhost:8081/test/Kafka-test/versions
{"id":1}
```

스키마의 모든 버전을 유지하고, 호환성 설정을 구성하는 스키마 레지스트리의 기능은 특별한 능력이다. 스키마 레지스트리는 사용하기 쉽고, 느슨한 연계를 사용하는 프로듀서와 컨슈머 운영 환경에서 데이터 형식 문제로 가로막지 못하게 한다.

▌ 카프카 데이터의 HDFS 이전

지금까지 실시간, 또는 실시간에 가까운 스트리밍을 위해 사용하는 여러 가지 프레임워크로 아파치 카프카의 통합을 논의했다. 아파치 카프카는 설정된 보존 기간 동안 데이터를 저장할 수 있으며, 기본값은 7일이다.

데이터는 보존 기간이 지나면 카프카에서 제거된다. 데이터 손실을 원하지 않는다면 대부분 월간, 주간, 또는 연간 보고서를 생성하는 배치 처리가 필요하다. 이런 경우 HDFS 같은 경제적이고 내결함성을 지원하는 저장 시스템으로 이후 처리를 위해 경과 레코드를 저장할 수 있다.

카프카 데이터는 HDFS로 이전이 가능하며 다양한 목적이 있다. 카프카에서 HDFS로 데이터를 이전하는 네 가지 방법을 살펴보자.

- 캐머스 사용하기
- 고블린Gobblin 사용하기
- 카프카 커넥트 사용하기
- 플룸 사용하기

캐머스

링크드인은 처음에 자신의 로그 처리를 위한 용도로 카프카를 만들었다. 앞에서 설명했듯이 카프카는 설정된 기간 동안 데이터를 저장하고, 기본값은 7일이다. 링크드인 팀은 배치로 생성하는 보고서나 나중에 사용할 목적으로 데이터를 저장할 필요가 있다고 생각했다. 이제는 분산형 저장소 파일 시스템인 HDFS에 데이터를 저장하기 위해, 카프카에서 데이터를 가져오는 분산 시스템 기능을 사용할 수 있는 도구의 개발을 시작했다. 그들이 개발한 캐머스는 카프카에서 HDFS로 데이터를 복제하는 맵리듀스 API를 사용해서 개발한 도구다.

 캐머스는 데이터 증분(incremental) 복제를 수행하는 기능을 가진 맵리듀스의 작업일 뿐이다. 이는 데이터를 최근에 커밋된 오프셋부터 복사하지 않는다는 사실을 의미한다.

다음의 그림은 캐머스의 구조에 대한 개념을 보여준다.

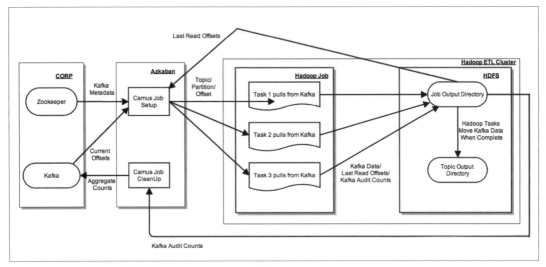

캐머스 구조

이 그림은 캐머스가 어떻게 동작하는지 잘 보여준다. 주키퍼가 카프카 메타데이터를 읽기 위해 필요한 캐머스 설치부터 시작한다. 캐머스 잡은 맵리듀스 작업 중에 하나의 세트이며 한 번에 여러 데이터 노드에서 실행 가능하고, 카프카에서 데이터의 분산 복제distributed copying를 완료한다.

캐머스 실행하기

캐머스는 두 가지 주요 작업으로 구성된다.

- **카프카에서 데이터 읽기**: 캐머스는 카프카에서 데이터를 읽는 동안 컨슈머 역할을 하며, 이는 카프카 토픽에서 데이터를 읽는데 사용 가능한 메시지 디코더decoder 클래스를 필요로 한다. 디코더 클래스는 반드시 com.linkedin.Camus.coders. MessageDecoder 클래스를 상속해서 구현한다. StringMessageDecoder와 같은 몇 가지 사용 가능한 기본 디코더가 있다.

- **HDFS로 데이터 쓰기**: 캐머스는 카프카에서 읽은 데이터를 HDFS에 쓴다. HDFS에 데이터를 쓰기 위해서는 레코드를 기록하는 클래스가 반드시 필요하다. 이 클래스는 반드시 com.linkedin.Camus.etl.RecordWriterProvider를 상속해서 구현한다.

캐머스를 실행하려면 하둡 클러스터가 필요하다. 이전에 언급했듯이 캐머스는 단지 맵리듀스의 잡이며, 다음과 같이 일반적인 하둡 잡을 사용해 실행할 수 있다.

```
hadoop jar Camus.jar com.linkedin.Camus.etl.kafka.CamusJob -P
Camus.properties
```

고블린

고블린은 아파치 캐머스의 진보된 버전이다. 아파치 캐머스는 카프카에서 HDFS로 데이터를 복제하는 기능만 있지만, 고블린은 여러 소스에 연결하고, HDFS에 데이터를 전달할 수 있다. 링크드인은 10개 이상의 데이터 소스를 갖고 있고, 모두 다른 도구로 데이터를 수집해 처리하고 있었다. 짧은 기간 동안에 모든 도구를 유지보수하고, 메타데이터는 점점 더 복잡해지자 더 많은 노력과 유지보수 자원이 필요했다.

그들은 모든 소스를 연결, 하둡에 데이터를 수집할 수 있는 단일화된 시스템이 필요하다고 생각했고, 이러한 동기가 고블린의 제작에 기여했다.

고블린의 구조

다음은 고블린의 구조에 대한 개념을 보여준다.

204

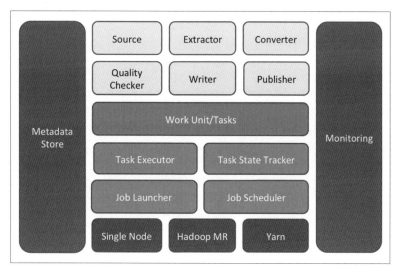

고블린의 구조

고블린의 구조는 사용자가 쉽게 새로운 소스에 대한 신규 커넥터를 추가하거나 기존의 소스를 수정할 수 있도록 제작됐다. 전반적인 구조는 크게 네 부분으로 나뉜다.

- **고블린 제어 구조**construct: 고블린의 전반적인 데이터 처리 작업에 대한 책임을 지며, 다음 항목을 포함한다.
  - **소스**: 데이터 소스와 고블린 사이에 커넥터 역할을 한다. 더 작은 작업 단위로 구분 가능하고, 단위 작업은 데이터를 몇 가지 부분별로 가져오는 역할을 한다.
  - **추출기**extractor: 데이터 소스에서 데이터를 추출하는 역할을 한다. 소스는 단위 작업별로 추출기를 생성하고, 개별 추출기는 데이터 소스에서 데이터를 부문별로 가져온다. 고블린은 사전 제작된 일반적인 소스와 추출기가 있으므로 활용이 가능하다.
  - **변환기**converter: 입력 레코드를 출력 레코드로 변환하는 역할을 한다. 한 개 이상의 컨버터를 용도에 맞게 연결 가능하다.

- ○ **품질 검사기**[quality checker]: 선택 항목이며, 개별 레코드나 전체 레코드의 데이터 품질을 검사하는 역할을 한다.
  - ○ **출력기**[writer]: 싱크와 연계돼 있으며, 데이터가 연결된 싱크에 쓰는 역할을 한다.
  - ○ **게시기**[publisher]: 개별 작업 단위에서 데이터를 수집하고, 최종 디렉터리에 저장하는 역할을 한다.

- **고블린 런타임**: 실제로 고블린 작업을 실행하는 역할을 한다. 작업 스케줄과 작업을 실행하는데 필요한 자원의 요청을 관리한다. 고블린 런타임은 또한 오류 처리를 담당하고, 실패한 작업이 발생하면 재시도한다.

- **지원되는 설치**[deployment]: 고블린 런타임은 설치 모드에 따라 작업을 실행한다. 고블린은 독립형[standalone] 또는 맵리듀스 모드에서 실행될 수 있다. 또한 YARN 설치 모드도 곧 지원할 것이다.

- **고블린 유틸리티**: 고블린 유틸리티는 두 종류로 나뉜다. 하나는 메타데이터를 관리하고, 다른 하나는 고블린 작업을 모니터한다. 이런 기능을 위해 서드 파티[third-party] 도구를 사용하기보다는 위와 같은 유틸리티를 사용해 단일 위치에 메타데이터를 저장한다. 또한 고블린 작업을 관리하거나 최적화하는데 유용한 다양한 메트릭을 수집한다.

다음의 설정 파일(kafka_to_hdfs.conf)은 연결 URL, 싱크 유형, 출력 디렉터리 등의 정보를 포함하며, 고블린 잡이 카프카에서 HDFS로 데이터를 가져오기 위해 사용한다.

```
job.name=kafkatohdfs
job.group=Kafka
job.description=Kafka to hdfs using goblin
job.lock.enabled=false

kafka.brokers=localhost:9092
source.class=Gobblin.source.extractor.extract.kafka.KafkaSimpleSource
extract.namespace=Gobblin.extract.kafka
writer.builder.class=Gobblin.writer.SimpleDataWriterBuilder
```

```
writer.file.path.type=tablename
writer.destination.type=HDFS
writer.output.format=txt
data.publisher.type=Gobblin.publisher.BaseDataPublisher

mr.job.max.mappers=1
metrics.reporting.file.enabled=true
metrics.log.dir=/Gobblin-kafka/metrics
metrics.reporting.file.suffix=txt

bootstrap.with.offset=earliest
fs.uri=hdfs://localhost:8020
writer.fs.uri=hdfs://localhost:8020
state.store.fs.uri=hdfs://localhost:8020

mr.job.root.dir=/Gobblin-kafka/working
state.store.dir=/Gobblin-kafka/state-store
task.data.root.dir=/jobs/kafkaetl/Gobblin/Gobblin-kafka/task-data
data.publisher.final.dir=/Gobblintest/job-output
```

Gobblin-MapReduce.sh를 실행한다.

```
Gobblin-MapReduce.sh --conf kafka_to_hdfs.conf
```

고블린 잡의 실행은 매우 쉽다. 이미 사용자가 필요한 것은 다 만들어져 있다. 더 자세한 내용은 고블린 문서를 참조하길 바란다.

카프카 커넥트

이전 절에서 이미 카프카 커넥트를 언급한 바 있다. 카프카 커넥트는 카프카에서 데이터를 가져오거나 내보내는데 쓰이는 커넥터를 참조한다. 카프카 HDFS 익스포트 커넥터는 카프카 토픽에서 HDFS로 데이터를 복제하는데 사용될 수 있다.

HDFS 커넥터는 카프카에서 데이터를 가져오고 HDFS에 기록한다. 사용할 파티션을 지정할 수 있으며, 데이터를 HDFS에서 하나의 파일을 나타내는 더 작은 덩어리로 나눈다. 커넥터를 어떻게 사용하는지 살펴보자.

다음은 프로듀서를 사용하는 카프카 커넥트의 예제다.

```
kafka-avro-console-producer --broker-list localhost:9092 --topic test \
--property
value.schema='{"type":"record","name":"peoplerecord","fields":[{"name":"f1"
,"type":"string"}]}'
```

kafka_to_hdfs.properties를 실행한다.

```
name=hdfs-sink
Connector.class=io.confluent.connect.hdfs.HdfsSinkConnector
tasks.max=1
topics=test
hdfs.url=hdfs://localhost:8020
flush.size=3
```

다음의 명령을 실행한다.

```
connect-standalone etc/schema-registry/connect-avro-standalone.properties \
    kafka_to_hdfs.properties
```

카프카 토픽의 데이터가 사용 가능할 경우 HDFS 위치에서 검증할 수 있으며, 해당 HDFS 위치에 데이터가 있는지 확인할 수 있다.

플룸

아파치 플룸은 신뢰할 수 있고 내결함성을 지원하는 분산형 시스템이며, 대용량 데이터를 다양한 소스에서 하나 이상의 대상 시스템에 수집한다.

다음과 같은 세 가지 주요 요소로 구성된다.

- 소스
- 채널
- 싱크

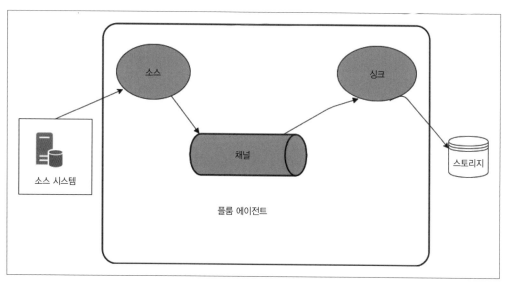

플룸 에이전트

세 가지 구성 요소에 대해 다음과 같이 설명할 수 있다.

- **소스**는 소스 시스템을 연결하고, 채널로 데이터를 가져오는 역할을 한다. 플룸은 서버 로그, 트위터, 패이스북 등 다양한 데이터 소스에 연결이 가능하다. 또한 카프카 토픽에도 연결하고, 플룸 채널로 데이터를 가져오는 유연성을 갖고 있다.

- **채널**은 설정에 맞게 소스에서 푸시된 데이터의 임시 저장소다. 소스는 데이터를 한 개 이상의 채널에 푸시할 수 있고, 나중에 싱크가 사용하게 된다.
- **싱크**는 플룸 채널에서 데이터를 읽고 영구적 저장소 시스템에 저장하거나, 다른 시스템에서 이후에 필요한 처리를 하도록 전달하는 역할을 한다. 한 번에 하나의 채널에 연결될 수 있다. 일단 싱크에 의해 데이터를 읽었다는 ACK를 받으면, 플룸은 채널에서 데이터를 삭제한다.

이제 카프카 데이터를 플룸을 사용해 어떻게 HDFS로 데이터를 복제하는지 눈에 보일 것이다. 이 과정은 카프카 소스, 채널, HDFS 싱크가 필요하다. 카프카 소스는 카프카 토픽에서 데이터를 읽고, HDFS 싱크는 채널에서 데이터를 읽으며, 설정된 HDFS 위치에 저장한다. 다음의 설정을 살펴보자.

먼저 flumekafka.conf부터 살펴본다.

```
pipeline.sources = kafka1
pipeline.channels = channel1
pipeline.sinks = hdfssink

pipeline.sources.kafka1.type = org.apache.flume.source.kafka.KafkaSource
pipeline.sources.kafka1.ZookeeperConnect = zk01.example.com:2181
pipeline.sources.kafka1.topic = test
pipeline.sources.kafka1.groupId = kafkaflume
pipeline.sources.kafka1.channels = channel1
pipeline.sources.kafka1.interceptors = i1
pipeline.sources.kafka1.interceptors.i1.type = timestamp
pipeline.sources.kafka1.kafka.consumer.timeout.ms = 100

pipeline.channels.channel1.type = memory
pipeline.channels.channel1.capacity = 100000
pipeline.channels.channel1.transactionCapacity = 10000

pipeline.sinks.hdfssink.type = hdfs
pipeline.sinks.hdfssink.hdfs.path = /user/hdfspath
```

```
pipeline.sinks.hdfssink.hdfs.rollInterval = 10
pipeline.sinks.hdfssink.hdfs.rollSize = 0
pipeline.sinks.hdfssink.hdfs.rollCount = 0
pipeline.sinks.hdfssink.hdfs.fileType = DataStream
pipeline.sinks.hdfssink.channel = channel1
```

위의 설정을 보면 소스, 채널, 싱크에 대한 설정이다. 소스는 test 토픽에서 데이터를 읽고, 플룸은 이를 memory 채널에서 데이터를 저장한다. 싱크는 메모리 내 채널과 연결해 HDFS로 데이터를 이전한다.

다음 설정은 소스를 채널로 연결한다.

```
pipeline.sources.kafka1.channels = channel1
```

다음 설정은 채널을 싱크에 연결한다.

```
pipeline.sinks.hdfssink.channel = channel1
```

pipeline은 에이전트 이름이고 원하면 변경이 가능하다. 일단 에이전트 설정이 준비되면, 다음의 명령어를 사용해 플룸을 실행할 수 있다.

```
flume-ng agent -c pathtoflume/etc/flume-ng/conf -f flumekafka.conf -n
pipeline
```

플룸의 전반적인 구조는 7장에서 다루는 범위가 아니다. 여기서는 어떻게 카프카 데이터를 플룸을 사용해 HDFS로 복제하는지 설명하고자 한다.

▌요약

7장에서는 컨플루언트 플랫폼에 대한 간단한 이해와 그 용도에 대해서 설명했다. 컨플루언트 플랫폼의 구조와 커넥터가 어떻게 카프카 안으로 또는 바깥으로 데이터를 전송하는 작업을 다루는지 배웠다. 또한 어떻게 스키마 레지스트리가 데이터 형식 문제를 해결하고, 스키마 분석을 지원하는지 배웠다. 카프카에서 HDFS로 데이터를 복제하는 다양한 방법과 예제도 소개했다.

8장에서는 카프카 커넥트를 자세히 다루고, 카프카와 카프카 커넥트로 어떻게 빅데이터 파이프라인을 제작하는지 살펴보겠다.

08

카프카를 사용한
ETL 파이프라인 제작

7장에서는 컨플루언트 플랫폼에 대해서 배웠고, 플랫폼의 상세한 구조와 관련 구성 요소를 다뤘다. 다양한 도구를 사용해서 카프카에서 어떻게 데이터를 HDFS로 내보내는지 배웠다. 캐머스, 고블린, 플룸, 카프카 커넥트 등 HDFS로 데이터를 가져오는 여러 가지 방법을 소개했다. 여러 방법을 이해하고, 7장에서 논의한 모든 도구를 사용해 다양한 시도를 해보길 권한다. 여기서는 이러한 도구를 사용해서 ETL 파이프라인pipeline을 생성하고, 카프카 커넥트의 활용 사례와 예제를 다룬다.

8장에서는 카프카 커넥트를 세부적으로 다루면서, 다음과 같은 주제를 설명한다.

- ETL 파이프라인에서의 카프카 활용
- 카프카 커넥트 소개

- 카프카 커넥트 구조
- 카프카 커넥트 심층 분석
- 카프카 커넥트를 소개하는 예제
- 일반적인 활용 사례

▌ ETL 파이프라인에서의 카프카 활용을 위한 고려 사항

ETL은 데이터를 대상 시스템으로 추출extracting, 변환transforming, 적재loading하는 과정이며 다음에 설명돼 있다. 많은 조직에서 자신의 데이터 파이프라인을 제작하기 위해서 이를 따른다.

- **추출**: 추출은 소스 시스템에서 데이터를 모으고, 이후 처리를 위해 준비하는 과정이다. 사전에 제작된 도구가 소스 시스템에서 데이터를 추출하는 데 사용될 수 있다. 예를 들면 서버 로그나 트위터 데이터를 추출하기 위해 아파치 플룸을 쓰거나, 데이터베이스에서 추출하려고 JDBC를 사용하는 애플리케이션을 쓰거나, 자신만의 애플리케이션을 사용하기도 한다. 이러한 애플리케이션의 목적은 소스 시스템의 성능에 어떠한 영향도 주지 않으면서 데이터를 추출하는 것이다.
- **변환**: 변환은 추출된 데이터를 참조해 처리하면서, 데이터를 의미 있는 형태로 변환하는 것이다. 이러한 기능의 애플리케이션은 두 가지 유형으로 데이터를 사용한다. 하나는 데이터를 가져오는 접근 방식pull-based인데, 추출기가 어떤 중간 저장소에 데이터를 저장하면 거기서 애플리케이션이 데이터를 가져오는 형태다. 다른 하나는 푸시를 사용하는 접근 방식이며, 추출기가 직접 데이터를 변환기에 푸시하고 애플리케이션이 처리하는 유형이다.
- **적재**: 일단 데이터가 의미 있는 형태로 변환되면, 이후에 사용할 목적으로 대상 시스템에 적재돼야 한다. 일반적으로 적재 단계는 대상 시스템에 의미 있는 데이

터를 적재하는 과정을 의미하는데, 여기서 대상 시스템은 데이터베이스, 파일, 기타 데이터 저장이 가능한 시스템이 될 수 있다.

기업이나 단체는 데이터 분석 전문가를 많이 찾고 있다. 그들은 어떤 데이터를 실시간으로 분석하길 원하고, 동일한 데이터에 대해서도 다양한 보고서를 생성하기 위해 배치 분석을 원하기도 한다.

실시간 스트림 처리를 위한 여러 프레임워크가 제작됐으며, 이들은 모두 약간의 새로운 기능과 일부 유사한 기능을 갖는다. 하지만 무엇보다 큰 어려움은 사용자가 필요로 하는 모든 작업을 수행하는 프레임워크는 없다는 점이다. 데이터를 모으고, 처리하고, 다음 단계에서 사용할 여러 목적지로 내보내는 작업은 ETL의 여러 과정에서 각기 다른 프레임워크를 사용해야만 한다. 결과적으로 더 많은 유지보수 노력과 비용이 투입되게 된다.

 카프카는 중앙 집중형 게시-구독 메시징 시스템이며, 다른 프레임워크나 도구를 사용하지 않고도 ETL 작업을 수행할 수 있다.

ETL 작업을 위해 어떻게 카프카를 활용할 수 있는지 살펴보자.

- **ETL 추출 작업**: 아파치 카프카는 카프카 커넥트라는 개념을 도입했는데, 소스와 싱크 커넥터와 함께 제공된다. 소스 커넥터는 소스에서 데이터를 추출해 HDFS에 갖다 놓을 수 있다. 커넥트는 사용하기 쉽게 몇 가지 설정 파라미터만 변경해서 사용이 가능하다.
- **ETL 변환 작업**: 아파치 카프카는 스트림 처리 기능이 추가되면서 더욱 강력해졌다. 데이터를 취합하고 필터링하는 등의 동작을 수행하는 카프카 스트림과 함께 제공된다.
  카프카 토픽의 데이터를 배치 처리를 위해 HDFS로 내보낼 수 있다. 또한 카프카는 이런 작업을 위한 익스포트 도구를 제공한다.

- **ETL의 적재 작업**: 카프카 커넥트는 익스포트 커넥터와 함께 제공되는데, 대상 시스템에 데이터를 올리는데 사용된다. 예를 들면 JDBC 커넥터는 JDBC를 지원하는 데이터베이스에 데이터를 푸시하는데 사용하고, 엘라스틱서치 커넥터는 엘라스틱서치로 데이터를 푸시할 수 있고, HDFS 커넥터는 이후의 처리 작업이나 보고서를 생성하기 위해 하이브 테이블을 생성할 수 있는 HDFS로 데이터를 푸시하는데 사용한다.

다음 절에서는 카프카 커넥트를 사용해 소스에서 어떻게 데이터를 추출해 대상 시스템에 올리는지 살펴본다. '카프카 커넥트 소개' 절에서는 컨슈머에게 데이터를 제공하기 위해 별도의 공급 레이어serving layer를 생성할 필요가 없다는 점을 설명한다. 모든 컨슈머는 카프카 메시지 오프셋을 유지하며, 원하는 방법으로 토픽에서 메시지를 읽을 수 있다. 또한 시간이 지나면서 계속 증가하는 프로듀서와 컨슈머 수에 따라 발생하게 되는 ETL 파이프라인에서의 문제를 단순화한다. 데이터의 추출, 변환, 대상 시스템으로 적재하는 기능으로 인해 카프카는 오늘날 많은 조직에서 가장 선호한다.

▌ 카프카 커넥트 소개

카프카 커넥트는 카프카 내부, 또는 외부로 데이터를 복제하는데 사용된다. 어떤 시스템에서 다른 시스템으로 데이터를 옮기는 도구는 이미 많이 있다. 데이터의 실시간 분석과 함께 동일한 데이터 배치 분석을 수행하는 사례를 많이 찾을 수 있다. 데이터는 여러 소스에 걸쳐 있지만, 결국 같은 범주나 형태로 자리 잡게 된다.

이러한 데이터를 카프카 토픽으로 가져와 실시간 처리 엔진에 전달하거나, 배치 처리를 위해 저장하기를 원하기도 한다. 다음의 그림을 자세히 보면 여러 처리 과정이 포함돼 있음을 알 수 있다.

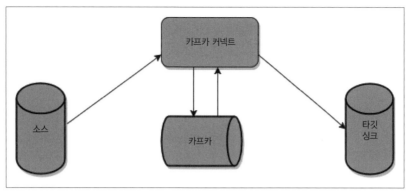

카프카 커넥트

구성 요소별로 자세히 살펴보자.

- **카프카에 모으는 기능**ingestion : 데이터는 여러 소스에서 카프카 토픽으로 추가되고, 대부분 일반적인 소스 유형을 사용한다. 예를 들면 서버 로그나 데이터베이스 테이블의 모든 레코드, 또는 파일에서 카프카 토픽으로 데이터를 추가하길 원할 수 있다. 이러한 작업을 위해 카프카 프로듀서를 사용할 수 있고, 기존의 쓸 만한 도구를 사용하기도 한다.
- **처리**processing : 카프카에서 사용 가능한 데이터는 업무적으로 의미를 추출하기 위해 처리돼야 한다. 데이터는 아파치 스파크, 아파치 스톰 등과 같은 실시간 처리 엔진에 의해 사용될 수 있다. 이후의 처리 작업을 위해 HDFS, Hbase 등의 저장소에 저장되기도 한다.
- **카프카 데이터 복제**: 카프카 데이터는 용도에 따라 여러 시스템으로 내보낼 수 있다. 임시 분석을 위해 엘라스틱서치로 데이터를 내보낼 수 있으며, 배치 처리를 위해 HDFS에 데이터를 저장할 수 있다. 카프카는 또한 보유 기간 설정을 통해서 지정된 기간 이후에 데이터가 삭제되게 할 수 있다. 카프카에서 데이터의 백업의 보관을 원할 수 있는데, 백업 위치는 HDFS나 기타 파일 시스템이 될 수 있다.

> **ⓘ** 카프카 커넥트는 카프카 토픽으로 데이터를 가져오고 여러 외부 시스템에 데이터를 복제하는, 미리 제작된 도구 세트일 뿐이다. 가져오기나 내보내기 등을 위해 자신만의 도구를 제작하도록 API를 제공한다. 또한 병렬 처리 기능이 있어서 복제를 병렬로 수행한다. 장애가 발생할 경우, 마지막으로 남긴 포인트부터 작업을 시작할 수 있도록 오프셋 커밋 방식을 사용한다.

▎ 카프카 커넥트 심층 분석

카프카 커넥트의 내부 구조를 살펴보자. 다음의 그림은 카프카 커넥트의 개념을 잘 보여준다.

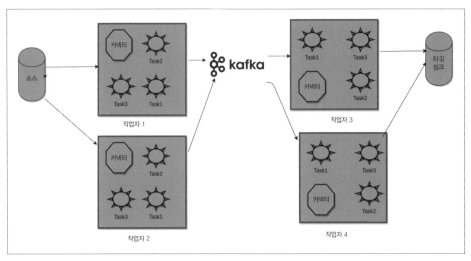

카프카 커넥트 구조

카프카 커넥트는 설계상 세 가지 주요 모델이 있다.

218

- **커넥터**: 커넥터는 커넥터 클래스와 설정을 정의해 구성된다. 커넥터 클래스는 데이터 소스와 대상으로 정의되며, 데이터베이스 소스와 파일 소스가 다르다는 의미다. 다음 과정으로 위 클래스에 대한 설정이 진행된다. 예를 들면 데이터베이스 소스 설정은 데이터베이스 IP와 데이터베이스 연결을 위한 사용자명, 암호 등이다. 커넥터는 실제로 소스에서 데이터를 복사하거나 대상에 데이터를 복제하는 작업 세트를 생성한다. 커넥터는 다음과 같은 두 가지 유형이 있다.
  - **소스 커넥터**: 데이터를 소스 시스템에서 카프카로 데이터를 모으는 역할을 한다.
  - **싱크 커넥터**: 카프카에서 HDFS, 엘라스틱서치 등 외부 시스템으로 데이터를 내보내는 역할을 한다.
- **작업자**: 작업자는 커넥터 작업을 실행한다. 커넥터와 작업을 위한 컨테이너 역할을 한다. 작업자는 실제 JVM 프로세스이며, 서로 작업 분배를 조정하고 확장성과 내결함성을 지원한다. 작업자는 프로세스를 관리하지 않지만, 가용한 프로세스에 작업을 배분한다. 프로세스는 YARN이나 메소스^{Mesos} 같은 리소스 관리자 도구가 관리한다.
- **데이터**: 커넥터는 하나의 시스템에서 다른 시스템으로 데이터 스트림을 복제하는 역할을 한다. 이미 언급했듯이 커넥터는 두 가지 유형, 즉 소스 커넥터와 타깃 커넥터가 있다. 어떠한 경우라도 커넥터를 사용하는 시스템 중에 하나로 카프카를 갖는데, 이는 커넥터가 카프카와 매우 밀접한 관계임을 의미한다. 카프카 커넥트는 스트림의 오프셋을 관리하며, 작업이 실패하면 오프셋을 사용해 커넥터가 마지막 실패지점에서 작업을 재개할 수 있다. 오프셋 유형은 사용되는 커넥터 형태에 따라 다양하다. 예를 들면 데이터베이스 오프셋은 어떤 고유한 레코드 식별자가 될 수 있으며, 파일에 대한 오프셋은 구분자가 될 수 있다. 카프카 커넥트는 또한 데이터 형식 변환기를 제공하는데, 데이터를 다른 형식으로 변환할 수 있다. 또한 스키마 레지스트리와의 통합을 지원한다.

카프카 커넥트 소개 예제

카프카 커넥트는 다양한 커넥터를 제공하고, 실제 용도에 맞게 커넥터를 사용할 수 있다. 또한 자신만의 커넥터를 제작할 수 있도록 API를 제공한다. 이번 절에서는 몇 가지 기초적인 예제를 살펴볼 것이며, 우분투 컴퓨터에서 코드를 테스트했다. 컨플루언트 웹사이트에서 컨플루언트 플랫폼 tar 파일을 다운로드한다.

- **임포트 또는 소스 커넥터**: 소스 시스템에서 카프카로 데이터를 모으기 위해 사용한다. 컨플루언트 플랫폼에 몇 가지 내장된 커넥터를 쓸 수 있다.
- **익스포트 또는 싱크 커넥터**: 카프카 토픽에서 외부 소스로 데이터를 내보내는데 사용한다. 실제 활용 사례를 통해 몇 개의 커넥터를 살펴보자.
- **JDBC 소스 커넥터**: JDBC 커넥터는 JDBC를 지원하는 시스템에서 카프카로 데이터를 가져오는데 사용할 수 있다.

이제 어떻게 사용하는지 살펴보자.

1. sqlite 설치

```
sudo apt-get install sqlite3
```

2. 콘솔 시작하기

```
sqlite3 packt.db
```

3. 데이터베이스 테이블을 생성하고 레코드를 추가한다.

```
sqlite> CREATE TABLE authors(id INTEGER PRIMARY KEY AUTOINCREMENT
NOT NULL, name VARCHAR(255));
sqlite> INSERT INTO authors(name) VALUES('Manish');
sqlite> INSERT INTO authors(name) VALUES('Chanchal');
```

4. source-quickstartsqlite.properties 파일을 다음과 같이 수정한다.

```
name=jdbc-test
Connector.class=io.confluent.connect.jdbc.JdbcSourceConnector
tasks.max=1
connection.url=jdbc:sqlite:packt.db
mode=incrementing
incrementing.column.name=id
topic.prefix=test-
```

5. connection.url 항목에서 packt.db 값이 실제 packt.db 파일의 경로다. .db 파일의 전체 경로를 설정한다. 일단 모든 준비가 되면 다음의 명령어를 실행해서 커넥터 스크립트를 실행한다.

```
./bin/connect-standalone etc/schema-registry/connect-avrostandalone.
properties etc/kafka-connect-jdbc/source-quickstartsqlite.
properties
```

6. 위 스크립트가 성공적으로 실행되면 다음의 명령어를 사용해서 결과를 확인할 수 있다.

```
bin/kafka-avro-console-consumer --new-consumer --bootstrap-server
localhost:9092 --topic test-authors --from-beginning
```

다음과 같은 결과를 볼 수 있다.

```
SLF4J: Class path contains multiple SLF4J bindings.
SLF4J: Found binding in [jar:file:/home/chanchal/projects/confluent-3.2.2/share/ja
StaticLoggerBinder.class]
SLF4J: Found binding in [jar:file:/home/chanchal/projects/confluent-3.2.2/share/ja
aticLoggerBinder.class]
SLF4J: See http://www.slf4j.org/codes.html#multiple_bindings for an explanation.
SLF4J: Actual binding is of type [org.slf4j.impl.Log4jLoggerFactory]
{"id":1,"name":{"string":"Manish"}}
{"id":2,"name":{"string":"Chanchal"}}
```

이 데모를 실행하기 전에 미리 주키퍼와 카프카 서버, 스키마 레지스트리를 실행했는지 확인해야 한다.

JDBC 싱크 커넥터: 이 커넥터는 카프카 토픽에서 JDBC를 지원하는 외부 시스템에 데이터를 내보내기 위해 사용한다.

어떻게 사용하는지 살펴보자.

1. sink-quickstart-sqlite.properties 설정

```
name=test-jdbc-sink
Connector.class=io.confluent.connect.jdbc.JdbcSinkConnector
tasks.max=1
topics=authors_sink
connection.url=jdbc:sqlite:packt_authors.db
auto.create=true
```

2. 프로듀서 실행

```
bin/kafka-avro-console-producer \
--broker-list localhost:9092 --topic authors_sink \
--property
value.schema='{"type":"record","name":"authors","fields":[{"name":"
id","type":"int"},{"name":"author_name", "type": "string"},
{"name":"age", "type": "int"}, {"name":"popularity_percentage",
"type": "float"}]}'
```

3. 카프카 커넥트 싱크 실행

```
./bin/connect-standalone etc/schema-registry/connect-avrostandalone.
properties etc/kafka-connect-jdbc/sink-quickstartsqlite.
properties
```

4. 프로듀서에 레코드 추가

```
{"id": 1, "author_name": "Chanchal", "age": 26,
"popularity_percentage": 60}
{"id": 2, "author_name": "Manish", "age": 32,
"popularity_percentage": 80}
```

5. sqlite 실행

```
sqlite3 packt_authors.db

select * from authors_sink;
```

테이블에서 다음과 같은 결과를 볼 수 있다.

```
sqlite> select * from authors_sink;
Chanchal|60.0|1|26
Manish|80.0|2|32
sqlite>
```

이제 카프카 커넥트를 사용해 카프카에서 데이터베이스로, 데이터베이스에서 카프카로
데이터를 추출하고 로드하는 방법을 알게 됐다.

> 카프카 커넥트 자체로는 ETL 프레임워크라고 할 수 없다. 하지만 카프카를 사용하는 동안
> 에 ETL 파이프라인의 일부가 될 수 있다. 여기서는 ETL 파이프라인 안에서 카프카 커넥트
> 를 어떻게 활용하는지와 데이터를 카프카에서 어떻게 가져오거나 내보내는지에 집중하고
> 자 한다.

카프카 커넥트의 일반적인 활용 사례

지금까지 카프카 커넥트에 대해 자세히 배웠다. 카프카 커넥트는 데이터를 카프카 내부, 또는 외부로 복제하는데 사용된다는 점을 이제 이해할 수 있다.

이제 카프카 커넥트의 몇 가지 일반적인 활용 사례를 알아보자.

- **HDFS로 데이터 복제**: 사용자는 다양한 이유로 카프카 토픽에서 HDFS로 데이터를 복제하길 원한다. 경과history 데이터에 대한 백업이나 배치 처리를 위해 HDFS에 데이터를 복제하길 원하기도 한다. 하지만 이미 캐머스, 고블린, 플룸 등 많은 오픈 소스 도구가 있고, 유지보수와 설치, 작업 실행은 카프카 커넥트보다 더 많은 노력이 소모된다. 카프카 커넥트는 토픽에서 병렬로 데이터를 복제하고, 필요하면 더 확장할 수 있다.

- **복제**: 하나의 클러스터에서 다른 클러스터로 카프카 토픽을 복제하는 것은 카프카 커넥트가 제공하는 잘 알려진 기능이다. 여러 이유로 토픽을 복제하게 되는데, 예를 들어 자체 서버(on-premise)에서 클라우드로 이전, 협력사 변경, 카프카 클러스터의 업그레이드, 오래된 카프카 클러스터 폐기, 장애 관리 등의 이유가 있다. 하나 더 예를 든다면 최적화된 데이터 사용과 관리를 위해 여러 개의 카프카 클러스터에서 중앙 집중형 단일 카프카 클러스터로 데이터를 가져오기를 원하는 경우다.

- **데이터베이스 레코드 가져오기**: 데이터베이스 레코드는 다양한 분석 용도로 사용될 수 있다. 앞에서 언급했듯이 동일한 데이터에 대해서 실시간 분석과 배치 분석을 위해 사용될 수 있다. 데이터베이스 레코드는 테이블과 같은 이름의 토픽에 저장된다. 이러한 레코드는 이후 처리 과정을 위해 처리 엔진에 전달된다.

- **카프카 레코드 내보내기**: 일부 사례에서는 카프카에 저장된 데이터를 처리하고, 사용자가 데이터에 대해서 어떤 집합이나 합계를 원하기도 한다. 이 경우 관계형 데이터베이스RDBMS의 강력한 기능을 사용하기 위해 데이터베이스에 저장하기를 원

하기도 한다. 활용도를 높이기 위해 카프카 레코드를 엘라스틱서치 같은 빠른 애드 혹^{ad hoc} 검색 엔진으로 내보낼 수 있다.

카프카에서 데이터를 가져오거나 내보내는 자신만의 커넥터를 개발하기 위해 카프카 커넥트를 사용할 수 있다. API를 사용한 커넥터 개발은 이 책에서 다루지 않는다.

▌ 요약

8장에서는 카프카 커넥트에 대한 자세한 내용을 배웠다. 또한 ETL 파이프라인과 관련해 어떻게 카프카를 활용하는지 살펴봤다. JDBC 임포트와 익스포트 커넥터의 예제를 소개했으며, 예제가 어떻게 동작하는지 개념을 익혔다. 커넥트를 실행하면 어떤 일이 일어나는지에 대해 더 깊은 통찰력을 가질 수 있도록 예제를 연습해보길 권한다.

9장에서는 카프카 스트림을 자세히 배우고, 자신만의 스트리밍 애플리케이션을 개발하기 위해 어떻게 카프카 스트림 API를 사용하는지 알아본다. 카프카 스트림 API를 자세히 살펴보면서 API의 장점도 집중적으로 다룰 것이다.

09

카프카 스트림을 사용한 스트리밍 애플리케이션 개발

8장에서 카프카 커넥트에 대해 배웠고, 카프카에서 데이터를 가져오거나 내보낼 때, 어떻게 사용자의 작업을 간편하게 할 수 있는지 소개했다. 또한 카프카 커넥트를 ETL 파이프라인의 추출과 적재 프로세서로 활용하는 방법도 배웠다. 9장에서는 가볍게 활용할 수 있는 스트리밍 라이브러리인 카프카 스트림을 집중적으로 알아본다. 스트리밍 라이브러리는 카프카와 함께 동작하는 스트리밍 애플리케이션을 개발하는데 사용된다. 카프카 스트림은 ETL 과정에서 변환기 역할을 한다.

9장에서 다룰 주제는 다음과 같다.

- 카프카 스트림 소개
- 카프카 스트림 구조

- 카프카 스트림 사용의 장점
- KStream과 KTable 소개
- 활용 사례와 예제

카프카 스트림 소개

데이터를 처리하는 방법은 시간이 지나면서 발전돼 왔고, 여전히 다양한 방법이 활용되고 있다. 다음은 카프카 스트림과 관련된 중요한 용어다.

- **요청/응답**request/response: 요청/응답 방식은 단일 요청을 먼저 보낸다. 요청은 요청 데이터로 전송되고, 서버는 요청을 처리하고 결과로 응답 데이터를 반환한다. REST 서버의 예를 보면 요청에 대한 처리가 완료되고 클라이언트에 응답이 전송된다. 처리는 필터링, 클렌징cleansing, 집계aggregation, 룩업 등을 포함한다. 처리 엔진을 확장하려면 더 많은 요청을 처리하기 위해 서비스 추가가 필요하다.
- **배치 처리**: 이 프로세스에서는 한정된 입력 데이터 세트를 배치 형태로 전송하면, 처리 엔진이 처리 완료 후 응답을 배치 형태로 보낸다. 배치 처리 과정의 데이터는 이미 파일이나 데이터베이스에서 사용이 가능한 상태다. 하둡 맵리듀스는 배치 처리 모델의 좋은 사례다. 클러스터에 더 많은 처리 노드를 추가해서 처리 성능throughput을 향상시킬 수 있지만, 빠른 처리 속도latency를 만드는 것은 배치 처리 형태의 작업에서는 매우 어렵다.
- **스트림 처리**: 데이터 스트림은 소스 시스템에서 생성하자마자 처리된다. 데이터는 스트림 형태로 스트림 처리 애플리케이션에 전달된다. 스트림은 한정되지 않고 순서가 있는 데이터 세트다. 스트림 처리는 소스에서 데이터를 전달하자마자 처리 결과를 얻을 수 있기 때문에 처리 속도를 향상시키는 데 도움이 된다.

> 스트림 처리에서의 처리 속도, 비용, 정확성은 상충되는 관계다. 예를 들면 사기 분석 애플리케이션을 개발할 때는 비용보다 처리 속도와 정확성에 더 집중하게 된다. 단지 스트림 데이터에 대한 ETL을 수행하는 상황이라면 처리 속도에 대해서는 신경 쓰지 않고, 정확성에 더 집중할 수도 있다.

스트림 처리에 카프카 사용하기

카프카는 시간 순서로 저장된 데이터의 지속성persistence이 있는 큐라고 할 수 있다. 다음은 대부분의 스트리밍 구조에서 볼 수 있는 카프카의 특징이다.

- **지속성 큐와 느슨한 연계**: 카프카는 토픽에 데이터를 순서대로 저장한다. 데이터 프로듀서는 애플리케이션이 데이터를 처리하고 응답하기를 기다릴 필요 없이 단순히 카프카 큐에 데이터를 가져다 놓으면, 그것을 처리할 애플리케이션이 카프카 큐에서 데이터를 가져와 사용하면 된다.

- **내결함성**: 한두 개의 브로커에 장애가 발생하더라도 카프카에 저장된 데이터는 손실되지 않는다. 이는 카프카가 여러 브로커의 토픽 파티션을 복제하기 때문이며, 어떤 브로커에 장애가 발생해도 데이터는 해당하는 복제를 갖고 있는 다른 브로커가 제공한다. 긴 지연시간이 발생하지 않도록 데이터 스트림을 공급하는 기능이 있는데, 스트림 처리 애플리케이션에서는 매우 중요한 부분이다. 카프카는 또한 컨슈머의 요구에 따라 메시지를 읽도록 허용하는데, 이는 컨슈머가 메시지의 오프셋을 사용해 처음부터 또는 어느 위치에서도 읽을 수 있다는 의미다.

- **논리적 순서 정렬ordering**: 순차적인 데이터 정렬은 일부 스트리밍 애플리케이션에서는 중요한 부분이다. 카프카는 시간 순서로 데이터를 저장한다. 사기 분석 같은 애플리케이션은 순서가 엉킨 데이터를 감당하지 못한다. 스트림 애플리케이션은 카프카 토픽에 기록된 순서와 동일하게 메시지를 읽을 수 있다.

- **확장성**: 카프카는 필요에 따라 확장이 가능하며, 단지 카프카 클러스터에 브로커 노드만 추가하면 된다. 언젠가 데이터 소스가 급격하게 커지거나, 더 많은 애플리케이션이 동일한 데이터를 여러 용도로 사용하게 되는 상황에 대해서 걱정할 필요가 없다. 데이터는 카프카에 있고, 애플리케이션은 카프카에서 읽을 수 있다.

아파치 카프카는 스트림 처리 애플리케이션과 간단하게 통합될 수 있다.

 스파크, 스톰, 플링크(Flink) 등과 같은 스트림 처리 애플리케이션은 카프카와 통합할 수 있도록 유용한 API를 제공한다. 이러한 스트림 처리 프레임워크는 애플리케이션을 제작하기에는 좋지만, 다소 복잡해지면서 비용이 발생한다. 애플리케이션을 실행하기 전에 우선 특정 클러스터를 설치하고, 유지보수를 하면서 문제를 확인하고, 애플리케이션을 최적화하며, 클러스터 상태를 확인하는 일이 필요하다.

카프카 스트림 - 가벼운 스트림 처리 라이브러리

카프카 스트림은 카프카와 밀접하게 연계돼 동작하는 가벼운^{lightweight} 스트림 처리 라이브러리다. 클러스터 설치나 기타 운영비용이 필요 없다. 어떻게 카프카 스트림이 이런 기능을 제공하고, 스트림 처리 애플리케이션이 위와 같은 조건을 지킬 수 있는지 알아보자.

 9장을 시작하기 전에 아파치 카프카 개념 부분을 살펴보길 권한다. 프로듀서, 컨슈머, 토픽, 병렬 처리(parallelism), 브로커 등의 아파치 카프카 개념을 알고 있어야 카프카 스트림을 잘 이해할 수 있다.

다음은 강력하고 신뢰할 수 있는 스트림 처리 애플리케이션을 제작하기 위한 노력의 결과로 만들어진 몇 가지 중요한 기능이다.

- **순서 정렬**: 카프카는 메시지와 데이터를 토픽 파티션에 저장한다. 파티션은 시간 순서로 데이터를 저장하므로 토픽 파티션의 데이터는 순서대로 배치돼 있다. 카

프카 스트림은 카프카의 기능을 활용해 순서대로 데이터를 사용한다. 순서 처리는 카프카가 토픽 파티션에 메시지와 타임스탬프timestamp를 함께 저장하므로 쉽게 다룰 수 있다. 이러한 타임스탬프 속성을 사용해 다른 형태로 데이터를 다시 정렬할 수 있다.

- **상태 정보**state **관리**: 스트림 처리 애플리케이션에서 상태 정보를 유지하는 일은 일부 상태 정보에 의존적인 프로그램에서는 매우 중요하다. 데이터 처리 과정에서 최근에 처리했거나 산출된 데이터를 접근할 필요가 있고, 이 경우 최대한 가까운 시점까지의 상태 정보를 유지하는 것이 좋은 방법이다. 다음과 같이 상태 정보를 유지하는 두 가지 방법이 있다.

  - **원격 상태 정보**: 상태 정보는 서드 파티 저장소 데이터베이스에서 유지 관리되고, 애플리케이션은 그 데이터베이스에 연결해 레코드 상태 정보를 검색한다. 다수의 대형 스트리밍 애플리케이션이 상태 정보를 유지하기 위해 이 방법을 사용하지만, 원격 상태 정보에 접근해야 하므로 처리 시간이 늘어나고, 네트워크 대역폭이나 가용성에 의존적이다.

  - **로컬 상태 정보**: 애플리케이션 인스턴스가 실행 중인 동일한 컴퓨터에서 상태 정보가 관리된다. 더 신속하게 상태 정보 레코드에 접근할 수 있고, 처리 속도를 향상시킨다.

카프카 스트림은 로컬 상태 정보 관리 기술을 사용해 더 강력한 상태 정보 유지 기능을 제공하는데, 로컬 상태 정보를 개별 애플리케이션 인스턴스에서 유지하는 것이다. 이러한 로컬 상태 정보는 전역으로 공유되지만, 카프카 스트림 인스턴스는 카프카 토픽 파티션에 해당하는 부분만을 처리한다.

- **내결함성**: 내결함성은 스트림 처리 애플리케이션에서 매우 일반적이면서도 중요한 기능이다. 어떤 인스턴스의 장애는 처리 중인 다른 애플리케이션에 영향을 주면 안 된다. 카프카 스트림은 일부 토픽의 상태 정보 변경 사항을 유지한다. 어느 인스턴스에 장애가 발생하면 해당 프로세스를 재시작하고, 내부적으로 부하 균형load balancing을 관리한다.

- **시간과 윈도**window: 여기서의 시간은 이벤트 시간이나 레코드의 처리 시간을 말한다. 이벤트 발생 시간은 해당 레코드가 생성된 시간이며, 처리 시간은 해당 레코드가 실제로 처리된 시간이다.

  레코드가 처리될 때, 데이터는 이벤트 시간이나 순서에 상관없이 처리되기도 한다. 카프카 스트림은 윈도 처리windowing 개념을 지원하는데, 이는 이벤트나 레코드 처리를 순서대로 처리되도록 돕는 타임스탬프가 각각의 레코드와 연계되는 것이다. 이런 기능은 늦게 도착한 데이터와 로그를 효율적으로 관리할 수 있도록 지원한다.

- **파티션과 확장성**: 카프카 스트림은 데이터의 병렬 처리 능력을 갖고 있다. 동일한 애플리케이션의 다중 인스턴스는 카프카 토픽 파티션 안에서 서로 겹치지 않게 작업을 분담한다. 카프카에서의 파티션 수는 병렬 처리의 핵심이라는 점을 유념한다.

  카프카 스트림 애플리케이션은 쉽게 확장이 가능하다. 단지 더 많은 인스턴스를 만들고, 자동으로 부하 균형을 관리해준다.

- **재처리**reprocessing: 특정 지점에서 레코드를 다시 처리하는 기능이다. 가끔은 애플리케이션 로직을 놓치거나, 버그로 로직을 재작성하거나 기존 코드를 변경하게 된다. 카프카 스트림은 단순히 카프카 토픽의 오프셋을 재설정해서 레코드를 다시 처리할 수 있다.

▌ 카프카 스트림 구조

카프카 스트림은 내부적으로 카프카 프로듀서와 컨슈머 라이브러리를 사용한다. 라이브러리는 아파치 카프카와 밀접하게 연계돼 있으며, 데이터 병렬 처리, 내결함성 지원 등의 여러 강력한 카프카 기능을 활용할 수 있게 도와준다.

이번 절에서는 내부적으로 카프카 스트림이 어떻게 동작하고, 카프카 스트림을 사용한 스트림 애플리케이션 제작에 어떤 구성 요소가 관여하는지 논의한다. 다음의 그림은 카프카 스트림의 내부 동작을 보여준다.

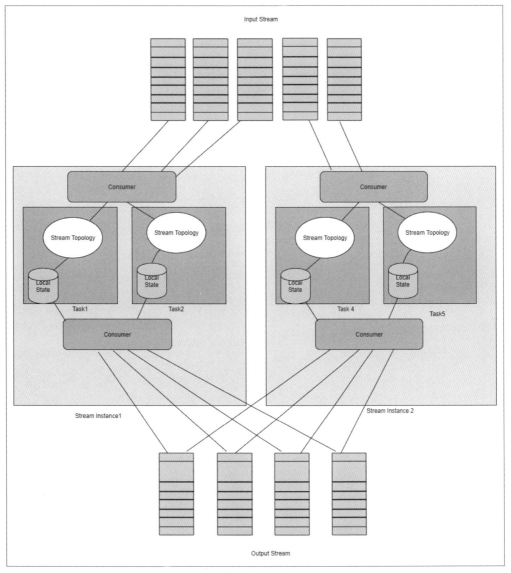

카프카 스트림 구조

스트림 인스턴스는 다중 작업으로 구성되며, 각 작업은 레코드를 겹치지 않게 처리한다. 병렬 처리 능력을 증가시키려면 인스턴스를 추가할 수 있고, 카프카 스트림은 자동으로 여러 인스턴스에 작업을 분배한다.

위 그림에서 볼 수 있는 몇 가지 중요한 구성 요소에 대해 살펴보자.

- **스트림 토폴로지**: 카프카 스트림의 스트림 토폴로지는 아파치 스톰의 토폴로지와 유사하다. 토폴로지는 필요한 연산을 수행하기 위해 서로 연결된 스트림 처리 노드로 구성된다. 스트림 토폴로지는 세 가지 유형의 프로세서processor를 갖고 있다.
  - **소스 프로세서**: 소스 토픽의 레코드를 사용하는 역할을 하고, 다음 단계의 프로세서로 레코드를 전달한다. 이전 단계의 프로세서가 없다면, 스트림 토폴로지의 첫 노드라는 의미다.
  - **스트림 프로세서**: 데이터를 가공하는 역할을 한다. 데이터 변환 로직은 스트림 프로세서가 관리한다. 하나의 토폴로지는 여러 프로세서를 가질 수 있다.
  - **싱크 프로세서**: 스트림 프로세서에서 데이터를 사용하고 나서, 대상 토픽이나 시스템으로 출력하는 역할을 한다. 토폴로지의 마지막 프로세서이며, 다시 말해 다음 단계의 프로세서가 없다.
- **로컬 상태 정보**: 카프카 스트림은 애플리케이션의 각 인스턴스에서 상태 정보를 유지한다. 상태 정보를 사용하지 않는 운영자stateless operator와 상태 정보를 사용하는 운영자stateful operator의 두 가지 유형이 있다. 이는 스파크에서의 변환과 액션의 개념과 유사하며, 상태 정보를 사용하지 않는 운영자는 변환에 해당하고, 상태 정보를 사용하는 운영자는 액션에 해당한다.

  카프카 스트림이 상태 정보로 작업이 필요할 때에는 로컬 상태 정보 저장소를 생성해 관리한다. 상태 정보 저장에 필요한 데이터 구조는 내부 맵internal map이나 DB 형태다.
- **레코드 캐시**: 카프카 스트림은 로컬 상태 정보로 데이터를 저장하기 전에 데이터를 캐시하거나 다음 과정으로 전달한다. 캐시는 로컬 상태 정보 저장소에서 읽고

쓰는 성능을 향상시키며, 쓰기 금지 버퍼나 읽기 버퍼 등으로 사용될 수 있다. 또한 배치의 레코드를 로컬 상태 정보 저장소로 전송할 수 있어서, 쓰기 요청 횟수를 확실하게 줄일 수 있다.

▌ 통합 프레임워크의 장점

카프카 스트림은 아파치 카프카와 밀접하게 연계돼 있다. 풍부한 API 세트와 함께 스트림 처리 애플리케이션을 제작하기 위한 강력한 기능을 제공한다. 카프카를 데이터의 중앙집중형 저장소 계층으로 사용하면서 그 위에서 스트림 처리를 수행하길 원한다면, 다음과 같은 이유로 카프카 스트림을 더 선호하게 될 것이다.

- **설치**: 카프카 스트림을 사용해 만든 애플리케이션을 실행하기 위해 별도의 클러스터를 설치할 필요가 없다. 단일 노드 서버나 사용자의 노트북에서도 실행된다. 이러한 점이 스파크, 스톰 등 애플리케이션 실행에 클러스터가 필요한 도구보다 매우 큰 장점이다. 카프카 스트림은 카프카 프로듀서와 컨슈머 라이브러리를 사용한다.

  병렬 처리 능력을 증가시키려면 단지 애플리케이션 인스턴스만 추가하면 되고, 카프카 스트림은 자동으로 부하 균형을 관리해준다. 단지 카프카 스트림이 무료 프레임워크이기 때문에 카프카가 필요 없다는 의미는 아니다. 카프카 스트림은 밀접하게 카프카와 연계돼 있어서 카프카 클러스터가 실행 중이 아니라면 동작하지 않는다. 스트림 애플리케이션을 작성할 때 카프카 클러스터에 대한 세부 사항을 지정해야한다.

- **간단하고 쉬운 기능**: 카프카 스트림 애플리케이션 개발은 다른 스트리밍 애플리케이션에 비해 쉽다. 카프카 스트림은 단순히 카프카 토픽에서 데이터를 읽고, 카프카 토픽으로 데이터를 출력한다. 스트림 파티션은 카프카 파티션과 비슷하게

잘 동작한다. 스트림 애플리케이션은 단지 또 하나의 컨슈머 역할을 하는 것이며, 카프카 컨슈머의 오프셋 관리 기능을 활용한다. 즉 상태 정보와 카프카 토픽 데이터의 처리를 관리하고, 외부 시스템에는 의존적이지 않다.

- **조정**coordination**과 내결함성**: 카프카 스트림의 조정 기능은 리소스 관리자나 제3자 애플리케이션에 의존적이지 않다. 새로운 인스턴스를 추가하거나 기존 인스턴스에 장애가 발생하는 경우, 애플리케이션 부하 균형에 대한 부분은 카프카 클러스터를 활용한다. 부하 균형에 장애가 발생하면, 자동으로 브로커에서 새로운 파티션 세트를 받아 처리한다.

▌ 테이블과 스트림의 이해

테이블과 스트림에 대해 논의하기 전에 카프카 스트림 API를 써서 자바로 작성된 단어 수를 세는 간단한 프로그램을 이해하고, KStream과 KTable의 개념을 살펴보자. 지금까지 카프카 스트림의 개념을 설명했고, 이번 절에서는 KStream과 KTable을 그 내부 구조와 함께 다룬다.

메이븐 의존성

카프카 스트림 애플리케이션은 어디에서나 실행할 수 있다. 다만 라이브러리 의존성을 추가하고 프로그램 개발을 시작한다. 여기서는 애플리케이션 개발에 메이븐을 사용한다. 자신의 프로젝트에 다음의 의존성을 추가한다.

```
<dependency>
    <groupId>org.apache.Kafka</groupId>
    <artifactId>Kafka-Streams</artifactId>
    <version>0.10.0.0</version>
</depcndency>
```

카프카 스트림 단어 수 세기 예제

다음의 코드는 간단한 단어 수 세기 예제이며, 스트림 API를 사용해 제작했다. 이 프로그램에 사용된 중요한 API를 사용법과 함께 살펴보자.

```
package com.packt.Kafka;

import org.apache.Kafka.common.serialization.Serde;
import org.apache.Kafka.common.serialization.Serdes;
import org.apache.Kafka.Streams.KafkaStreams;
import org.apache.Kafka.Streams.KeyValue;
import org.apache.Kafka.Streams.StreamsConfig;
import org.apache.Kafka.Streams.kStream.KStream;
import org.apache.Kafka.Streams.kStream.KStreamBuilder;

import java.util.Arrays;
import java.util.Properties;

public class KafkaStreamWordCount {
    public static void main(String[] args) throws Exception {
        Properties KafkaStreamProperties = new Properties();
        // Stream configuration
        KafkaStreamProperties.put(StreamsConfig.APPLICATION_ID_CONFIG,
            "Kafka-Stream-wordCount");
        KafkaStreamProperties.put(StreamsConfig.BOOTSTRAP_SERVERS_CONFIG,
            "localhost:9092");
        KafkaStreamProperties.put(StreamsConfig.ZOOKEEPER_CONNECT_CONFIG,
            "localhost:2181");
        KafkaStreamProperties.put(StreamsConfig.KEY_SERDE_CLASS_CONFIG,
            Serdes.String().getClass().getName());
        KafkaStreamProperties.put(StreamsConfig.VALUE_SERDE_CLASS_CONFIG,
            Serdes.String().getClass().getName());

        Serde<String> stringSerde = Serdes.String();
        Serde<Long> longSerde = Serdes.Long();
        KStreamBuilder StreamTopology = new KStreamBuilder();
```

```
    //Kstream to read input data from input topic
    KStream<String, String> topicRecords =
        StreamTopology.Stream(stringSerde, stringSerde, "input");
    KStream<String, Long> wordCounts = topicRecords
        .flatMapValues(value ->
        Arrays.asList(value.toLowerCase().split("\\W+")))
        .map((key, word) -> new KeyValue<>(word, word))
        .countByKey("Count")
        .toStream();

    //Store wordcount result in wordcount topic
    wordCounts.to(stringSerde, longSerde, "wordCount");
    KafkaStreams StreamManager = new KafkaStreams(StreamTopology,
        KafkaStreamProperties);
    //Running Stream job
    StreamManager.start();

    Runtime.getRuntime().addShutdownHook(new
        Thread(StreamManager::close));
    }
}
```

애플리케이션은 사용자가 정의하는 설정부터 시작하고, 카프카 스트림은 두 개의 추상화 객체를 제공하는데, 하나는 KStream이고 다른 하나는 KTable이다.

KStream은 카프카 토픽 레코드에서 키 값의 쌍인 레코드 스트림이 추상화된 것이다. KStream은 개별 레코드가 독립적인데, 이는 키를 가진 레코드는 동일한 키로 기존 레코드를 대체하지 않는다는 의미다. KStream은 두 가지 방법으로 생성할 수 있다.

- **카프카 토픽 사용**: 카프카 스트림 애플리케이션은 카프카 토픽에서 데이터를 사용하는 KStream으로 시작한다. 위의 프로그램을 보면 토픽 입력에서 데이터를 사용하는 KStream topicRecords를 다음과 같이 생성한다.

  ```
  KStream<String, String> topicRecords =
  StreamTopology.Stream(stringSerde, stringSerde, "input");
  ```

- **변환 사용**: KStream은 기존의 KStream에서 변환을 수행해 생성할 수 있다. 위의 프로그램을 보면 KStream topicRecords가 사용하는 KStream topicRecords flatMapValues, map 같은 변환을 사용한다. KStream은 KTable을 KStream으로 전환해서 생성할 수 있다. 예제에서는 countByKey가 KTable Count를 생성하고, toStream( )을 사용해서 KStream으로 변환한다.

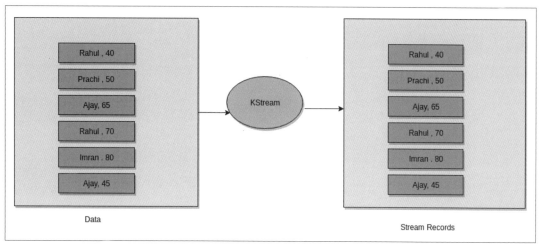

KStream 레코드 보기

KTable

KTable은 Changelog를 나타내며, 동일한 키에 대해 중복해서 레코드를 포함하지 않는다. KTable이 테이블에서 동일한 키를 만나면 현재 레코드로 기존 레코드를 대체한다.

KStream에 대한 이전 그림의 동일한 레코드가 KTable로 전환되면 다음과 같다.

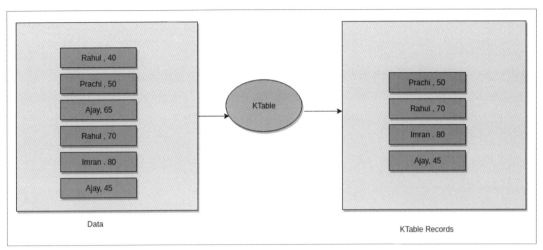

KTable 레코드 보기

위 그림에서 Rahul과 Anjay의 레코드는 업데이트됐고, 기존 항목은 제거된 것을 볼 수 있다. KTable은 맵에서의 업데이트 동작과 유사하다. 중복된 키가 추가될 때마다 기존 값은 새로운 값으로 대체된다. KTable상에서 다양한 작업을 수행할 수 있고, 다른 KStream이나 KTable 인스턴스로 합칠 수 있다.

■ 카프카 스트림 활용 사례와 예제

5장과 6장에서 사용했던 사기 IP 감지와 동일한 예제를 사용할 것이다. 여기서는 카프카 스트림을 사용해 어떻게 동일한 애플리케이션을 개발할 수 있는지부터 시작한다. 먼저 코드를 살펴보고 프로듀서를 이용해 여기서도 활용 가능한 6장의 코드를 참고해보자.

카프카 스트림의 메이븐 의존성

카프카의 가장 큰 장점은 스트림 라이브러리 이외에 별다른 의존성이 없다는 점이다. pom.xml에 다음과 같이 의존성을 설정하사.

```xml
<?xml version="1.0" encoding="UTF-8"?>
<project xmlns="http://Maven.apache.org/POM/4.0.0"
    xmlns:xsi="http://www.w3.org/2001/XMLSchema-instance"
    xsi:schemaLocation="http://Maven.apache.org/POM/4.0.0
        http://Maven.apache.org/xsd/Maven-4.0.0.xsd">
<modelVersion>4.0.0</modelVersion>

<groupId>com.packt</groupId>
<artifactId>KafkaStream</artifactId>
<version>1.0-SNAPSHOT</version>
<build>
    <plugins>
        <plugin>
            <groupId>org.apache.Maven.plugins</groupId>
            <artifactId>Maven-compiler-plugin</artifactId>
            <configuration>
                <source>1.8</source>
                <target>1.8</target>
            </configuration>
        </plugin>
    </plugins>
</build>
<dependencies>
    <!--
        https://mvnrepository.com/artifact/org.apache.Kafka/Kafka-Streams -->
        <dependency>
          <groupId>org.apache.Kafka</groupId>
          <artifactId>Kafka-Streams</artifactId>
          <version>0.10.0.1</version>
        </dependency>

    </dependencies>

</project>
```

Property Reader

6장에서 사용한 속성 파일과 property reader를 조금 수정해서 사용한다. 카프카 스트림은 iprecord 토픽에서 레코드를 읽고 fraudIp 토픽으로 출력할 것이다.

```
topic=iprecord
broker.list=localhost:9092
output_topic=fraudIp
```

다음은 property reader 클래스다.

```java
package com.packt.Kafka.utils;
import java.io.FileNotFoundException;
import java.io.IOException;
import java.io.InputStream;
import java.util.Properties;

public class PropertyReader {

    private Properties prop = null;

    public PropertyReader() {

        InputStream is = null;
        try {
            this.prop = new Properties();
            is =
                this.getClass().getResourceAsStream("/Streaming.properties");
            prop.load(is);
        } catch (FileNotFoundException e) {
            e.printStackTrace();
        } catch (IOException e) {
            e.printStackTrace();
        }
```

```
    }

    public String getPropertyValue(String key) {
        return this.prop.getProperty(key);
    }
}
```

IP 레코드 프로듀서

임의의 IP로 레코드를 생성하는 프로듀서는 5장과 6장에서 사용한 방법과 동일하다. 프로 듀서는 토픽이 존재하지 않으면 자동으로 생성할 것이다. 코드는 다음과 같다.

```
package com.packt.Kafka.producer;

import com.packt.Kafka.utils.PropertyReader;
import org.apache.Kafka.clients.producer.KafkaProducer;
import org.apache.Kafka.clients.producer.ProducerRecord;
import org.apache.Kafka.clients.producer.RecordMetadata;

import java.io.BufferedReader;
import java.io.IOException;
import java.io.InputStreamReader;

import java.util.*;
import java.util.concurrent.Future;

public class IPLogProducer extends TimerTask {

    public BufferedReader readFile() {
        BufferedReader BufferedReader = new BufferedReader(new
            InputStreamReader(
                this.getClass().getResourceAsStream("/IP_LOG.log")));
        return BufferedReader;
```

```java
    }

    public static void main(final String[] args) {
        Timer timer = new Timer();
        timer.schedule(new IPLogProducer(), 3000, 3000);
    }

    private String getNewRecordWithRandomIP(String line) {
        Random r = new Random();
        String ip = r.nextInt(256) + "." + r.nextInt(256) + "." +
            r.nextInt(256) + "." + r.nextInt(256);
        String[] columns = line.split(" ");
        columns[0] = ip;
        return Arrays.toString(columns);
    }

    @Override
    public void run() {
        PropertyReader propertyReader = new PropertyReader();

        Properties producerProps = new Properties();
        producerProps.put("bootstrap.servers",
            propertyReader.getPropertyValue("broker.list"));
            producerProps.put("key.serializer",
            "org.apache.Kafka.common.serialization.StringSerializer");
        producerProps.put("value.serializer",
            "org.apache.Kafka.common.serialization.StringSerializer");
        producerProps.put("auto.create.topics.enable", "true");

        KafkaProducer<String, String> ipProducer = new
            KafkaProducer<String, String>(producerProps);

        BufferedReader br = readFile();
        String oldLine = "";
        try {
            while ((oldLine = br.readLine()) != null) {
            String line =
```

```
            getNewRecordWithRandomIP(oldLine).replace("[", "").replace("]", "");
        ProducerRecord ipData = new ProducerRecord<String,
            String>(propertyReader.getPropertyValue("topic"), line);
        Future<RecordMetadata> recordMetadata =
            ipProducer.send(ipData);
        }
    } catch (IOException e) {
        e.printStackTrace();
    }
    ipProducer.close();
    }
}
```

콘솔 프로듀서를 사용해 프로듀서 레코드를 확인한다. 카프카 클러스터에서 다음의 명령어를 실행한다.

```
Kafka-console-consumer --zookeeper localhost:2181 --topic iprecord --from-
beginning
```

IP 주소를 임의로 변경해서 여러 레코드를 생성한다는 점을 유의하자. 다음 그림과 같이 레코드를 볼 수 있다.

```
Using the ConsoleConsumer with old consumer is deprecated and will be removed in a future major release. Consider using the new consumer
sing [bootstrap-server] instead of [zookeeper].
49.10.237.128, -, -, 07/Mar/2004:16:05:49, -0800, "GET, /twiki/bin/edit/Main/Double_bounce_sender?topicparent=Main.ConfigurationVariables
/1.1", 401, 12846
169.100.71.241, -, -, 07/Mar/2004:16:06:51, -0800, "GET, /twiki/bin/rdiff/TWiki/NewUserTemplate?rev1=1.3&rev2=1.2, HTTP/1.1", 200, 4523
90.131.75.45, -, -, 07/Mar/2004:16:10:02, -0800, "GET, /mailman/listinfo/hsdivision, HTTP/1.1", 200, 6291
58.202.218.174, -, -, 07/Mar/2004:16:11:58, -0800, "GET, /twiki/bin/view/TWiki/WikiSyntax, HTTP/1.1", 200, 7352
202.63.36.26, -, -, 07/Mar/2004:16:20:55, -0800, "GET, /twiki/bin/view/Main/DCCAndPostFix, HTTP/1.1", 200, 5253
18.250.52.72, -, -, 07/Mar/2004:16:23:12, -0800, "GET, /twiki/bin/oops/TWiki/AppendixFileSystem?template=oopsmore&param1=1.12&param2=1.12
/1.1", 200, 11382
59.90.177.88, -, -, 07/Mar/2004:16:24:16, -0800, "GET, /twiki/bin/view/Main/PeterThoeny, HTTP/1.1", 200, 4924
0.64.150.25, -, -, 07/Mar/2004:16:29:16, -0800, "GET, /twiki/bin/edit/Main/Header_checks?topicparent=Main.ConfigurationVariables, HTTP/1.
1, 12851
76.148.132.191, -, -, 07/Mar/2004:16:30:29, -0800, "GET, /twiki/bin/attach/Main/OfficeLocations, HTTP/1.1", 401, 12851
139.133.221.180, -, -, 07/Mar/2004:16:31:48, -0800, "GET, /twiki/bin/view/TWiki/WebTopicEditTemplate, HTTP/1.1", 200, 3732
67.44.110.109, -, -, 07/Mar/2004:16:32:50, -0800, "GET, /twiki/bin/view/Main/WebChanges, HTTP/1.1", 200, 40520
55.24.117.232, -, -, 07/Mar/2004:16:33:53, -0800, "GET, /twiki/bin/edit/Main/Smtpd_etrn_restrictions?topicparent=Main.ConfigurationVariab
TTP/1.1", 401, 12851
122.232.93.84, -, -, 07/Mar/2004:16:35:19, -0800, "GET, /mailman/listinfo/business, HTTP/1.1", 200, 6379
139.232.241.115, -, -, 07/Mar/2004:16:36:22, -0800, "GET, /twiki/bin/rdiff/Main/WebIndex?rev1=1.2&rev2=1.1, HTTP/1.1", 200, 46373
98.74.200.147, -, -, 07/Mar/2004:16:37:27, -0800, "GET, /twiki/bin/view/TWiki/DontNotify, HTTP/1.1", 200, 4140
48.220.6.25, -, -, 07/Mar/2004:16:39:24, -0800, "GET, /twiki/bin/view/Main/TokyoOffice, HTTP/1.1", 200, 3853
220.105.174.45, -, -, 07/Mar/2004:16:43:54, -0800, "GET, /twiki/bin/view/Main/MikeMannix, HTTP/1.1", 200, 3686
```

IP 룩업 서비스

이전에 언급했듯이 룩업 서비스는 5장과 6장 내용을 다시 사용할 것이다. 인터페이스로 생성한 메모리 룩업 서비스임을 참고하고, isFraud( )를 상속 구현해서 자신만의 룩업서비스를 추가할 수 있다.

IP scanner interface는 다음과 같다.

```
package com.packt.Kafka.lookup;

public interface IIPScanner {

    boolean isFraudIP(String ipAddresses);

}
```

애플리케이션과 상호 작용을 하면서 실행되는 간단한 메모리상의 IP 룩업 서비스를 이미 갖고 있다. 룩업 서비스는 IP 주소를 검사하고, 레코드가 사기 주소인지 아닌지는 IP 주소의 처음 8비트를 비교해서 감지한다.

```
package com.packt.Kafka.lookup;

import java.io.Serializable;
import java.util.HashSet;
import java.util.Set;

public class CacheIPLookup implements IIPScanner, Serializable {

    private Set<String> fraudIPList = new HashSet<>();

    public CacheIPLookup() {
        fraudIPList.add("212");
        fraudIPList.add("163");
        fraudIPList.add("15");
```

```java
        fraudIPList.add("224");
        fraudIPList.add("126");
        fraudIPList.add("92");
        fraudIPList.add("91");
        fraudIPList.add("10");
        fraudIPList.add("112");
        fraudIPList.add("194");
        fraudIPList.add("198");
        fraudIPList.add("11");
        fraudIPList.add("12");
        fraudIPList.add("13");
        fraudIPList.add("14");
        fraudIPList.add("15");
        fraudIPList.add("16");
    }

    @Override
    public boolean isFraudIP(String ipAddresses) {
        return fraudIPList.contains(ipAddresses);
    }
}
```

사기 감지 애플리케이션

사기 감지 애플리케이션은 계속 실행 중이고, 사용자는 원하는 만큼 여러 개의 인스턴스를 실행할 수 있다. 부하 균형은 카프카가 직접 해줄 것이다. iprecord 토픽에서 입력을 읽고, 룩업 서비스를 사용해 레코드를 필터링하는 다음의 코드를 살펴보자.

```java
package com.packt.Kafka;

import com.packt.Kafka.lookup.CacheIPLookup;
import com.packt.Kafka.utils.PropertyReader;
import org.apache.Kafka.common.serialization.Serde;
import org.apache.Kafka.common.serialization.Serdes;
```

```
import org.apache.Kafka.Streams.KafkaStreams;
import org.apache.Kafka.Streams.StreamsConfig;
import org.apache.Kafka.Streams.kStream.KStream;
import org.apache.Kafka.Streams.kStream.KStreamBuilder;

import java.util.Properties;

public class IPFraudKafkaStreamApp {
    private static CacheIPLookup cacheIPLookup = new CacheIPLookup();
    private static PropertyReader propertyReader = new PropertyReader();

    public static void main(String[] args) throws Exception {
        Properties KafkaStreamProperties = new Properties();
        KafkaStreamProperties.put(StreamsConfig.APPLICATION_ID_CONFIG, "IPFraud-
            Detection");
        KafkaStreamProperties.put(StreamsConfig.BOOTSTRAP_SERVERS_CONFIG,
            "localhost:9092");
        KafkaStreamProperties.put(StreamsConfig.ZOOKEEPER_CONNECT_CONFIG,
            "localhost:2181");
        KafkaStreamProperties.put(StreamsConfig.KEY_SERDE_CLASS_CONFIG,
            Serdes.String().getClass().getName());
        KafkaStreamProperties.put(StreamsConfig.VALUE_SERDE_CLASS_CONFIG,
            Serdes.String().getClass().getName());

        Serde<String> stringSerde = Serdes.String();

        KStreamBuilder fraudDetectionTopology = new KStreamBuilder();
            //Reading fraud record from topic configured in configuration file
        KStream<String, String> ipRecords =
            fraudDetectionTopology.Stream(stringSerde, stringSerde,
            propertyReader.getPropertyValue("topic"));
            //Checking if record is fraud using in memory lookup service

        KStream<String, String> fraudIpRecords = ipRecords
            .filter((k, v) -> isFraud(v));
            //Storing fraud IP's to topic
        fraudIpRecords.to(propertyReader.getPropertyValue("output_topic"));
```

```
        KafkaStreams StreamManager = new
            KafkaStreams(fraudDetectionTopology, KafkaStreamProperties);
        StreamManager.start();

        Runtime.getRuntime().addShutdownHook(new
            Thread(StreamManager::close));
    }

//Fraud ip lookup method
    private static boolean isFraud(String record) {
        String IP = record.split(" ")[0];
        String[] ranges = IP.split("\\.");
        String range = null;
        try {
            range = ranges[0] + "." + ranges[1];
        } catch (ArrayIndexOutOfBoundsException ex) {
            //handling here
        }
        return cacheIPLookup.isFraudIP(range);
    }
}
```

▌요약

9장에서는 카프카 스트림을 배웠고, 파이프라인에 카프카가 있는 경우 카프카 스트림으로 어떻게 변환을 수행하는지 배웠다. 또한 카프카 스트림의 구조와 내부 동작, 카프카 스트림의 통합된 프레임워크에 대한 장점을 살펴봤다. KStream과 KTable을 간단하게 소개하고 차이점을 알아봤다. 카프카 스트림 API에 대한 세부적인 사항은 이 책에서는 다루지 않는다.

10장에서는 카프카 클러스터의 내부 구조와 용량 계획, 단일과 다중 클러스터 설치, 브로커의 추가와 삭제를 다룰 것이다.

10

카프카 클러스터 구축

9장에서 아파치 카프카의 다양한 활용 사례를 설명했다. 이제 조금이나마 카프카 메시징 시스템의 여러 관련 기술과 프레임워크에 대해 알게 됐다. 하지만 카프카 운영은 더 많은 작업과 지식이 필요하다. 우선 카프카 클러스터가 어떻게 동작하는지 전체적인 이해가 필요하다. 다음은 적합한 용량 계획capacity planning을 통해 카프카 클러스터에 요구되는 하드웨어를 정해야 한다. 카프카의 설치 유형과 일상적으로 수행하는 카프카 관리 작업의 이해가 필요하다. 10장에서는 다음의 주제를 다룬다.

- 카프카 클러스터 내부 구조
- 용량 계획
- 단일 클러스터 설치
- 다중 클러스터 설치

- 브로커 해제
- 데이터 마이그레이션

요약하자면 10장에서는 기업용 운영 시스템 수준의 카프카 클러스터 구축을 집중적으로 다룬다. 용량 계획의 방법과 단일/다중 클러스터 설치의 관리 등 깊이 있는 주제를 설명한다. 또한 멀티테넌트 환경에서 카프카를 어떻게 관리하는지 다룬다. 카프카 데이터 마이그레이션migration과 관련된 여러 단계에 대해서도 살펴본다.

▌ 카프카 클러스터 내부 구조

이 주제는 사실 이 책을 소개하는 부분에서 약간 다뤘다. 하지만 이번 절에서는 카프카 클러스터 안에서 중요한 역할을 하는 구성 요소와 프로세스를 연관 지어 다시 설명하겠다. 여러 카프카 구성 요소만이 아니라, 이러한 구성 요소가 카프카 프로토콜을 통해 어떻게 서로 통신하는지 살펴보자.

주키퍼의 역할

카프카 클러스터는 주키퍼 서버 없이 실행할 수 없으며, 주키퍼는 카프카 클러스터 설치와 밀접하게 연계돼 있다. 그러므로 카프카 클러스터에서 주키퍼의 역할 이해로 이번 절을 시작한다.

주키퍼 역할을 몇 가지 단어로 정의한다면 카프카를 통해 메시지를 전송하는데 참여한 브로커, 프로듀서, 컨슈머의 클러스터 구성원을 관리하는 카프카 클러스터 조정자coordinator 역할이라고 말할 수 있다. 또한 카프카 토픽의 리더를 선정하도록 돕는다. 클러스터 구성원과 관련된 설정, 클러스터 레지스트리registry 서비스를 관리하는 일종의 중앙 집중형 서비스다.

주키퍼는 브로커가 살아 있는지, 노드가 클러스터에 참여했는지, 아니면 나갔는지 등을 계속 추적한다. 쿼럼이나 복제 모드로 동작하게 설정할 수 있으며, 복제 모드는 동일한 데이터와 설정이 유입되는 요청에 대한 부하 균형과 고가용성을 지원하도록 여러 노드에 복제되는 것이다. 독립 실행^{standalone} 모드는 개발과 테스트 용도에 좋다. 고가용성과 성능이 중요한 운영 환경에서는 주키퍼를 복제 모드로 항상 설치해야 한다.

주키퍼에 대한 자세한 문서를 찾는다면 https://zookeeper.apache.org/에서 아파치 문서를 참조할 수 있다. 하지만 카프카에 관해서는 반드시 알아야 할 두 가지 중요한 측면이 있다. 하나는 카프카 클러스터가 어떻게 주키퍼 노드에서 관리되는지, 다른 하나는 주키퍼가 리더 선정 과정에 어떻게 활용되는가에 관한 것이다. 이후의 내용에서 이 두 가지 측면을 다룰 것이다.

카프카 토픽의 리더 선정 과정을 논의해보자. 개별 카프카 클러스터는 다른 브로커보다 더 많은 책임이 있는 전용 브로커가 있다. 더 많은 책임은 파티션 관리에 대한 것이다. 이 브로커를 제어기^{controller}라고 부르며, 제어기의 중요한 역할 중 하나는 파티션 리더를 선정하는 것이며 일반적으로 클러스터에서 처음 시작된 브로커다. 브로커가 시작되면 일시적(사용 후 삭제)으로 znode(/controller)를 생성한다. /controller 위치에 동작 중인 브로커와 데이터 복제 상태를 포함한 토픽 파티션의 메타데이터를 유지한다.

브로커 상태를 모니터링하기 위해서 컨트롤러는 다른 브로커가 일시적으로 생성한 znode (/brokers)를 계속 감시한다. 브로커가 클러스터에서 나가거나 죽으면 해당 브로커가 생성한 일시적 znode가 삭제된다. 제어기는 이제 해당 브로커의 파티션과 새로운 리더가 필요하다는 사실을 알 수 있다.

새로운 리더가 필요한 파티션의 모든 정보를 수집하고 나서, 해당 파티션에 대한 다음 복제 브로커를 찾고, 리더 요청을 해당 파티션에 전송한다. 동일한 정보가 모든 팔로워에게 전달되므로, 팔로워는 새롭게 선정된 리더로부터 데이터의 동기화를 시작할 수 있다. 모든 리더 요청을 받은 뒤에 새로운 리더 브로커는 해당 토픽 파티션에 대한 프로듀서와 컨슈머 요청을 지원해야 한다.

요약해보면 주키퍼의 일시적 znode는 카프카가 컨트롤러를 선정하고, 브로커 노드가 클러스터에 합류하거나 빠질 때를 알리기 위해 사용된다. 이 통지는 컨트롤러에 의한 리더 선정 과정을 트리거한다.

이제 카프카에서 리더 선정 과정을 살펴봤으니, 카프카 클러스터가 관리하는 여러 znode를 검토해보자. 카프카는 다양한 설정과 함께 ZK 데이터 트리에 키 값 형식의 메타데이터를 저장하는데 클러스터에서 주키퍼를 사용한다. 카프카가 유지하는 노드는 다음과 같다.

- /controller: 컨트롤러 리더 선정에 사용하는 카프카 znode
- /brokers: 브로커 메타데이터를 위한 카프카 znode
- /kafka-acl: SimpleACLAuthorizer ACL 저장소를 위한 카프카 znode
- /admin: 카프카 관리 도구 메타데이터
- /isr_change_notification: in-sync 복제 변경 추적을 나타낸다.
- /controller_epoch: 컨트롤러의 이동을 추적한다.
- /consumers: 카프카 컨슈머 목록
- /config: 엔티티^{entity} 설정

복제

카프카의 중요한 측면 중 하나는 고가용성을 지원한다는 점이며, 데이터 복제 과정도 고가용성을 지원한다. 복제는 카프카 설계에서 핵심 원칙이다. 카프카와 상호 작용을 하는 어떤 클라이언트(프로듀서나 컨슈머)라도 카프카가 수행하는 복제 방식을 인식하고 있다.

 카프카의 복제는 토픽 파티션이 운영한다는 사실을 이해하고 있어야 한다. 복제된 모든 데이터는 카프카 클러스터에 참여한 여러 브로커에 저장된다.

리더와 팔로워의 경우 항상 복제가 일어난다. 조금 더 설명해본다면 토픽의 복제 팩터 replication factor를 항상 설정해야 한다. 토픽의 모든 파티션에 있는 데이터는 복제 개수에 맞게 많은 브로커에 걸쳐 복사된다. 장애 조치 fail over와 관련해 복제 팩터가 n인 경우, 카프카 클러스터는 메시지 전송을 보장하기 위해서 n−1 개의 장애를 수용할 수 있다.

다음 그림은 카프카에서 복제가 어떻게 동작하는지 보여준다.

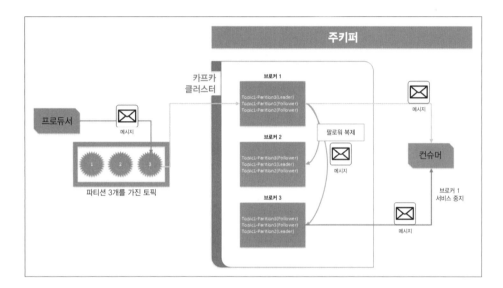

파티션 리더는 프로듀서 애플리케이션에서 메시지를 수신한다. 팔로워는 동기화된 복제를 유지하기 위해 리더에게 가져오기 fetch 요청을 보낸다. 팔로워는 파티션 리더에서 데이터를 읽으려는 일종의 컨슈머 애플리케이션이라고 볼 수 있다.

모든 복제본이 동기화되면 컨슈머는 파티션 리더에서 메시지를 사용할 수 있다. 제어기는 주키퍼의 도움을 받아 파티션 리더를 계속 추적하고, 장애가 발생하면 다른 리더를 선정한다. 일단 새 리더가 선정되면 컨슈머는 파티션의 새 리더에서 데이터를 사용한다.

카프카가 지원하는 복제는 동기와 비동기 방식의 두 가지 유형이 있다.

- **동기식 복제**: 동기식 복제에서는 프로듀서가 주키퍼에서 파티션 토픽의 리더를 찾고, 메시지를 게시한다. 일단 메시지가 게시되면 리더 로그에 기록된다. 이제 해당 리더에 대한 팔로워는 메시지를 읽기 시작한다. 메시지의 순서는 항상 보장된다. 일단 팔로워가 성공적으로 자신의 로그에 메시지를 성공적으로 기록하면, 리더에게 ACK를 보낸다. 복제가 완료되어 ACK를 수신한 리더는 메시지의 성공적인 게시에 대한 ACK를 프로듀서에게 보낸다.
- **비동기식 복제**: 비동기식 복제는 리더가 자신의 로그에 메시지를 기록하자마자 프로듀서에게 ACK를 보낸다. 리더는 팔로워에서 ACK를 기다리지 않으며, 이런 방식에서 브로커의 장애가 발생하면, 메시지 전송이 보장되지 않는다.

메타데이터 요청 처리

프로듀서와 컨슈머 요청 처리로 넘어가기 전에 몇 가지 공통적인 카프카 동작을 이해할 필요가 있는데, 이러한 동작은 카프카 클라이언트나 브로커가 쓰기, 또는 읽기 요청에 관계없이 수행하는 동작이다. 위의 요청 하나를 보면 어떻게 카프카 클라이언트가 메타데이터를 요청해서 가져오게 되는지 이해하는 데 도움이 된다.

다음은 메시지를 생성하기 위해 메타데이터를 요청 과정을 나타내는 단계다.

1. 설정파일을 근거로 클라이언트는 구독 의사interest가 있는 토픽의 목록을 준비하고, 메타데이터 요청을 첫 번째 브로커에 보낸다.
2. 1단계에서 준비된 토픽의 배열을 포함해서 브로커에게 요청을 보낸다. 토픽 배열이 null인 경우 모든 토픽의 메타데이터를 가져온다. 또한 토픽 목록을 갖고 존재하지 않는 토픽을 생성하기 위해 allow_auto_topic_creation이라는 이진 플래그를 보낸다.

3. 브로커에게서 응답을 받으면 파티션 리더에게 쓰기 요청을 전송한다. 유효한 응답이 없거나 요청 시간이 초과되면, 설정 목록에 있는 메타데이터를 가져오는 요청을 위해 다른 브로커를 선정한다.

4. 최종적으로 클라이언트는 메시지 쓰기의 성공 여부에 대한 ACK를 브로커로부터 수신한다.

브로커와 클라이언트 모두 메타데이터 정보를 캐시하고, 특정 시간 간격으로 갱신한다. 일반적으로 클라이언트가 'Not a leader' 응답을 브로커로부터 받으면, 캐시된 메타데이터가 최신 정보가 아닌 사실을 알게 된다. 위의 오류는 클라이언트 메타데이터가 만기됐음을 의미하므로, 브로커에게 최근의 메타데이터를 요청한다.

프로듀서 요청 처리

카프카 큐에 메시지를 쓰려는 클라이언트의 요청을 프로듀서 요청이라고 한다. 메타데이터 요청으로 받은 정보로 클라이언트는 리더 브로커에게 쓰기 요청을 등록한다. 모든 쓰기 요청은 ack로 불리는 파라미터를 포함하며, 브로커가 성공적인 쓰기에 대한 응답을 언제 클라이언트에게 할지 결정한다. 다음은 ack 설정에 따라 가능한 값이다.

- 1: 오직 리더만 메시지를 받았음을 의미한다.
- all: 리더와 모든 동기화된 복제본이 메시지를 받았음을 의미한다.
- 0: 어느 브로커로부터도 메시지 수신확인acceptance을 기다리지 말라는 의미다.

한편으로 브로커는 먼저 모든 관련 정보가 요청 안에 포함됐는지 검사한다. 요청을 등록하는 사용자가 관련 권한을 모두 가졌는지, ack 변수가 유효한 값(1, 0, all)을 가졌는지 확인한다.

모든 ack에 대해 쓰기 요청을 위한 동기화된 복제본in sync replica이 충분히 있는지 확인한다. 모든 관련 파라미터와 검사가 제대로 돼 있으면 브로커는 로컬 디스크에 메시지를 기록한다. 브로커는 메시지 기록을 위해 운영체제OS의 페이지 캐시page cache를 사용하고, 디스크 쓰기가 완료될 때까지 기다리지 않는다. 일단 메시지가 캐시에 기록되면 관련된 응답을 클라이언트에게 반환해준다.

ack 값이 0인 경우에는 브로커가 수신하자마자 클라이언트에게 응답을 전송한다. 이 값이 1인 경우에는 일단 파일 캐시에 메시지를 기록하고 나서 클라이언트에게 응답을 반환한다. all로 값이 설정된 경우에는 요청을 **임시 버퍼**purgatory buffer에 저장한다. 이때는 리더가 모든 팔로워로부터 ACK를 받으면 클라이언트에 응답을 보낸다.

컨슈머 요청 처리

프로듀서 요청과 동일하게 컨슈머도 메타데이터 요청으로 시작한다. 일단 컨슈머가 리더 정보를 알게 되면, 읽기 원하는 데이터의 오프셋을 포함한 읽기 요청을 구성한다. 또한 리더 브로커로부터 읽기를 원하는 최소 및 최대 메시지 수를 제공한다.

컨슈머는 사전에 브로커의 응답에 대한 메모리를 미리 할당할 수 있으므로, 메모리 할당의 최대값을 지정해야 한다. 한편 최소값이 없으면 브로커가 매우 작은 메모리가 필요한 작은 크기의 데이터를 보내는 경우에 시스템 자원을 비효율적으로 쓰게 된다. 작은 크기의 데이터를 처리하는 대신에, 컨슈머는 추가 데이터가 더 오기를 기다렸다가 데이터를 처리하는 배치 작업을 실행하게 될 수 있다.

브로커는 가져오기fetch 요청을 받으면 오프셋이 있는지 확인한다. 오프셋이 존재하면 브로커는 클라이언트가 설정한 배치 크기의 한계까지 메시지를 읽고, 최종적으로 클라이언트에게 응답을 반환한다. 모든 가져오기 요청은 **제로 카피**zero copy 방식으로 처리한다. 이러한 접근 방식은 네트워크를 통해 데이터를 효율적으로 전송하기 위한 자바 기반의 시스템에서 매우 일반적이다. 이런 방식으로 브로커는 메모리 버퍼에 중간 과정 데이터를 복사하지 않고 네트워크 채널로 즉시 보낸다. 이렇게 해서 CPU 사이클을 많이 절약하고 성능을 향상시킨다.

이 정보에 추가해 컨슈머 요청 처리에 대해 두 가지 중요한 측면을 유념해야 한다. 하나는 가져오기 요청의 경우 최소 메시지 수가 필요하다는 점이다. 다른 하나는 컨슈머가 파티션 리더의 모든 팔로워에 기록된 메시지만 읽을 수 있다는 점이다.

 다르게 표현하면 컨슈머는 모든 동기화된 복제본이 로컬 파일 시스템 캐시에 수신돼 등록된 메시지만 가져올 수 있다는 뜻이다.

▌ 용량 계획

용량 계획capacity planning은 주로 실제 운영 환경에 카프카를 설치할 때 필요하다. 용량 계획을 통해 필요한 하드웨어와 함께 카프카 시스템에서 원하는 성능을 얻을 수 있도록 지원한다. 이번 절에서는 카프카 클러스터의 용량 계획에 대해 고려할 몇 가지 측면을 설명한다.

 카프카 용량 계획을 수립할 때 어떤 정해진 방법이 따로 있는 것이 아니다. 용량 계획을 완성하는 여러 요소가 있고, 사용자의 활용 목적에 따라 매우 다양하다.

여기서는 카프카 클러스터의 용량 계획을 위한 좋은 출발점을 제공하고자 한다. 몇 가지 유념할 점을 하나씩 살펴보겠다.

용량 계획의 목표

용량 계획의 목표는 카프카 클러스터의 용량 계획에서 가장 중요하며, 정말 분명해야 한다. 분명한 목표 없이 올바른 용량 계획을 수립하는 것은 매우 어렵다는 점을 이해해야 한다.

일반적으로 용량 계획의 목표는 **처리 속도**와 **처리량**^{throughput}에 따라 결정된다. 여기에 약간 목표를 추가한다면 내결함성과 고가용성을 꼽을 수 있다.

 용량 계획이 수치로 표현될 수 있도록 논리적이면서 수학적인 결론으로 측정 가능한 목표를 수립하기를 권한다. 또한 목표는 미래에 데이터와 요청 수의 증가에 대해서도 고려해야 한다.

복제 팩터

복제 팩터^{replication factor}는 용량 계획의 중요한 요소 중 하나다. 경험적으로 하나의 브로커는 오직 한 개의 파티션 복제본을 보유할 수 있다. 그렇지 않으면 브로커 한 개의 장애로 카프카를 중지시킬 수 있다.

그러므로 브로커의 수는 반드시 복제본의 수보다 크거나 같아야 한다. 여기서 분명히 볼 수 있듯이 복제본의 수는 카프카가 처리 가능한 장애 발생 횟수를 결정할 뿐만이 아니라, 카프카 클러스터에 필요한 최소 브로커 서버의 수도 결정된다.

메모리

카프카는 메시지를 저장하고 캐시하는 작업때문에 파일 시스템에 매우 의존적이다. 모든 데이터는 로그 파일을 구성하기 위해 페이지 캐시에 기록되고, 나중에 디스크에 출력된다. 일반적으로 요즘 대부분의 리눅스 OS는 디스크 캐시를 위해 메모리의 여유 공간을 사용한다. 카프카는 32GB의 메모리에 대해서 25~30GB의 메모리까지 사용할 수 있다.

카프카는 힙^{heap} 메모리를 효과적으로 사용하며, 4~5GB 정도의 힙 크기면 충분하다. 메모리를 계산하는 과정에서 한 가지 유념할 사항은 카프카가 실행 중인 프로듀서와 컨슈머의 메시지를 버퍼링한다는 점이다. 디스크 버퍼 캐시는 RAM에 있는데, 즉 일정 시간 동안 메시지를 캐시에 저장하기 위해 충분한 RAM이 필요하다는 뜻이다. 버퍼 요구 사항을 계산하는 과정에서는 기억할 두 가지 사항이 있다. 하나는 메시지를 버퍼하길 원하는 시간(30초에서 1분으로 다양함)이고, 다음은 사용자가 생각하는 읽기, 또는 쓰기 처리량 목표다.

이 같은 사실을 바탕으로 다음의 공식을 사용해서 메모리 요구량을 계산할 수 있다.

처리량 × 버퍼 시간

일반적으로 고성능의 카프카 클러스터를 위해 64GB 컴퓨터 정도면 훌륭하다. 32GB도 이런 요구 사항을 맞출 수 있다. 그러나 읽기와 쓰기 요청의 부하 균형을 맞추기 위해 더 작은 용량의 시스템이 필요할지도 모르기 때문에 32GB 미만은 피하는 편이 좋다.

하드 드라이브

브로커 한 명당 디스크 수와 함께 브로커마다 필요한 하드 드라이브 공간을 예측해야 한다. 여러 개의 드라이브는 처리량을 높이는 데 도움이 된다. 또한 카프카 데이터 드라이브를 카프카 로그, 주키퍼 데이터, 운영체제 파일 시스템 데이터와 공유하지 않게 해야 좋은 처리 속도를 확보한다.

브로커 한 명당 필요한 디스크 공간을 어떻게 구하는지 알아보자. 일단 평균적인 메시지 크기를 예측해야 한다. 또한 평균 메시지 처리량과 카프카 클러스터에서 메시지를 얼마 동안 보관할지 예측한다.

이 같은 예측치를 바탕으로 다음의 공식을 사용해 브로커 한 명당 필요한 공간을 계산할 수 있다.

(메시지 크기 × 쓰기 처리량 × 메시지 보유 기간 × 복제 팩터) / 브로커 수

SSD는 카프카의 중대한 성능 향상을 가져온다. 여기에는 두 가지 이유가 있는데 다음과 같이 설명할 수 있다.

- 카프카에서 디스크에 쓰는 동작은 비동기 방식이며, 카프카는 디스크 쓰기가 완료disk sync되기를 기다리는 동작이 없지만 백그라운드에서는 발생한다. 토픽 파티션에 대한 단일 복제본을 사용하는 경우, 디스크 쓰기 완료 이전에 디스크가 손상되면 데이터를 완전히 손실할 수 있다.
- 카프카 개별 메시지는 하나의 특정 파티션에 저장되며, 로그 선행 기입 방식을 사용해 데이터를 순차적으로 저장한다. 즉 카프카에서는 읽기와 쓰기 동작이 순서대로 발생한다. 순차적인 읽기와 쓰기는 SSD를 사용하면 큰 효과를 볼 수 있다.

네트워크 결합 스토리지NAS, network attached storage의 사용은 피해야 한다. NAS는 처리 속도를 느리게 하고, 단일 장애 지점single point of failure이 된다. RAID 10이 권장되지만, 추가 비용 때문에 선택하지 않는다. 이런 경우에는 카프카 서버를 다중 로그 디렉터리로 구성하고, 각 디렉터리는 구분된 드라이브에 마운트되게 한다.

네트워크

카프카는 분산형distributed 메시징 시스템으로, 네트워크는 분산 환경에서 매우 중요한 역할을 한다. 잘못된 네트워크 설계는 전반적인 클러스터 성능에 영향을 준다. 빠르고 신뢰할 수 있는 네트워크는 노드끼리 아무 문제없이 통신하는 환경을 확보해준다.

데이터 센터가 아무리 서로 가깝더라도 클러스터를 다중 데이터 센터에 걸쳐 확장하면 안 된다. 느린 처리 속도는 분산 시스템에서 문제를 복잡하게 만들고, 디버깅과 문제 해결이 어려워진다.

CPU

더 많은 CPU 코어가 권장되지만, 카프카는 고사양의 CPU를 요구하지 않는다. 더 많은 코어를 가진 차세대 프로세서를 쓰자. 일반적인 클러스터는 24코어 컴퓨터로 구성된다. CPU 코어는 더 높은 동시 처리 능력을 지원하고, 코어가 많을수록 성능은 향상된다.

카프카에 SSL을 사용한다면 SSL 동작이 일부 코어를 점유하므로, CPU 코어 사양을 높일 필요가 있다.

▌ 단일 클러스터 설치

이번 절에서는 전반적으로 단일 데이터 센터에서의 카프카 클러스터가 어떻게 구성되는지 보여준다. 단일 클러스터 설치는 모든 클라이언트가 하나의 데이터 센터에 연결되고, 읽기와 쓰기는 동일한 클러스터 안에서 발생한다. 요청을 처리하기 위해 다중 브로커와 주키퍼 서버를 갖는다. 모든 브로커와 주키퍼는 동일한 데이터 센터의 네트워크 서브넷 subnet에 위치한다.

다음 그림은 단일 클러스터 설치 구성을 보여준다.

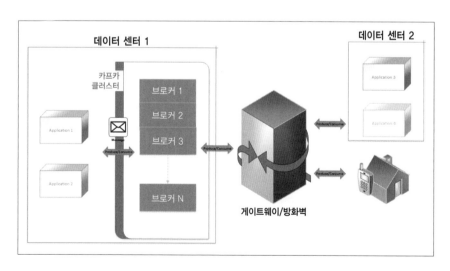

이 그림에서 카프카는 데이터 센터1에 설치돼 있다. 일반적으로 단일 클러스터 설치는 내부 클라이언트(Application 1, Application 2)와 다른 데이터 센터의 원격 클라이언트(Application 3, Application 4)를 갖고 있으며, 모바일 애플리케이션은 직접 연결되는 원격 클라이언트 형태가 된다.

여기서 분명하게 볼 수 있듯이 이러한 종류의 구성은 하나의 데이터 센터에 의존적이다. 데이터 센터가 정지되면 핵심 기능이 모두 중단된다. 더군다나 센터 간의 데이터 전송이 발생하기 때문에 가끔씩 응답 시간이 지연된다. 가끔씩 매우 높은 요청 부하 때문에 단일 데이터 센터 자원이 처리 속도와 처리량의 서비스 수준 협약SLA, service level agreement을 보장하기에 충분하지 않을 수도 있다. 이러한 문제를 방지하기 위해 다중 클러스터 설치를 채택하는데, 바로 다음 절에서 이 주제를 다룬다.

▌다중 클러스터 설치

일반적으로 다중 클러스터 설치는 앞에서 언급한 단일 클러스터와 관련된 위험 요소를 줄이기 위해 사용된다. 다중 클러스터 설치는 분배distributive 모델과 집합aggregate 모델의 두 가지 종류가 있다.

분배 모델 다이어그램은 다음의 그림을 참고할 수 있다. 이 모델은 토픽을 기반으로 메시지가 다른 데이터 센터에 설치된 다른 카프카 클러스터로 전송된다. 여기서는 데이터 센터 1과 데이터 센터 3에 카프카 클러스터를 설치했다.

데이터 센터 2에 설치된 애플리케이션은 데이터를 어디에 보낼지 선택할 수 있고, 카프카가 설치된 데이터 센터 1과 데이터 센터 3 중에서 선택한다. 메시지와 연관된 카프카 토픽에 따라 카프카가 설치된 데이터 센터를 다르게 사용한다. 이런 종류의 메시지 라우팅 방식은 중간에서 부하 균형기를 사용해 수행할 수도 있다. 여기서 선택해야 할 것은 자신의 프로듀서나 컨슈머 애플리케이션에 직접 작성한 라우팅 로직을 쓸지, 아니면 카프카 토픽을 기반으로 별도의 메시지 라우팅 구성 요소를 제작할지 결정해야 한다.

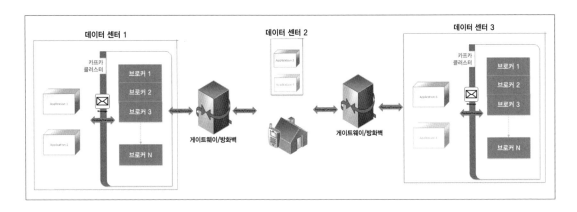

집합 모델은 다중 클러스터 설치의 또 다른 사례다. 이 모델은 데이터 센터 1과 데이터 센터 3의 데이터를 **미러 메이커**Mirror Maker란 도구를 사용해 동기화한다. 미러 메이커는 카프카 컨슈머를 써서 소스 클러스터에서 메시지를 사용하고, 메시지를 내장된 프로듀서를 사용해 로컬(대상) 클러스터에 다시 게시한다. 자세한 내용은 https://kafka.apache.org/documentation.html#basic_ops_mirror_maker의 문서를 참고하자. 클라이언트는 어느 클러스터에서나 읽고 어느 클러스터로도 쓸 수 있다. 집합 모델은 가용성과 확장성을 더 잘 지원하며, 이는 클라이언트 요청의 부하 균형이 두 개의 데이터 센터에 균등하게 이뤄지기 때문이다. 더군다나 하나의 데이터 센터가 중지되면 다른 데이터 센터가 모든 요청을 지원하기 때문에 내결함성 역시 더 우수하다.

다음 그림은 집합 모델을 보여준다.

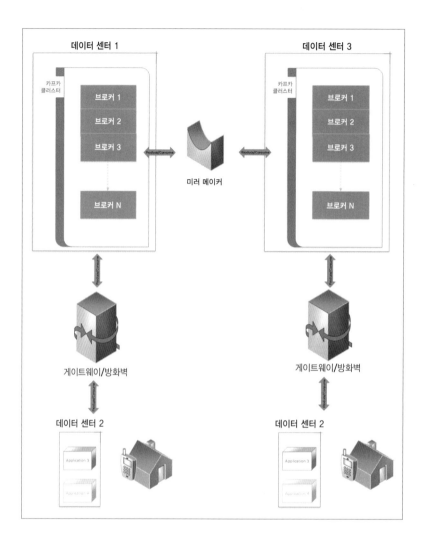

▌ 브로커 해제

카프카는 분산형 복제를 지원하는 메시징 시스템이다. 브로커 해제는 가끔씩 따분한 작업이 되기도 한다. 그런 작업을 대신해 이번 절을 통해 브로커를 해제하기 위한 단계를 소개하고자 한다.

스크립트 언어를 사용해 이 작업을 자동화할 수 있으며, 일반적으로 다음의 단계를 수행해야 한다.

1. 주키퍼 셸shell로 로그인하고, 브로커 IP와 호스트 명을 사용해 관련 브로커 정보를 수집한다.

2. 다음은 주키퍼에서 수집한 브로커 정보로, 여러 브로커에 어떤 토픽 파티션의 데이터가 다시 할당돼야 하는지에 대한 정보를 모은다. 셸을 사용하는 카프카 토픽 유틸리티를 사용해 이러한 정보를 모을 수 있다. 기본적으로 재할당이 필요한 토픽 파티션은 해제돼야 하는 노드의 브로커 ID와 동일한 리더와 복제본 값으로 확인할 수 있다.

3. 다음은 재할당 파티션 JSON 파일을 준비한다. 이 파일은 토픽 파티션과 새로 할당된 브로커 ID를 포함한다. 이러한 브로커 ID는 해제된 것과 반드시 달라야 한다. JSON에 대한 자세한 내용은 https://cwiki.apache.org/confluence/display/KAFKA/Replication+tools#Replicationtools-6.ReassignPartitionsTool 사이트에서 참고하면 된다.

4. 이제 `kafka-reassign-partitions.sh` 셸 유틸리티를 실행해 파티션을 다시 할당한다. 유틸리티에 대한 자세한 사항은 https://cwiki.apache.org/confluence/display/KAFKA/Replication+tools#Replicationtools-6.ReassignPartitionsTool 사이트에서 참고하자.

5. 마지막으로 카프카 토픽 셸 유틸리티를 사용해 파티션이 여러 브로커에 다시 할당됐는지 확인한다. 재할당을 확인하기 위해 이전과 동일한 유틸리티를 쓸 수 있다. 관련 토픽 파티션에 대해 메시지를 생성하고 사용하는 요청을 테스트한다. 가끔씩은 재할당 작업에 시간이 좀 걸리므로 재할당 스크립트를 백그라운드로 실행하는 것이 좋고, 계속 주기적으로 상태를 확인한다.

데이터 마이그레이션

카프카 클러스터의 데이터 마이그레이션migration은 여러 관점으로 살펴볼 수 있다. 동일한 클러스터 안에서 새로 추가된 디스크로 데이터를 마이그레이션하기를 원할 수 있다. 또는 안전한 클러스터나 새로 추가된 브로커로 데이터를 옮기고 나서 예전 브로커 해제를 원하기도 한다. 새로운 클러스터나 클라우드로 데이터를 모두 옮기는 것을 원하기도 한다. 가끔은 주키퍼 서버를 마이그레이션하게 되기도 한다. 이번 절에서는 앞에서 언급한 일반적인 시나리오를 다룬다.

새로운 하드 드라이브와 디스크를 추가하고, 브로커 서버의 기존 드라이브를 제거하는 시나리오를 검토해보자. 카프카 데이터 디렉터리는 토픽과 파티션 데이터를 포함한다. 데이터 디렉터리는 항상 한 개 이상을 설정할 수 있고, 카프카는 여러 디렉터리에 있는 파티션이나 토픽의 데이터의 균형을 유지한다.

 여기서 명심할 점은 카프카는 여러 디렉터리의 파티션 데이터에 대한 균형을 조정하는 기능이 없다는 것이다. 자동으로 기존의 데이터를 새로운 데이터 디렉터리로 옮기지 않는다. 이러한 기능이 필요하다면 수동으로 해야 한다.

어쨌든 기존 디스크를 제거하는 시나리오에서는 해볼 만한 몇 가지 접근 방법이 있다. 방법 중 하나는 단순히 관련 백업을 마치고 나서 기존 디렉터리를 지우고, 새 디렉터리 위치를 설정하는 것이다. 브로커를 재시작하면 카프카는 모든 파티션 또는 토픽 데이터를 새로운 디렉터리로 복제한다. 이런 접근 방법은 복제될 데이터가 매우 큰 경우에는 시간이 많이 걸리기도 한다. 더군다나 데이터가 마이그레이션되는 과정에서 브로커는 요청을 처리할 수 없다. 결과적으로 다른 브로커에게 부하를 준다. 네트워크 사용률도 마이그레이션하는 동안 매우 높다.

데이터 마이그레이션은 방대한 주제로 이 책에서 모든 측면을 다룰 수는 없다. 하지만 카프카에서 어떻게 데이터가 마이그레이션되는지 개념적인 이해를 돕고자 한다. 어떤 데이터 마이그레이션이든지 거기에는 항상 두 가지 해야 할 일이 있다. 하나는 마이그레이션이 실패할 경우에 대비한 복구 계획을 가지고 모든 관련 백업을 확실히 해두는 것이다. 둘째로 수동으로 하는 작업을 피하고, 그런 작업은 카프카의 복제 프레임워크로 수행하도록 해야 한다. 이 두 가지 방법이 더욱 안전하며, 문제가 생기는 경우를 방지한다.

▎요약

10장에서는 카프카 클러스터를 깊이 있게 살펴보고, 카프카 복제가 어떻게 동작하는지 배웠다. 주키퍼가 znode를 관리하는 방법과, 카프카가 고가용성을 지원하기 위해 어떻게 주키퍼 서버를 활용하는지 살펴봤다. 카프카의 처리 과정과 여러 카프카 구성 요소를 사용해 해당 과정이 어떻게 진행되는지 이해했기를 바란다. '메타데이터 요청 처리', '프로듀서 요청 처리', '컨슈머 요청 처리' 절을 그런 바람에서 설명했다.

또한 클러스터의 용량 계획에 따른 여러 형태의 카프카 설치 모델을 배웠다. 용량 계획은 운영 환경에서 카프카 클러스터를 설치할 때 중요한 내용이다. 10장은 브로커 해제와 데이터 마이그레이션 같은 복잡한 관리 작업에 대해서 간단하게 다뤘다. 카프카 클러스터의 내부 동작과 클러스터 설치 모델, 운영 환경 수준의 카프카 클러스터 계획과 관리에 대한 지식을 향상시키는 데 10장이 도움이 되기를 바란다.

11

빅데이터 애플리케이션에 카프카 활용하기

10장에서 카프카의 동작 원리와 다양한 구성 요소, 그리고 여러 상황에 따라서 활용 가능한 카프카 도구를 설명했다. 11장에서는 빅데이터 애플리케이션에서 카프카의 중요성을 이해하도록 한다. 카프카를 사용한 빅데이터 사례와 카프카를 적용하면서 참고해야 하는 설계상의 여러 측면을 이해하는 데 도움이 되길 바란다.

카프카는 점차 빅데이터 애플리케이션의 표준 메시징 도구로 자리 잡고 있다. 여기에는 몇 가지 이유가 있는데, 그중 하나는 모든 환경에서 데이터베이스를 단일 목적지로 사용할 수 없다는 점이다. 예전에는 쓸 만한 저장소 시스템이 부족했기 때문에 데이터베이스는 어떤 형태의 데이터 저장소에 대해서도 유일한 해결책이었다. 데이터베이스를 사용하면 시간이 지나면서 시스템은 다루기가 매우 복잡해지고 비용이 많이 든다. 데이터베이스는 특정 데이터 형식으로 모든 데이터를 갖고 있다고 전제한다. 데이터베이스가 기대하는 데이터 형식으로 모든 유형의 데이터를 맞추는 것은 일을 더 복잡하게 한다.

모든 유형의 데이터를 데이터베이스로 저장하는 시대는 지나갔다. 지난 십여 년간 이런 지배적인 상황이 변했고, 다양한 활용 사례로 접할 수 있는 특성화된 시스템이 만들어졌다. 더군다나 다양한 시스템이나 장치에서 데이터를 수집하는 과정이 향상됐다. 시스템은 다양한 데이터 형식과 유형을 지원한다. 동일한 데이터가 실시간 알림, 배치 리포트 등 여러 데이터 파이프라인에 공급되기도 한다.

카프카는 다음과 같은 이유로 적절한 대안이 될 수 있다.

- 어떠한 유형이나 형식의 데이터도 저장할 수 있다.
- 많은 양의 데이터를 저장하는 데 일반 하드웨어를 사용한다.
- 고성능의 확장 가능한 시스템이다.
- 디스크에 데이터를 저장하고 실시간 이벤트, 배치 처리 같은 여러 데이터 파이프라인에 사용될 수 있다.
- 데이터와 시스템의 중복redundancy 덕택에 신뢰성이 우수하다. 이는 기업용 운영 시스템 수준의 빅데이터 애플리케이션에서 중요한 요구 사항이다.

11장에서 다음의 주제를 다룬다.

- 카프카의 대용량 데이터 관리
- 카프카의 메시지 전송 체계
- 장애 처리 및 재시도 기능
- 빅데이터와 일반적인 카프카 활용 형태
- 카프카와 데이터 거버넌스governance
- 알림과 모니터링
- 유용한 카프카 측정 지표

카프카의 대용량 데이터 관리

아마 11장에서 왜 대용량 데이터를 다루는지 궁금할 수 있다. 카프카는 태생적으로 대용량, 성능, 확장성을 고려했다. 이 같은 요구에 대해 카프카를 고려한다면 올바른 방향으로 향하고 있다고 생각되지만, 카프카의 처리 속도와 처리 성능 요구 사항을 관리하려면 몇 가지 파라미터는 조정이 필요하다.

더군다나 하드웨어도 올바른 선택을 해야 하고, 적합한 용량 계획도 수행해야 한다. 그러므로 대용량을 다루는 것이 필요하다. 요약하면 카프카에서의 대용량에 대해 설명할 때는 다음과 같은 점을 고려해야 한다.

- 대용량의 쓰기 또는 메시지 쓰기 처리량
- 대용량의 읽기 또는 메시지 읽기 처리량
- 대용량의 복제 비율replication rate
- 대용량의 디스크 플러시flush 또는 입출력

카프카에서 대용량에 대해 고려할 만한 몇 가지 구성 요소도 살펴본다.

적합한 하드웨어 선택

카프카는 일반적인 하드웨어를 사용하는 도구다. 데이터 용량이 매우 큰 경우에는, 어떤 카프카 구성 요소가 영향을 받는지와 어떤 구성 요소가 더 많은 하드웨어를 필요로 하는지를 먼저 분명히 이해해야 한다.

다음 그림은 대용량에 대한 하드웨어 측면의 이해를 돕는다.

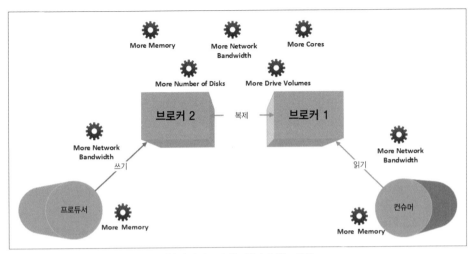

대용량이 카프카 하드웨어에 주는 영향

대용량의 쓰기일 경우 프로듀서는 버퍼 레코드에 더 많은 용량을 가져야 한다. 이는 더 많은 가용 메모리가 필요하다는 점을 의미한다.

배치 처리는 대용량 쓰기에 항상 권장되므로, 프로듀서 구성 요소와 브로커 사이의 연결을 위한 네트워크 대역폭을 더 확보할 필요가 있다. 하나의 배치는 더 많은 메시지를 포함하므로 더 많은 대역폭을 요구한다. 유사한 개념으로 대용량 읽기도 컨슈머 애플리케이션을 위한 더 많은 메모리가 필요하다. 프로듀서 애플리케이션처럼 컨슈머 구성 요소와 브로커 사이의 연결을 위한 더 많은 네트워크 대역폭이 요구된다.

핵심 작업을 수행하는 브로커에 대해서는 대용량을 위한 하드웨어 고민이 더 필요하다. 브로커는 다중 스레드 애플리케이션이다. 요청을 받고, 데이터를 읽고 쓰는 과정을 스레드가 병렬로 수행한다. 카프카에서의 대용량 데이터는 더 많은 읽기/쓰기 요청과 디스크 입출력 스레드를 요구한다. 그러므로 브로커 서버는 많은 수의 스레드를 지원하기 위한 더 많은 프로세서 코어가 필요하다. 복제의 경우도 이와 유사하다.

복제 팩터 수가 많으면 데이터를 복사하는 스레드도 마찬가지로 늘어난다. 여기에 맞게 프로세서 코어도 필요하다. 카프카는 대용량 지원을 위해 모든 내용을 디스크에 저장하므로, 더 많은 드라이브 용량과 공간이 필요하다.

마지막으로 처리 성능과 속도를 관리하기 위해서는 디스크 드라이브 수가 중요한 역할을 한다. 카프카에 디스크 드라이브 수를 늘리면, 더 많은 병렬 처리 스레드가 효율적으로 디스크 입출력을 수행할 수 있다.

프로듀서의 읽기와 컨슈머의 쓰기를 위한 선택

대용량을 지원하기 위한 하드웨어의 선택에 대해 이야기해보자. 이번 절에서는 카프카에서 대용량 데이터를 읽고 쓰는 과정에서, 높은 처리량과 처리 속도를 관리하기 위한 중요한 기술을 다룬다.

데이터를 읽고 쓰는 과정에서 사용해 볼 수 있는 몇 가지 기술은 다음과 같다.

- **메시지 압축**: 프로듀서는 모든 데이터에 대해 압축을 지원한다. 압축 유형 속성은 none, GZIP, Snappy, 1Z4 등의 값이 있다. 배치 처리의 경우, 전체 배치에 대해 압축이 적용되므로 압축률이 더 높다. 압축 처리 과정은 CPU 사용률을 높이지만, 이후 네트워크 대역폭을 확실히 절약할 수 있다.
  이유는 간단하다. 압축은 데이터 크기를 줄이고, 네트워크에서 데이터를 교환하는 시간을 절약한다. 압축을 사용하지 않으려면, compression.type=none으로 설정하면 된다. 좋은 압축 코덱codec은 처리 속도를 줄이는 데 도움이 된다.
- **메시지 배치 처리**: 이 속성은 비동기 방식의 프로듀서에 한정된다. 작은 크기의 배치는 처리량을 감소시킬 수 있으며, 배치 크기를 0으로 할 경우 배치를 비활성화하는 것이다. 배치 크기를 크게 설정하는 방법도 권하지 않는데, 이런 경우 프로듀서 쪽에서 프로듀서 메모리를 더 많이 할당하게 돼 가끔은 메모리를 낭비하게

만든다. 동일한 파티션으로 향하는 메시지는 배치로 묶이며, 단일 요청으로 카프카 브로커에 전송되고 토픽 파티션에 남게 된다.

 배치 크기가 커지면 카프카 브로커에 대한 요청 수가 줄어들어 결과적으로 프로듀서의 부담이 작아지며, 각 요청을 처리하는 브로커 측의 CPU 부하도 줄어든다는 점을 참고하자. batch.size 속성을 linger.ms와 함께 설정할 수 있는데, 배치를 채우는 시간이 길어지면 프로듀서가 배치를 전송하도록 하는 기능이다.

- **비동기 전송**asynchronous send: producer.type 플래그를 async로 설정하면 프로듀서는 바로 AsyncProducer를 사용한다. 이는 별도의 스레드에서 전송할 수 있는 기능을 갖고 있는데, 네트워크 입출력이 연산을 수행하는 스레드와 격리되게 하고, 단일 배치의 여러 메시지가 전송되도록 한다. 이러한 격리와 배치 처리는 프로듀서의 높은 성능을 위해 바람직하다.

- **링거 타임**linger time: 프로듀서는 일단 준비되면 버퍼를 보내며, 별다른 트리거를 기다리지 않는다. 링거 타임은 프로듀서가 저장소로 보내기 전에 데이터가 버퍼되는 최대 시간을 설정한다. 배치로 메시지를 보내는 방법은 요청 횟수를 줄이지만, 설정된 크기에 도달할 때까지 처리 성능과 속도에 영향을 줄 정도로 기다릴 순 없다. linger.ms 속성에 프로듀서가 데이터 배치를 전송하기 전에 기다려야 하는 최대 시간을 설정할 수 있다.

- **가져오는 크기**fetch size: fetch.message.max.bytes로 표현되는 컨슈머 애플리케이션 속성은 컨슈머가 읽을 수 있는 최대 메시지 크기다. 최소한 message.max.bytes만큼은 큰 값을 가져야 하며, 대용량을 관리하기 위해 적합한 값이 설정돼야 한다. 파티션 수는 메시지를 읽는 동일한 컨슈머 그룹 내에서 최대 컨슈머의 수를 정의한다. 파티션은 동일한 컨슈머 그룹 내의 컨슈머에 따라 구분되지만, 컨슈머 수가 파티션보다 클 경우에는 일부 컨슈머는 일을 하지 않는 상태가 된다. 그러나 이로 인해 성능에 영향을 주지는 않는다.

최근에 읽은 메시지의 오프셋을 표시할 수 있고, 컨슈머에 문제가 생기면 놓친 데이터 위치를 찾을 수 있지만, 모든 메시지에 대해 검사점을 활성화하면 성능에 영향을 준다. 하지만 100개의 메시지마다 검사점을 사용하면 처리 성능에 대한 영향은 줄어들고, 안정성은 어느 정도 확보하게 된다.

▌ 카프카의 메시지 전송 체계

카프카에서 메시지 전송에 대한 체계를 프로듀서와 컨슈머의 관점에서 이해할 필요가 있다.

 상위 수준에서 볼 때 카프카의 메시지 흐름은 프로듀서가 작성한 메시지를 컨슈머가 읽을 수 있게 전송하는 메시지 처리 구성 요소를 포함한다. 다르게 말하면 프로듀서의 메시지 전송 체계는 컨슈머가 메시지를 수신하는 방법에 영향을 준다.

예를 들어 프로듀서 구성 요소가 네트워크 연결 문제로 브로커에서 ACK를 받지 못한다고 가정해 보면, 프로듀서는 브로커가 수신했다 하더라도 해당 메시지를 재전송할 것이다. 이 경우 컨슈머 애플리케이션에 메시지가 중복해서 전달된다. 그러므로 프로듀서가 메시지를 전송하는 방법을 이해하는 것이 중요하고, 프로듀서는 컨슈머가 메시지를 수신하는 방법에 영향을 준다. 컨슈머가 수신한 메시지를 처리하는 애플리케이션에도 큰 영향을 준다.

일반적으로 다음과 같이 세 가지의 메시지 전송 체계가 있다.

- **최대 한 번**at most once: 메시지를 오직 한 번만 읽거나 쓴다. 네트워크 연결 문제나 구성 요소의 장애가 발생하더라도 메시지는 재전송되거나 다시 제공되지 않는다. 이 체계는 결과적으로 메시지를 잃을 수 있다.

- **최소 한 번**at least once: 메시지를 최소 한 번 읽거나 쓰고, 절대 손실되지 않는다. 동일한 메시지가 다시 전송될 수도 있으므로, 메시지가 중복될 가능성이 있다.
- **정확히 한 번**exactly once: 가장 선호하는 방법이며, 메시지가 한 번만 전달되도록 보장한다. 이렇게 하면 메시지의 손실이 없고 중복되지 않는다.

이제 메시지 전송 체계에 대해 분명히 이해했으니 프로듀서와 컨슈머 환경에서 어떻게 동작하는지 살펴보자.

최소 한 번 전송

프로듀서 측면에서 최소 한 번 전송은 네트워크상에서 acks를 손실하면 발생한다. 프로듀서가 acks=all 설정을 했다면, 메시지가 기록된 후 관련 브로커에 복제되고 나서, 브로커로부터 성공이나 실패 여부에 대한 ACK를 프로듀서가 기다린다는 의미다.

시간 초과나 다른 종류의 오류가 발생하면, 프로듀서는 해당 메시지가 토픽 파티션에 기록되지 않았다고 가정하면서 재전송한다. 그럼 메시지가 카프카 토픽에 기록되고 나서 장애가 바로 발생하고, ACK를 전송하지 못하면 어떻게 될까? 이 경우 프로듀서는 메시지를 다시 전송하고, 메시지는 한 번 이상 기록된다.

이런 시나리오는 일반적으로 컨슈머가 메시지를 읽고 나서, 메시지의 중복을 제거하는 기술이 데이터를 처리하는 구성 요소에 적용돼야 한다.

다음 그림은 최소 한 번 전송 체계가 어떻게 동작하는지 단계별 숫자와 함께 보여준다.

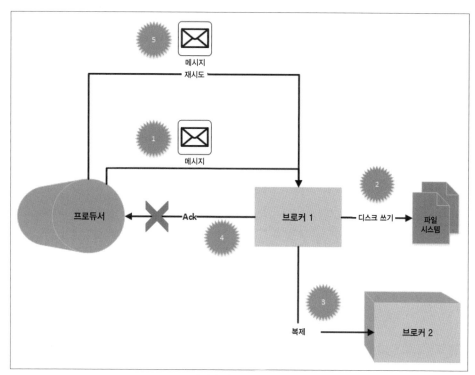

프로듀서의 최소 한 번 전송 체계

컨슈머 입장에서의 최소 한 번 전송은 컨슈머가 메시지를 수신했고, 이후 처리를 위해 저장했다는 사실에서 출발한다. 하지만 컨슈머 프로세스는 오프셋을 커밋하기 전에 장애가 발생한다.

일단 컨슈머 프로세스를 재시작하거나 일부 다른 컨슈머 프로세스가 동일한 파티션에서 메시지를 읽기 시작하면 오프셋이 커밋되지 않은 상태이므로, 메시지가 아직 저장되지 않았더라도 같은 메시지를 읽을 것이다. 이것이 컨슈머 구성 요소에 장애가 발생할 경우의 최소 한 번 개념이다.

다음 그림은 컨슈머 측면에서 최소 한 번 전송의 체계가 어떻게 동작하는지 보여준다. 숫자로 표시된 단계별 과정을 보면서 이해하자.

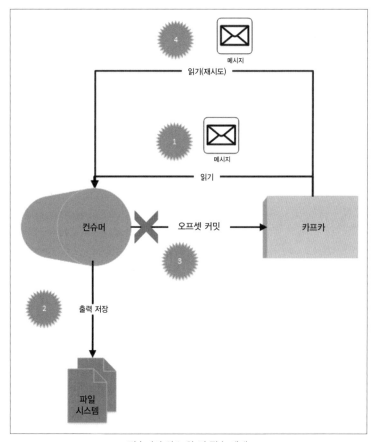

컨슈머의 최소 한 번 전송 체계

컨슈머는 먼저 카프카 토픽에서 레코드를 읽고, 2단계에 표시된 처리 애플리케이션을 위해 파일 시스템에 저장한다. 여기서 파일 시스템은 단지 하나의 예로 든 것이다. 컨슈머는 데이터 처리 애플리케이션에 직접 데이터를 전송할 수 있으며, 혹은 데이터베이스에 저장할 수 있다. 3단계는 오프셋 커밋에 대한 것이고, 오프셋 커밋이 실패하면, 컨슈머는 해당 메시지를 (재시작한 이후나 동일한 컨슈머 그룹에 일부 다른 컨슈머 프로그램이) 다시 읽을 것이다. 결과적으로 이전 오프셋 커밋이 실패함에 따라 메시지를 중복해 저장하게 된다.

최대 한 번 전송

프로듀서 측면에서 최대 한 번 전송은 브로커가 메시지 수신에 실패하거나, ACK를 받지 못하고 프로듀서가 메시지를 다시 전송하지 않는다면 발생할 수 있다. 이런 경우 메시지는 카프카 토픽에 기록되지 않으므로 컨슈머 프로세스에 전송되지 않는다. 결과적으로 메시지 손실이 발생한다.

다음 그림은 최대 한 번 전송 개념이 프로듀서 입장에서 어떻게 동작하는지 보여준다. 숫자로 표시된 단계별 과정을 따라 가보자.

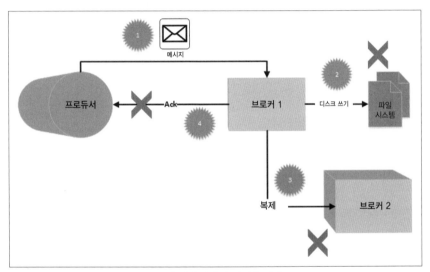

프로듀서의 최대 한 번 전송 체계

1단계에서 프로듀서는 브로커 1에 토픽 메시지를 쓰려고 한다. 브로커 1은 메시지를 수신하고 나서 바로 실패한다. 이 경우에 최대 한 번 전송에서는 브로커 1이 실패하고 나서 로컬 파일 시스템에 레코드를 저장할 수 없거나, 브로커 2에 복제할 수 없을 것이다. 심지어 ACK를 프로듀서 애플리케이션에 반환할 수 없다. 프로듀서 애플리케이션이 ACK를 기다리게 설정되지 않아서 메시지를 재전송하지도 않는다. 결과적으로 메시지 손실이 발생한다.

다음 그림은 컨슈머 측면에서 최소 한 번 전송의 개념이 어떻게 동작하는지 보여준다. 숫
자로 표시된 단계별 과정을 따라가보자.

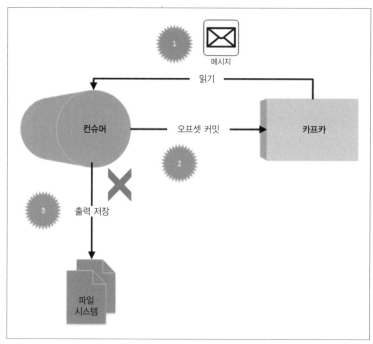

컨슈머의 최대 한 번 전송 체계

컨슈머 입장에서는 위의 그림과 같이 최대 한 번 전송 체계가 1단계에서 컨슈머가 메시지
를 읽었으며, 2단계에서 메시지를 커밋을 했다는 점에서 출발한다. 그러나 메시지 오프셋
을 커밋하고 나서 메시지를 3단계처럼 다음 단계에서 처리하기 위해 출력 파일로 저장하
기 전에 장애가 발생한다. 이 경우 컨슈머를 재시작하면, 이전 오프셋을 커밋했으므로, 다
음 오프셋부터 메시지를 읽기 시작할 것이다. 이렇게 메시지 손실이 발생한다.

정확히 한 번 전송

정확히 한 번 전송하는 체계는 프로듀서나 컨슈머 측면이 아니라, 전체적인 메시징 시스템으로 접근해 이해할 필요가 있다.

 정확히 한 번 전송은 브로커나 컨슈머가 프로듀서에 의해 메시지가 몇 번 전송되더라도, 오직 한 개의 메시지를 수신하는 것을 보장한다. 장애가 발생하면 부분적으로 완료된 과정이 복원되거나, 해당 시스템이 중복된 메시지를 무시하도록 메시지를 저장하거나 처리해야 한다.

정확히 한 번 전송을 보장하려면, 카프카는 멱등idempotent[1] 프로듀서를 갖고 있어야 한다. 이런 종류의 프로듀서는 오직 한 개의 메시지가 카프카 로그에 기록되는 것을 보장한다. 프로듀서에서 얼마나 재시도를 하는지는 상관이 없다.

멱등 프로듀서는 메시지 배치마다 고유한 키 식별자unique key identifier를 생성한다. 이 고유한 식별자는 메시지를 재시도하더라도 변경되지 않고 남아 있다. 브로커가 메시지 배치를 카프카 로그에 저장하면 로그 역시 고유한 숫자를 갖게 된다. 그래서 다음에 브로커가 메시지 배치를 이미 수신한 고유 식별자와 함께 받으면, 해당 메시지를 다시 기록하지 않는다.

새로운 버전의 카프카는 또 다른 방법도 제공하는데, 이는 트랜잭션transaction을 지원하는 방법이다. 새로운 버전의 카프카는 트랜잭션 API를 지원하며, 동시에 여러 파티션으로 메시지를 자동으로 기록할 수 있다. 프로듀서는 트랜잭션 API를 사용해 여러 파티션으로 메시지 배치를 전송하고 기록할 수 있다. 궁극적으로 배치 처리의 모든 메시지를 컨슈머가 사용할 수 있거나, 컨슈머가 그 어떤 메시지도 볼 수 없게 된다. 두 가지 프로듀서 동작 모두, 프로듀서 애플리케이션에서 정확히 한 번 전송하는 개념을 보장한다.

---

1 A x A = A 같이 연산이 반복되더라도 한 번과 같은 결과를 의미한다. – 옮긴이

컨슈머 측면에서는 트랜잭션을 사용하는 메시지를 읽기 위한 두 가지 선택이 있고, isolation.level 컨슈머 설정으로 나타낸다.

- read_committed: 트랜잭션의 일부가 아닌 메시지를 읽는 것에 더해, 이 설정은 트랜잭션 커밋 중이거나 커밋한 메시지를 읽게 한다.
- read_uncommitted: 트랜잭션이 커밋되기를 기다리지 않고 오프셋 순서대로 모든 메시지를 읽는다. 이 설정이 카프카 컨슈머의 현재 체계와 유사하다.

트랜잭션을 사용하려면 컨슈머가 올바른 isolation.level을 사용하도록 설정하고, 새로운 프로듀서 API를 사용하며, transactional.id 설정을 고유한 식별자로 설정한다. 고유 식별자는 애플리케이션이 재시작되더라도 트랜잭션 상태의 연속성을 제공할 필요가 있다.

▌ 빅데이터와 일반적인 카프카 활용 형태

빅데이터 세상에서는 카프카가 여러 방법으로 활용될 수 있다. 그중 하나는 카프카를 스트리밍 데이터 플랫폼으로 활용하는 방법이다. 카프카는 다양한 소스에서 스트리밍 데이터를 저장하도록 지원하고, 이후에 데이터는 실시간 또는 배치 방식으로 처리될 수 있다.

다음 그림은 카프카를 스트리밍 데이터로 사용하는 전형적인 형태를 보여준다.

스트리밍 데이터 플랫폼으로서의 카프카

이 그림은 다양한 데이터 소스로부터 이벤트를 저장하는데 어떻게 활용되는지 보여준다. 물론 데이터를 모아오는 방식은 데이터 소스에 따라 다르다. 하지만 일단 카프카 토픽에 데이터가 저장되면 검색 엔진, 실시간 처리, 알림, 배치 처리에 활용될 수 있다.

TIP 고블린 같은 배치 처리 엔진은 카프카에서 데이터를 읽고, 하둡에 데이터를 저장하기 위해 하둡 맵리듀스를 사용한다. 스톰처럼 실시간 처리 엔진과 스파크 같은 마이크로 배치 처리 엔진도 카프카 토픽에서 데이터를 읽고, 레코드를 처리하기 위해 분산형 엔진을 사용할 수 있다. 비슷한 방식으로 카프카 커넥트 같은 구성 요소는 카프카 데이터를 색인화해, 엘라스틱서치(Elasticsearch) 같은 검색 엔진에 전달하는데 사용할 수 있다.

최근에는 카프카가 마이크로 서비스$^{micro service}$나 사물인터넷을 기반으로 설계된 시스템에서도 활용된다. 이러한 종류의 설계는 카프카를 중심으로 요청/응답, 또는 이벤트 기반 접근 방식으로 운영된다. 서비스나 사물인터넷 장치는 카프카 브로커가 수신하는 이벤트를 발생시킨다. 그리고 메시지는 이후 처리 과정에서 활용될 수 있다.

카프카는 전반적으로 좋은 확장성과 성능 중심의 설계 덕택에, 빅데이터 애플리케이션을 포함해서 다양한 애플리케이션에 대한 이벤트 저장소로서 활용된다.

▌ 카프카와 데이터 거버넌스

기업용 수준의 카프카 구축은 견고한 거버넌스 프레임워크가 필요하며 누가 처리하는지, 어떤 작업을 수행하는지에 따라 기밀 데이터를 보호할 수 있어야 한다. 또한 거버넌스 프레임워크는 누가 어떤 데이터를 접근할 수 있는지, 누가 데이터 요소에 대한 작업을 수행할 수 있는지 분명하게 관리한다. 아파치 아틀라스^{Atlas}와 아파치 레인저^{Ranger} 같은 도구로 카프카에 대한 올바른 거버넌스 프레임워크를 정의할 수 있다.

카프카의 기본 데이터 단위는 토픽이다. 모든 거버넌스는 토픽 데이터 단위를 기준으로 정의한다.

다음 그림은 아파치 아틀라스와 레인저를 사용해서 데이터 거버넌스를 어떻게 카프카에 적용하는지 보여준다.

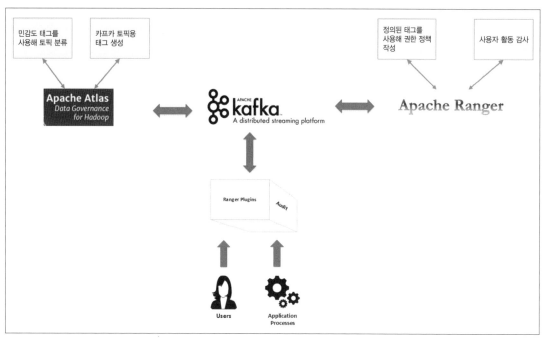

카프카에 대한 아틀라스 데이터 거버넌스

위 그림은 다음과 같이 요약될 수 있다.

1. 아파치 아틀라스에서 태그를 생성한다. 개별 태그는 카프카의 토픽 데이터 단위
   에 대응한다. 토픽 태그를 민감하거나 민감하지 않은 데이터로 분류하는데 사용
   할 수 있다.

2. 아틀라스와 레인저의 통합을 통해 아틀라스에서 생성한 태그를 레인저로 동기
   화한다.

3. 동기화가 끝나면 위의 태그를 사용자 권한 정책이나 카프카 토픽에 접근하는 애
   플리케이션 프로세스를 정의하는데 사용한다.

4. 레인저는 감사[audit] 목적으로도 사용할 수 있다.

이 과정은 데이터 거버넌스를 카프카 토픽에 적용하는 방법에 대해 단지 간단한 개요를 직접적으로 설명하기 위한 예제다. 더 자세한 부분을 살펴보기 위해서는 호튼웍스^{Hortonworks}와 함께 아파치 아틀라스, 레인저에 관한 아파치 문서를 참고할 수 있다.

▌ 알림과 모니터링

카프카 클러스터가 올바르게 설정되면 문제없이 잘 동작하면서, 충분한 양의 데이터를 처리할 수 있다. 카프카가 데이터 파이프라인의 중앙 집중형 메시징 시스템으로 많은 애플리케이션이 연계돼 있다면, 클러스터에 장애가 발생하거나 병목이 생길 경우 카프카에 연계된 모든 애플리케이션의 성능에 영향을 준다. 그러므로 적당한 알림^{alerting}과 모니터 시스템을 갖추는 것이 중요하고, 카프카 클러스터의 운영 상태에 대한 중요한 정보를 줄 수 있다.

모니터링과 알림을 사용하는 장점을 알아보자.

- **데이터 손실 방지**: 가끔은 토픽 파티션이 복제 중인 상황, 즉 클러스터에서 복제본의 수가 상대적으로 작은 경우가 발생한다. 이러한 상태의 파티션이 많은 경우, 파티션의 데이터를 손실할 수 있는 위험이 증가한다. 올바른 트리거 시스템은 이러한 문제를 방지해 어떤 파티션이 완전히 사용 불능 상태가 되기 전에 필요한 조치를 취할 수 있다.

- **프로듀서 성능**: 알림과 모니터링 시스템은 관련 측정 지표를 관찰해 프로듀서 성능 향상에 도움이 된다. 프로듀서가 전송할 수 있는 양보다 많은 데이터를 생성하거나, 프로듀서 메모리가 파티션 데이터를 버퍼링하기에 충분하지 않은 상황을 볼 수도 있다. 이러한 상황에 대해 알림을 받으면 프로듀서 애플리케이션의 성능을 조정하는 데 도움이 된다.

- **컨슈머 성능**: 프로듀서가 데이터를 생성하는 만큼 컨슈머가 데이터를 처리하지 못하는 상황이나, 컨슈머가 네트워크 대역폭 문제로 데이터를 사용하지 못하는 상황을 만날 수 있다. 이러한 상황에 대한 컨슈머의 지표를 모니터한다면, 컨슈머 애플리케이션의 성능을 향상시킬 수 있는 구간을 찾을 수도 있다.

- **데이터 가용성**: 파티션 리더가 가끔씩 할당되지 않거나 할당 과정에 시간이 걸리는 경우가 있다. 이런 경우 위의 파티션은 읽기와 쓰기 동작이 가능하지 않다. 이러한 정보를 사전에 발견한다면, 리더가 작동 중이지 않은 파티션에 대해 애플리케이션이 데이터 읽기와 쓰기를 시도하거나 재시도하는 경우를 방지할 수 있다.

이외에도 알림과 모니터링 시스템을 갖추면 더 많은 장점이 있지만, 이 책에서는 다루지 않는다.

▌ 유용한 카프카 측정 지표

실제로 도움이 되는 모니터링과 성능의 측정을 위해 특정한 지표가 필요하며, 이번 절에서 해당 지표를 설명한다.

다음과 같이 카프카 클러스터 구성 요소별 지표를 세부적으로 살펴보자.

- 카프카 프로듀서 지표
- 카프카 브로커 지표
- 카프카 컨슈머 지표

프로듀서 지표

프로듀서는 데이터를 생성해 카프카 토픽으로 전달하는 역할을 한다. 프로듀서에 문제가 발생하면 컨슈머는 사용할 메시지가 없어 노는 상태가 된다. 프로듀서의 성능은 높은 처리량과 빠른 처리 속도를 만드는 데 중요한 역할을 한다. 카프카 프로듀서의 몇 가지 중요한 지표를 살펴보자.

- **응답률**response rate : 프로듀서는 카프카 브로커로 레코드를 전송하고, 브로커는 요청이 있으면 메시지 복제본을 만들고 ACK를 반환한다. 이는 .acks 값이 −1인 경우다. 응답률은 .acks 속성에 따라 다르다. 이 값이 0이면 브로커는 요청을 받자마자 디스크에 데이터를 기록하기 전에 응답을 우선 반환한다. 이 값이 1인 경우, 디스크에 데이터를 기록하고 응답을 반환한다. 쓰기 작업을 덜 할수록 처리 성능은 높아지겠지만, 데이터를 손실할 가능성이 있다.

- **요청률**request rate : 요청률은 주어진 시간에 프로듀서가 생성한 레코드 수다.

- **입출력 대기 시간**I/O wait time : 프로듀서는 데이터를 전송하고 나서 데이터를 기다린다. 데이터를 생성하는 비율이 보내는 비율보다 높으면 네트워크 자원으로 인해 대기하는 경우일 수 있다. 프로듀서의 느린 데이터 생성은 디스크 접근이 느린 것이 원인일 수 있으며, 입출력 대기 시간을 확인하는 것은 데이터를 읽는 성능을 확인하는 데 도움이 된다. 더 긴 대기 시간은 프로듀서가 데이터를 신속하게 받지 못한다는 의미다. 이런 경우 SSD처럼 빠른 저장소가 필요할 수 있다.

- **전송 실패 비율**failed send rate : 초당 메시지 요청 실패 수다. 메시지 실패가 많을수록 문제의 원인을 찾을 수 있는 알림을 트리거해야 하며, 결국 문제를 해결해야 한다.

- **버퍼 전체 바이트**buffer total bytes : 프로듀서가 브로커에 전송하기 전에 데이터를 버퍼하기 위해 사용할 최대 메모리 크기다. 최대 버퍼 크기는 처리 성능을 높이는 데 도움이 된다.

- **압축률**compression rate: 토픽에 대한 배치 레코드의 평균 압축률이다. 압축률이 너무 높으면 압축 유형을 바꿀 필요가 있다는 뜻이고, 낮출 수 있는 방법을 찾아야 한다.

브로커 지표

브로커는 프로듀서와 컨슈머 요청을 지원하는 역할을 한다. 브로커도 일부 심각한 문제를 방지할 수 있는 몇 가지 지표가 있다. 많은 지표가 있지만 몇 가지 중요한 사항만 살펴보자.

더 많은 지표는 https://kafka.apache.org/documentation/#monitoring 사이트에서 참고할 수 있다.

지표	설명
kafka.server:type=ReplicaManager, name=UnderReplicatedPartitions	복제 중인(under-replicated) 파티션 수를 나타낸다. 이 수치가 높으면 브로커에 장애가 발생할 경우 데이터를 손실할 가능성이 커진다.
kafka.controller:type=KafkaController, name=OfflinePartitionsCount	활성화된 파티션 리더가 없어서 읽거나 쓸 수 없는, 즉 가용하지 않은 파티션 수를 나타낸다.
kafka.controller:type=KafkaController, name=ActiveControllerCount	클러스터당 동작 중인 컨트롤러 수를 정의한다. 클러스터당 한 개보다 많으면 안 된다.
kafka.server:type=ReplicaManager, name=PartitionCount	해당 브로커의 파티션 수를 나타낸다. 이 값은 모든 브로커에 대해 동일해야 한다.
kafka.server:type=ReplicaManager, name=LeaderCount	해당 브로커의 리더 수를 나타낸다. 이 값은 모든 브로커에 대해 동일해야 하며, 그렇지 않으면 해당 리더에 대한 자동 리밸런서(auto rebalancer)를 활성화해야 한다.

컨슈머 지표

컨슈머는 토픽에서 데이터를 사용하고, 필요하다면 데이터 처리를 일부 수행하는 역할을 한다. 가끔 컨슈머가 느려지거나 받아들일 수 없는 동작을 한다. 다음은 컨슈머에 대해 최적화가 필요한 파라미터를 확인하는데 도움을 주는 중요한 지표다.

- records-lag-max: 프로듀서의 현재 오프셋과 컨슈머의 현재 오프셋의 차이를 계산한 것이며, 이 차이가 record lag이다. 이 차이가 매우 크면 컨슈머의 데이터 처리가 프로듀서보다 매우 느리다는 의미다. 더 많은 컨슈머 인스턴스를 추가하거나 파티션 수를 늘리는 동시에 컨슈머를 추가해 이 문제를 해결할 적절한 조치를 위한 알림을 전송한다.
- bytes-consumed-rate: 컨슈머가 사용한 초당 바이트 수를 나타낸다. 컨슈머에 대한 네트워크 대역폭을 확인하는데 도움이 된다.
- records-consumed-rate: 초당 사용된 메시지 수를 의미한다. 이 값은 일정해야 하며, byte-consumed-rate와 비교해볼 때 이 값이 일반적으로 도움이 된다.
- fetch-rate: 컨슈머가 가져온 초당 레코드 수를 나타낸다.
- fetch-latency-max: 가져오기 요청의 최대 소요 시간을 나타낸다. 이 값이 크면 컨슈머 애플리케이션을 최적화하도록 알림을 트리거한다.

카프카 문서에는 활용해볼 만한 더 많은 파라미터가 있으니 알아보길 권한다.

▌요약

빅데이터 애플리케이션에 카프카를 활용하는 방법을 다양한 측면에서 살펴봤다. 11장을 끝까지 읽어봤다면 빅데이터 애플리케이션에 카프카를 활용하는 방법을 분명하게 이해했을 것이다. 용량은 빅데이터 애플리케이션에 있어서 중요한 측면이다. 그러므로 11장에서 별도로 다룬, 카프카의 대용량 관리에 대한 세부적인 내용에 관심을 가져야 한다. 전송 체계는 또 하나의 중요한 내용으로, 전송 방식의 선택에 따라 처리 로직이 달라진다. 또한 데이터 손실 없이 장애를 처리할 수 있는 최선의 방법과 카프카를 빅데이터 파이프라인에 사용할 때 적용 가능한 거버넌스 원칙을 살펴봤다. 카프카를 어떻게 모니터하며, 어떤 유용한 지표가 있는지 설명했다. 대용량에 대한 카프카 컨슈머의 좋은 활용법, 메시지 전송의 중요한 개념, 카프카에서의 데이터 거버넌스, 그리고 모니터링과 알림에 대해서 자세히 알아봤다.

12장에서는 카프카 보안에 대해 자세히 알아보자.

12

카프카 보안

지금까지 카프카를 어떻게 사용하는지를 주로 배웠고, 12장에서는 카프카의 보안을 집중해서 다룰 것이다. 카프카 보안은 카프카를 기업에서 채택할 때 중요한 요소다. 기업이나 조직은 민감한 정보를 많이 갖고 있으며, 보안 규정을 맞출 수 있는 안전한 환경에 저장돼야 한다. 12장에서는 카프카에서 민감한 정보를 보호하는 방법을 다룬다. 다양한 측면에서 아파치 카프카의 보안을 살펴본다. 12장에서는 다음의 주제를 설명한다.

- 카프카 보안 개요
- SSL을 사용한 전송 암호화
- 인증을 위한 커버로스Kerberos SASL
- ACL과 권한 인증 이해
- 주키퍼 인증 이해

- 권한 인증을 위한 아파치 레인저
- 카프카 보안의 모범 사례

▌ 카프카 보안 개요

카프카는 중앙 집중형 이벤트 데이터 저장소로 활용되고, 마이크로 서비스와 데이터베이스 같은 다양한 소스에서 데이터를 가져온다.

기업에서 카프카를 설치한 경우 보안은 다음과 같은 다섯 가지 패러다임으로 검토돼야 한다.

- **인증**authentication: 카프카 서비스를 사용하기 위해 접근하는 클라이언트(프로듀서나 또는 컨슈머)가 누구인지 확인한다. 카프카는 커버로스 인증을 지원한다.
- **권한 인증**authorization: 토픽에 대해서 클라이언트(프로듀서나 컨슈머)가 어떤 권한을 갖는지 확인한다. 카프카는 인증을 위한 ACL을 지원한다. 레인저 같은 아파치 도구도 카프카의 권한 인증에 사용될 수 있다.
- **전송 암호화**wire encryption: 민감한 데이터가 평범한 문자열 형태로 네트워크상에서 돌아다니지 않도록 암호화한다. 카프카는 클라이언트(프로듀서나 컨슈머)와 브로커 구간에 SSL 통신을 지원한다. 심지어 브로커 사이의 통신도 암호화될 수 있다.
- **암호화 저장**encryption at rest: 민감한 데이터를 암호화된 디스크에 저장한다. 카프카는 직접 디스크의 데이터 암호화 기능을 지원하지 않는다. 하지만 운영체제가 제공하는 암호화 기술을 이런 목적으로 활용할 수 있다. 제3사에서 제공하는 유료 서비스도 많이 있다.
- **감사**auditing: 보안 규정에 맞는지 모든 사용자의 활동이 기록되고 분석된다. 카프카 로그는 감사에 아주 유용한 도구다. 또한 아파치 레인저도 감사 기능을 제공한다.

다음 그림은 다양한 카프카 보안 패러다임을 요약해서 보여준다.

▌ SSL을 사용한 전송 암호화

카프카에서는 SSL^{secure sockets layer}을 사용한 전송 암호화를 지원한다. 네트워크를 통한 카프카의 데이터 통신은 SSL로 암호화된다. 그러므로 카프카 브로커(복제) 간에, 또는 클라이언트와 브로커(읽기 또는 쓰기) 간에 통신을 암호화할 수 있다.

다음 그림은 카프카에서 SSL 암호화가 어떻게 동작하는지 보여준다.

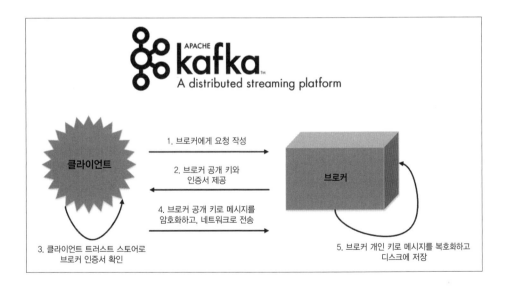

이 그림은 브로커와 클라이언트 사이에 어떻게 통신하면서 암호화하는지 보여준다. 이는 프로듀서와 컨슈머 모두에 대한 통신에서 유효하다. 모든 브로커나 클라이언트는 그들의 키와 인증서를 유지하고, 또한 인증에 쓰이는 인증서를 포함한 **트러스트 스토어**trustore를 유지한다. 인증을 위해 인증서가 제공될 때마다, 관련 구성 요소의 트러스트 스토어에 저장된 인증서를 써서 확인한다.

카프카에서 SSL을 활성화하는 과정

카프카에서 SSL을 활성화하기 위한 과정을 살펴보자. 먼저 카프카 클라이언트와 브로커가 사용할 키, SSL 인증서, 트러스트 스토어를 생성해야 한다. 브로커 키와 인증서를 생성하려면 https://kafka.apache.org/documentation/#security_ssl_key 내용을 참고할 수 있고, 자신의 인증서 권한authority을 생성하기 위해서는 https://kafka.apache.org/documentation/#security_ssl_ca 내용을 참고한다. 인증서에 서명하는 방법은 https://kafka.apache.org/documentation/#security_ssl_signing 자료를 참고한다. 이 작업은 클라이언트(프로듀서와 컨슈머 애플리케이션)에 대해서도 똑같이 해야 한다. 인증서 생성 작업이 완료되면 다음과 같은 과정으로 인증서를 사용할 수 있다.

카프카 브로커에 대한 SSL 설정

각 브로커 서버에 대해 다음과 같은 수정작업이 필요하다.

1. 브로커 간에 SSL 통신을 가능하게 하려면 다음과 같이 브로커 속성을 수정한다.

```
security.inter.broker.protocol = SSL
```

2. 통신 프로토콜을 SSL로 설정하려면 다음과 같이 서버 속성을 변경한다.

```
lilsteners=SSL://host.name1:port,SSL://host.name2.port
```

브로커 간의 SSL 통신을 설정하지 않았다면, 다음과 같이 리스너(listener)를 설정할 필요가 있다.

```
listeners=PLAINTEXT://host.name:port,SSL://host.name:port
```

3. 개별 브로커에 대한 SSL 키 스토어^keystore와 트러스트 스토어 경로를 설정하기 위해 다음과 같이 각 브로커의 서버 설정을 변경한다.

```
ssl.keystore.location = /path/to/kafka.broker.server.keystore.jks
ssl.keystore.password = keystore_password
ssl.key.password = key_password
ssl.truststore.location =
/path/to/kafka.broker.server.truststore.jks
ssl.truststore.password = truststore_password
```

security.inter.broker.protocol 같은 기타 추가 설정을 사용할 수 있다. 이러한 추가 설정은 https://kafka.apache.org/documentation/#security_configbroker 링크의 자료를 참고할 수 있다.

카프카 클라이언트 SSL 설정

카프카 프로듀서와 컨슈머에 대한 속성의 설정은 동일하다. 다음은 SSL을 사용하기 위해 설정할 속성이다. 클라이언트 인증이 필요 없다면(ssl.client.auth=none), 다음과 같은 속성의 설정이 필요하다.

```
security.protocol = SSL
ssl.truststore.location = /path/to/kafka.client.truststore.jks
ssl.truststore.password = trustore_password
```

기술적으로 트러스트 스토어는 암호 없이 사용할 수 있지만, 트러스트 스토어에 대한 암호를 사용하는 것이 무결성(integrity) 검사에 도움이 되므로 강력히 권한다.

클라이언트 인증이 필요한 경우에는(ssl.client.auth = required), 다음과 같은 속성의 설정이 필요하다.

```
security.protocol = SSL
ssl.truststore.location = /path/to/kafka.client.truststore.jks
ssl.truststore.password = trustore_password
ssl.keystore.location = /path/to/kafka.client.keystore.jks
ssl.keystore.password = keystore_password
ssl.key.password = key_password
```

▌ 인증을 위한 커버로스 SASL

커버로스Kerberos는 안전한 네트워크에서 클라이언트와 서버를 인증하는 방식이다. 네트워크상으로 암호를 전송하지 않으면서 인증을 제공한다. 대칭 키symmetric key 암호화를 이용해 생성된 시간에 민감한 티켓을 사용해서 작동한다.

가장 널리 사용되는 SSL 기반 인증이 주로 선택된다. 커버로스는 다음과 같은 장점이 있다.

- **더 나은 성능**: 커버로스는 대칭 키를 사용하는 방식이다. SSL 키를 사용하는 인증과는 달리 더 신속한 인증을 지원한다.
- **기업용 인증identity 서버 통합의 용이성**: 커버로스는 이미 확립된 인증 방식의 하나다. 액티브 디렉터리Active Directory도 커버로스를 지원한다. 카프카 같은 서비스는 중앙 집중형 인증 서버로 쉽게 통합될 수 있다.

- **간단한 사용자 관리**: 커버로스에서는 사용자의 생성, 삭제, 수정이 매우 간단하다. 예를 들면 사용자 삭제는 중앙에서 관리되는 커버로스 서버에서 단순히 삭제하면 완료된다. SSL 인증에 경우에는 모든 서버의 트러스트 스토어에서 인증서를 삭제해야만 한다.
- **네트워크상으로 암호 전송 없음**: 커버로스는 네트워크를 통해 암호를 전달하지 않는 클라이언트와 서버 애플리케이션을 위한, 강력한 인증을 제공하는 안전한 네트워크 인증 프로토콜이다. 커버로스는 시간에 민감하게 동작하는 티켓을 사용하는데, 티켓은 대칭 키 암호방식을 사용해서 생성된다.
- **확장성**: 키 분배 센터^{KDC, key distribution center}에서 암호와 비밀 키를 유지한다. 이는 매우 많은 엔티티^{entity}를 인증하는 시스템의 확장성을 지원하는데, 엔티티의 경우 자신의 암호 키만 알면 되고, KDC에서 올바른 키만 설정하면 되기 때문이다.

카프카에서 커버로스 인증의 흐름과 동작을 알아보자. 이들은 여러 관점에서 살펴볼 필요가 있다. 서비스와 클라이언트 인증 방법과 인증된 클라이언트와 인증된 서비스 간에 통신하는 방법에 대한 이해가 필요하다. 또한 대칭 키 암호화 방식이 커버로스 인증에서 어떻게 동작하는지와 네트워크상으로 어떻게 암호를 주고받지 않는지를 자세히 이해할 필요가 있다.

서비스가 시작될 때 커버로스를 통해 자체 인증한다. 시작하는 동안 카프카 서비스는 구성 파일을 이용해 서비스 프린시플^{principle}(커버로스 식별자)과 설정 파일의 키 탭을 사용해 KDC에서 직접 인증한다. 비슷한 방식으로 사용자도 자신의 프린시플을 가지고 클라이언트 도구나 다른 방법을 통해 카프카 서버에 접근할 때 커버로스로 인증하는 것이 기본이다.

다음의 그림은 커버로스 인증이 어떻게 동작하는지 보여준다.

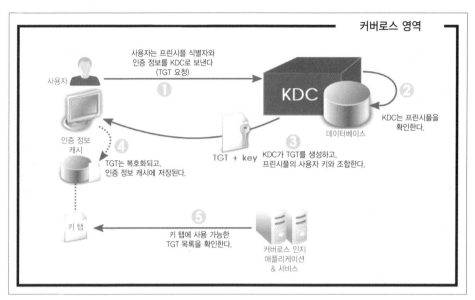

커버로스 사용자 인증(access.redhat.com 참고)

*TGT: Ticket-Granting Ticket, 서버에서 인증받았음을 증명하는 티켓

더 자세히 알아보기 위해 카프카 간이 인증 보안 계층 서비스^{SASL, Simple Authentication and Security} Layer 인증이 어떻게 동작하는지 살펴보자. 다음 그림은 카프카 커버로스 인증에 관련된 과정을 보여준다.

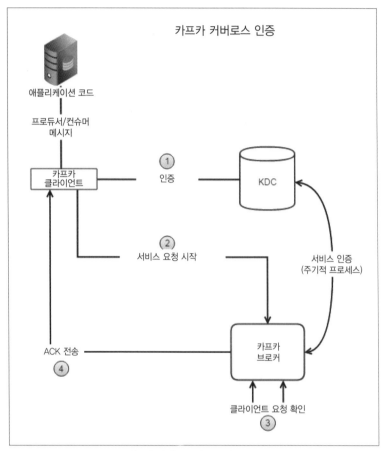

카프카 커버로스 사용자 인증 단계

카프카에서 SASL/GSSAPI를 활성화하는 과정

다음에서 카프카의 커버로스 인증을 사용하기 위해 필요한 설정을 살펴본다. 여기서 두 부분으로 나눠서 설명하는데 하나는 브로커의 SASL 설정이고, 다른 하나는 클라이언트 SASL 설정에 관한 것이다.

카프카 브로커에 대한 SASL 설정

다음은 카프카 브로커에 SASL 설정 방법이다.

1. 자바 인증 및 권한 부여 서비스JAAS, Java Authentication and Authorization Service 설정 파일을 각 브로커 서버에 대해 생성하는데, 다음의 JAAS 파일 내용을 사용한다.

```
KafkaServer {
    com.sun.security.auth.module.Krb5LoginModule required
    useKeyTab=true
    keyTab="/path/to/kafka.service.keytab"
    storeKey=true
    useTicketCache=false
    serviceName="kafka"
    principal="kafka/brokerhost.fqdn@REALM";
};

Client { // used for zookeeper connection
    com.sun.security.auth.module.Krb5LoginModule required
    useKeyTab=true
    keyTab="/path/to/kafka.service.keytab"
    storeKey=true
    useTicketCache=false
    serviceName="zookeeper"
    principal="kafka/brokerhost.fqdn@EXAMPLE.COM";
};
```

2. JAAS 설정을 특정 위치에 저장하고, JAAS 파일 위치를 각 브로커의 JAVA OPTS 에 다음과 같이 전달한다.

```
-Djava.security.auth.login.config=/path/to/kafka_broker_jaas.conf
```

3. server.properties 파일을 수정한다. 카프카에 SSL이 활성화됐다면 다음과 같이 속성을 수정한다.

```
listeners=SASL_SSL://broker.host.name:port
advertised.listeners=SASL_SSL://broker.host.name:port
security.inter.broker.protocol=SASL_SSL
sasl.mechanism.inter.broker.protocol=GSSAPI
sasl.enabled.mechanisms=GSSAPI
sasl.kerberos.service.name=kafka
```

4. 카프카에서 SSL을 활성화하지 않았다면, 다음과 같이 속성 파일을 수정한다.

```
listeners=SASL_PLAINTEXT://broker.host.name:port
advertised.listeners=SASL_PLAINTEXT://broker.host.name:port
security.inter.broker.protocol=SASL_PLAINTEXT
sasl.mechanism.inter.broker.protocol=GSSAPI
sasl.enabled.mechanisms=GSSAPI
sasl.kerberos.service.name=kafka
```

카프카 클라이언트에 대한 SASL 설정 – 프로듀서와 컨슈머

카프카 클라이언트에 대해서 SASL을 설정하려면 다음의 설명을 따른다.

1. 첫 단계는 각 프로듀서와 컨슈머 애플리케이션에 대해 JAAS 설정 파일을 생성하는 것이다. 다음의 JAAS 파일 내용을 사용한다.

```
sasl.jaas.config=com.sun.security.auth.module.Krb5LoginModule
required
useKeyTab=true
storeKey=true
keyTab="/path/to/kafka_client.keytab"
principal="kafka-client@REALM";
```

2. 앞에 언급된 것은 프로듀서나 컨슈머로 동작 중인 자바 프로세스, 또는 애플리케이션을 위한 JAAS 설정이다. SASL 인증을 명령줄 도구에 대해서 사용하려면 다음 방법으로 설정한다.

```
KafkaClient {
    com.sun.security.auth.module.Krb5LoginModule required
    useTicketCache=true;
};
```

3. JAAS 설정을 특정 위치에 저장하고, JAAS 파일 위치를 각 클라이언트의 JAVA OPTS에 다음과 같이 전달한다.

```
-Djava.security.auth.login.config=/path/to/kafka_client_jaas.conf
```

4. producer.properties 또는 consumer.properties 파일을 수정한다. 카프카에 SSL을 이미 활성화했다면 다음과 같이 속성 파일을 수정한다.

```
security.protocol=SASL_SSL
sasl.mechanism=GSSAPI
sasl.kerberos.service.name=kafka
```

5. 카프카에서 SSL이 활성화되지 않았다면 다음과 같이 속성 파일을 수정한다.

```
security.protocol=SASL_PLAINTEXT
sasl.mechanism=GSSAPI
sasl.kerberos.service.name=kafka
```

 카프카는 다음과 같은 SASL 방식을 지원한다.
- Plain (https://kafka.apache.org/documentation/#security_sasl_ plain)
- SCRAM-SHA-256 (https://kafka.apache.org/documentation/#security_sasl_ scram)
- SCRAM-SHA-512 (https://kafka.apache.org/documentation/ #security_ sasl_ scram)

이 방식 모두 사용할 수 있지만 커버로스를 사용하는 하둡 서비스와 쉽게 통합이 가능한 GSSAPI(커버로스)를 대부분 채택하고 있다.

ACL과 권한 인증 이해

아파치 카프카는 추가 구성이 가능한 권한관리자인 카프카 **권한 인증 커맨드 라인**ACL, authorization command line 인터페이스와 함께 제공되며, 사용자를 정의하고 다양한 API의 접근을 허용하거나 거부하는데 사용한다. 기본 동작은 수퍼 유저superuser만 카프카 클러스터의 모든 자원 접근이 허용되고, 다른 사용자는 해당 사용자에 대한 올바른 ACL이 설정돼야 접근할 수 있다. 카프카 ACL의 일반적인 형식은 다음과 같다.

Principal P is Allowed OR Denied Operation O From Host H On Resource R.

이 같은 정의에 다음과 같은 용어가 사용된다.

- P: 프린시플은 카프카에 접근할 수 있는 사용자다.
- O^{Operation}: 동작은 읽기, 쓰기, 메타데이터describe, 삭제 등이다.
- H: 호스트는 브로커에 연결하려는 클라이언트 IP이다.
- R^{Resource}: 리소스는 토픽, 그룹, 클러스터 등의 카프카 자원을 말한다.

몇 가지 일반적인 ACL 유형을 알아보자.

- **브로커 또는 서버 ACL**: 브로커나 파티션의 메타데이터를 업데이트하고, 파티션 리더를 변경하는 등의 브로커 간의 동작은 권한 인증을 받아야 한다. 브로커는 또한 복제와 내부 동작을 수행하기 위해 토픽에 접근해야 하며, 이는 토픽에 대해 읽기와 메타데이터를 읽을 수 있는 접근 권한이 필요하다.
- **토픽**: 카프카 클라이언트가 토픽 생성을 위해 브로커에 연결하는데 사용하는 프린시플은, 토픽 생성을 위해 읽기와 메타데이터 권한이 필요하다.
- **프로듀서**: 프로듀서는 토픽에 데이터를 생성하고 토픽 파티션에 저장할 책임이 있다. 이 과정에서 토픽 자원에 대한 읽기, 쓰기 접근 권한이 필요하다.
- **컨슈머**: 컨슈머는 토픽에서 데이터를 읽기 위해서 토픽 자원의 읽기 접근 권한이 필요하다.

일반적인 ACL 동작

ACL의 기초적인 동작을 알아보자.

1. 카프카는 간단한 권한관리자를 제공한다. 이것을 사용하려면 다음 내용을 카프카의 서버 속성에 추가한다.

   ```
   authorizer.class.name=kafka.security.auth.SimpleAclAuthorizer
   ```

2. 앞에서 설명했듯이 기본적으로 ACL 없이도 수퍼 유저만 접근이 가능하다. 하지만 이 동작은 ACL이 설정돼 있지 않아도 모든 사용자가 필요한 자원에 접근할 수 있도록 변경 가능하다. 다음 내용을 서버 속성에 추가한다.

   ```
   allow.everyone.if.no.acl.found=true
   ```

3. 또한 카프카 클러스터에 더 많은 수퍼 유저를 다음처럼 서버 속성 파일에 추가할 수 있다.

   ```
   super.users=User:Bob;User:Alice
   ```

4. **ACL 추가**: 명령줄 인터페이스를 통해서 ACL을 추가할 수 있다. 예를 들어 principals User: Chanchal과 User: Manish에 Read, Write 권한을 10.200.99.104와 10.200.99.105의 topic Packt에 추가하려면 다음의 명령을 사용한다.

   ```
   kafka-acls.sh --authorizer kafka.security.auth.SimpleAclAuthorizer
   --authorizer-properties zookeeper.connect=localhost:2181 --add --
   allow-principal User:Chanchal --allow-principal User:Manish --
   allow-hosts 10.200.99.104,10.200.99.105 --operations Read,Write --
   topic Packt
   ```

--deny-principal과 --deny-host 옵션은 사용자나 호스트가 토픽에 접근하는 것을 제한하는데 사용된다.

5. **ACL 제거**: 앞에서 추가한 ACL은 다음 명령을 사용해 제거할 수 있다.

```
kafka-acls.sh --authorizer kafka.security.auth.SimpleAclAuthorizer
--authorizer-properties zookeeper.connect=localhost:2181 --remove ?
allow-principal User:Chanchal --allow-principal User:Manish --
allow-hosts 10.200.99.104,10.200.99.105--operations Read,Write --
topic Packt
```

ACL 목록

카프카 자원에 적용된 ACL 목록을 출력할 수 있다.

1. 예를 들어 topic Packt에 적용된 ACL을 보기 위해서는 다음 명령을 사용한다.

```
kafka-acls.sh --authorizer kafka.security.auth.SimpleAclAuthorizer
--authorizer-properties zookeeper.connect=localhost:2181 --list --
topic Packt
```

2. **프로듀서와 컨슈머 ACL**: 사용자를 프로듀서나 컨슈머로 등록하는 방법은 카프카에서 매우 일반적으로 사용된다. 사용자 Chanchal을 topic Packt에 대한 프로듀서로서 추가하길 원한다면 다음의 간단한 명령을 통해 완료된다.

```
kafka-acls --authorizer-properties
zookeeper.connect=localhost:2181 \
    --add --allow-principal User:Chanchal \
    --producer --topic Packt
```

3. Manish를 topic Packt에 대한 컨슈머로 group G1인 컨슈머 그룹에 추가하려면 다음 명령을 사용한다.

```
kafka-acls --authorizer-properties
zookeeper.connect=localhost:2181\
    --add --allow-principal User:Manish \
    --consumer --topic Packt --group G1
```

4. ACL 목록을 생성할 수 있는 많은 자원이 있으며, 특정 사용자에 대해 특정 리소스의 접근을 허용하거나 제한할 수 있다. 모든 ACL에 대한 내용은 이 책의 범위에서 다루지 않는다.

▍ 주키퍼 인증 이해

주키퍼는 카프카에서 메타데이터를 제공하는 서비스다. SASL이 활성화된 주키퍼 서비스는 주키퍼에 저장된 메타데이터 접근을 인증한다. 카프카 브로커는 주키퍼 서비스를 사용하기 위해 커버로스를 사용해 자신을 직접 인증한다. 인증이 유효하다면 주키퍼에 커버로스 티켓을 제공하며, 저장된 메타데이터에 대한 접근을 허용한다. 인증이 유효하면 주키퍼는 사용자나 서비스 식별자로 연결을 설정한다. 이 식별자는 ACL이 보호하는 메타데이터 Znode 접근에 대한 권한 인증에 사용된다.

주키퍼 ACL은 Znode 수정을 제한한다는 점을 알고 있어야 한다. Znode는 어느 클라이언트에서도 읽을 수 있다. 이 동작의 배경에 있는 원칙은 민감한 데이터를 주키퍼에 저장하지 않는 것이다. 권한 인증이 되지 않은 사용자가 수정을 하면 해당 클러스터의 동작이 망가진다. 그러므로 Znode는 읽기만 하고, 수정할 수 없게 한다. Znode에 대한 접근 형태에 상관없이 인증됐음에도 불구하고, 유효한 커버로스 티켓이 없다면 주키퍼 서비스를 전혀 접근할 수 없다.

위험을 줄이기 위해 높은 수준의 보안이 적용된 클러스터에서는 선택적으로, 서버의 주키퍼 서비스 접근을 제한하도록 방화벽을 통해 네트워크 IP 필터링을 항상 사용할 수 있다.

주키퍼 인증은 자바 인증과 JAAS를 사용하며, 클라이언트 연결을 위해 로그인 구성을 할 수 있다. JAAS는 표준 설정 파일을 사용해 로그인을 구성하고, 인증을 진행하기 위한 로그인 구성을 사용한 코드를 제시한다. JAAS 로그인 구성은 두 가지 방법으로 정의된다.

1. 커버로스 키 탭을 사용하며 예제는 다음과 같다.

```
Client {
    com.sun.security.auth.module.Krb5LoginModule required
    useKeyTab=true
    keyTab="/path/to/client/keytab(Kafka keytab)"
    storeKey=true
    useTicketCache=false
    principal="yourzookeeperclient(Kafka)";
};
```

2. 사용자 로그인 인증 정보 캐시를 사용하는 방법도 있다. 예제는 다음과 같다.

```
Client {
    com.sun.security.auth.module.Krb5LoginModule required
    useKeyTab=false
    useTicketCache=true
    principal="client@REALM.COM";
    doNotPrompt=true
};
```

▌ 권한 인증을 위한 아파치 레인저

하둡 환경에서는 레인저Ranger를 보안을 모니터하고 관리하는데 사용한다. 클러스터에 대해서 보안 정책을 생성하고 관리하는 중앙 집중형 플랫폼을 제공한다. 카프카 클러스터의 보안 정책을 만들기 위해 어떻게 레인저를 활용할 수 있는지 알아보자.

레인저에 카프카 서비스 추가

다음 화면은 서비스를 추가하는 레인저 사용자 인터페이스다. 나중에 정책을 설정하기 위해 여기서 카프카 서비스를 추가한다.

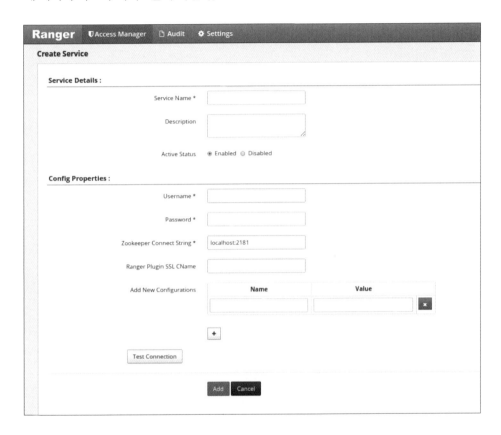

서비스 상세 부분을 살펴보자.

- Service Name: 서비스 이름은 에이전트 설정을 위해 필요하다. 여기서는 Kafka로 입력할 수 있다.
- Description: 서비스 설명은 서비스가 무엇을 하는지 나타낸다.
- Active Status: 서비스 사용 여부를 나타낸다.

설정 속성은 다음과 같다.

- Username: 서비스를 연결할 때 사용한다. 카프카의 경우 보안 설정이 정의된 자원에 접근하는 프린시플이다.
- Password: 사용자 인증에 사용할 암호다.
- Zookeeper Connect String: 클러스터에 실행 중인 주키퍼의 IP 주소와 포트다. 기본값은 `localhost:2181`이다.
- Ranger Plugin SSL CName: 레인저를 카프카와 통합하기 위해서는 레인저 카프카 플러그인을 설치해야 한다. 등록할 인증서에 대한 정식 이름을 넣는다.

정책 추가

일단 서비스가 설정돼 활성화되면, 다음 화면 같은 카프카 정책 목록 페이지에서 정책을 추가할 수 있다. 화면에서 Add New Policy 탭을 볼 수 있다.

카프카 정책 목록 페이지

Add New Policy 탭을 클릭하면 다음의 페이지로 안내되며, 권한과 정책을 세부적으로 지정할 수 있다.

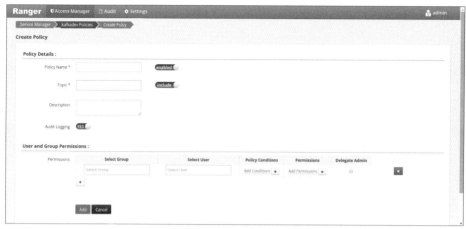

카프카 정책 추가 페이지

위 그림에서 사용 가능한 파라미터와 그 의미를 알아보자.

Policy Detail:

- Policy Name: 정책의 의미가 보이도록 정의한다. 정책명은 정책의 목적에 부합해야 한다.
- Enable Policy: 이 정책을 활성화하거나 비활성화할 수 있다.
- Topic: 정책을 생성하는 카프카 토픽 이름이다.
- Description: 이 정책을 만드는 이유를 상세하게 기술한다.
- Audit Logging: 감사 정책에 따라서 활성화 또는 비활성화가 필요하다.

User and Group Permission :

- Select Group: 사용자 그룹 목록에서 선택할 사용자 그룹명이다.
- Select User: 권한을 부여할 그룹의 사용자명(프린시플)이다.
- Permission: 이 사용자에게 부여할 권한 유형을 정의한다.
  - Publish: 사용자는 카프카 토픽으로 데이터를 전달할 수 있다.
  - Consume: 사용자는 토픽 파티션에서 데이터를 사용할 수 있다.

- Configure: 사용자는 브로커와 클러스터를 설정할 수 있다.
- Describe: 토픽에서 메타데이터를 가져올 수 있다.
- Delegate Admin: 선택된 경우 사용자는 관리자 권한을 갖는다.

레인저는 설정하기 쉽고 편리한 사용자 인터페이스를 제공한다. 레인저를 설치해 정책을 만드는 데 사용할 수 있다. 레인저에 관한 모든 관련 화면은 https://cwiki.apache.org/confluence/display/RANGER 사이트를 참조했다.

모범 사례

카프카를 사용하는 사용자 경험을 개선하는 좋은 사례를 소개한다.

- **커버로스에 대한 상세 로그 사용**: 커버로스 문제를 해결하는 과정은 기술 관련자에게는 끔직한 일이기도 하다. 가끔은 왜 커버로스 인증이 잘 동작하지 않는지 이해하기 어렵다. 또한 오류 정보가 그다지 도움이 안 되고, 실제 인증 흐름을 살펴보면서 원인을 찾아야 한다. 그러므로 올바른 커버로스 디버깅 세트를 갖춰야 한다. 카프카에서, 정확하게는 커버로스를 사용하는 자바 애플리케이션에서는 다음 속성을 사용해 커버로스 디버깅 수준을 설정할 수 있다.

```
sun.security.krb5.debug=true
```

- **기업용 인증 서버와의 통합**: 자신의 커버로스 인증을 기업용 인증 서버와 통합할 수 있고, 여기에는 많은 장점이 있다. 사용자에 대해 하나의 버전만 관리하면 된다. 사용자 삭제도 간단하고, 기업의 보안 정책을 쉽게 강제할 수 있다.
- **운영체제 수준 커버로스 통합**: 또 한 가지 유념할 점은 운영체제의 사용자와 그룹은 커버로스 인증을 사용하도록 확장되며, 콘솔에서 카프카를 사용해 서버에 로그인 하는 경우에 더 확실하다. 액티브 디렉터리 같은 기업용 인증 서버를 운영체

제와 통합하는 작업은 항상 장점이 많다. 이 같은 경우 SSH^{secure shell}를 통해 서버에 로그인하자마자 커버로스 티켓이 등록된다. 사용자는 별도의 인증을 수행할 필요가 없다.

- **SSL 인증서 교체**^{rotation}: 브로커와 클라이언트에 대한 SSL 인증서를 교체하는 절차를 갖춰야 한다. 인증서가 중단되는 경우, 트러스트 스토어에서 기존 인증서를 새로운 인증서로 대체할 때까지 단기적인 인증서를 제한적으로 사용해야 한다.

- **SSL 인증서 관리 자동화**: 앞에서 논의한 내용과 이어진다. 인증서를 관리하는 스크립트는 자동화돼야 한다. 전형적인 운영 상태의 클러스터는 많은 서버와 프로세스를 관리한다. SSL의 관리를 수동으로 하는 것은 부담스럽고 실수가 생기기 쉽다. 그러므로 많은 노드의 카프카 클러스터에서 인증서 관리를 위한 스크립트를 반드시 작성하도록 한다.

- **보안 로그 수집**: 한 개의 로그로 카프카 클러스터에서 발생하는 사용자 활동에 대한 큰 그림을 온전히 이해하기 어렵다. 그러므로 클러스터의 모든 서버에 대한 로그를 단일 위치나 파일에 모을 수 있는 방법이나 스크립트를 갖춰야 한다. 추가 보안 분석을 위해 Solr, 엘라스틱서치, Splunk 같은 도구를 사용해 인덱스할 수 있다. 가능하다면 프로듀서 애플리케이션 로그, 컨슈머 애플리케이션 로그, 커버로스 로그, 주키퍼 로그, 브로커 로그를 모을 수 있어야 한다.

- **중앙 집중형 보안 감사**: 모든 기업은 보안과 감사를 위한 팀이 있다. 로그를 하나의 위치로 모으는 시스템과 유해한 활동을 모니터링하는 방법이 있다. 자신의 카프카 클러스터를 설계할 때, 로그가 기업의 보안 모니터링 시스템으로 전달될 수 있도록 준비해야 한다. 이러한 방법 중에 하나는, 클러스터 로그를 우선 모으고 나서 syslog 프로세스를 통해서 **보안 정보 및 이벤트 관리**^{SIEM, security information and event management} 시스템으로 실시간 모니터링을 위해 데이터를 제공하는 것이다. 또 다른 방법은 SFTP 서버에 모든 로그를 모으고, SIEM으로 전송하는 것이다.

- **보안 위반 알림**: 아마도 이 부분이 중앙 집중형 감사 시스템의 일부라는 점을 알 수 있을 것이다. 조직의 보안 정책과 규정에 따라서 보안에 위반되는 상황을 알릴 수 있도록 준비해야 한다. SIEM 시스템이 없다면 NAGIOS와 Ganglia 같은 도구를 사용할 수 있다.

▌ 요약

12장에서 다양한 카프카 보안의 패러다임을 다뤘다. 12장의 목표는 카프카를 보호하는 다양한 패러다임을 분명하게 이해하는 것이다. 카프카 보안을 적용하면서 알아야 하는 어떤 분야가 있는지 알아보고, 카프카를 보호하는 방법에 접근했다. 한 가지 더 강조하고 싶은 사항은 카프카 클러스터의 보안에 있어서 인증과 권한을 반드시 적용해야 한다는 점이다. 이 두 가지 없이 카프카 클러스터는 안전하지 않다. SSL 적용은 선택적이지만 매우 민감한 데이터를 다루는 상황이라면 사용하기를 권한다. 카프카 보안에 대해 소개한 모범 사례는 실제 산업 현장에서 수행한 경험에서 나온 것이므로 꼭 지키길 바란다.

13

스트리밍 애플리케이션 설계의 고려 사항

스트리밍은 최근 빅데이터를 다루는 조직에서 더 중요시된다. 더 많은 조직에서 자신이 보유한 대용량 데이터에서 신속한 조치를 가능하게 만드는 통찰력을 얻을 수 있는 방법을 배운다. 그들은 수익성에 지속적인 영향을 주는 적시의 데이터와 그것을 통해 얻게 되는 적합한 조치를 이해하고 있다. 적절한 타이밍의 조치와는 별개로, 스트리밍은 무제한의 대용량 데이터를 여러 업무 조직으로부터 확보하는 채널을 생성한다.

위와 같은 중요한 장점을 생각하면서 13장에서는 스트리밍 애플리케이션을 설계할 때 검토해야 할 사항에 집중해보자. 이러한 설계의 결과는 기업의 사업적인 목표를 향한다. 스트리밍 애플리케이션 설계에 검토할 사항을 잘 관리하면 수립된 목표의 달성하는 데 도움이 된다. 이러한 검토 사항을 하나씩 살펴보자.

13장에서는 다음의 주제를 다룬다.

- 처리 시간latency과 처리량
- 데이터 지속성
- 데이터 소스
- 데이터 룩업
- 데이터 형식
- 데이터 직렬화
- 병렬 처리 수준
- 데이터 왜곡
- 순서가 바뀐 이벤트
- 메모리 최적화

▌ 처리 시간과 처리량

스트리밍 애플리케이션의 기본 기능 중 하나는 여러 소스에서 들어오는 데이터를 처리하고, 즉각적으로 결과를 만드는 것이다. 처리 시간latency과 처리량throughput은 위 기능에 대해서 중요한 초기 검토 사항이다. 다르게 표현하면 스트리밍 애플리케이션의 성능은 처리 시간과 처리량으로 측정한다.

스트리밍 애플리케이션에 기대하는 바는 결과물을 최대한 빨리 만들고, 높은 비율로 유입되는 스트림을 처리하는 것이다. 이러한 두 가지 요소 모두 스트리밍 솔루션에 사용할 기술과 하드웨어 용량을 선택하는데 영향을 준다. 어떤 영향을 주는지 설명하기 전에 이 두 요소에 대한 용어의 의미를 알아보자.

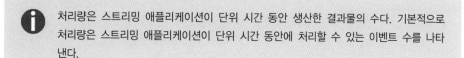

처리 시간은 시간 단위 밀리초를 사용하고, 스트리밍 애플리케이션이 이벤트나 이벤트 그룹을 처리하고, 수신한 이벤트를 처리한 결과를 만드는데 소요된 시간이다. 처리 시간은 평균 처리 시간, 가장 빠르거나 느린 시간 등으로 표현된다. 가끔은 단위 시간 동안 발생한 전체 이벤트의 백분율로 표현된다.

예를 들면 "지난 24시간 동안 수신된 메시지 중 85%의 처리 시간은 2밀리초다." 같이 표현할 수 있다.

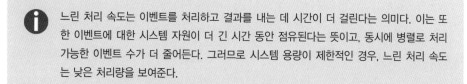

처리량은 스트리밍 애플리케이션이 단위 시간 동안 생산한 결과물의 수다. 기본적으로 처리량은 스트리밍 애플리케이션이 단위 시간 동안에 처리할 수 있는 이벤트 수를 나타낸다.

스트리밍 애플리케이션의 설계 시에는 일반적으로 시스템이 처리할 수 있는 최대값을 검토하며, 협의된 SLA 안에서 전체적^{end-to-end}인 처리 속도를 유지하도록 관리한다. 시스템이 최대 처리량을 보이는 상태에서는 모든 시스템 자원이 최대로 활용되고, 최대 처리량을 넘어서면 시스템 자원에 여유가 생길 때까지 이벤트는 대기상태가 된다.

이제 처리 속도와 처리량의 정의를 이해했다면, 이 둘 간의 관계가 독립적이지 않다는 점을 이해할 수 있을 것이다.

느린 처리 속도는 이벤트를 처리하고 결과를 내는 데 시간이 더 걸린다는 의미다. 이는 또한 이벤트에 대한 시스템 자원이 더 긴 시간 동안 점유된다는 뜻이고, 동시에 병렬로 처리 가능한 이벤트 수가 더 줄어든다. 그러므로 시스템 용량이 제한적인 경우, 느린 처리 속도는 낮은 처리량을 보여준다.

자신의 스트리밍 애플리케이션 처리량과 처리 속도의 균형을 맞추기 위해서 관심을 가져야 할 몇 가지 사항이 있다. 그중 하나는 다중 노드로 부하를 분산시키는 것이다. 부하의 분산은 개별 시스템 자원을 적절하게 활용하고, 노드마다 전체적으로 빠른 처리 속도를 내는데 도움이 된다.

대부분의 스트림 처리 엔진은 이 같은 방식을 기본적으로 지원한다. 하지만 실행 중에 데이터가 지나치게 뒤섞이는 상황을 피하고, 데이터 파티션이 올바르게 정의돼야 한다. 바람직한 처리량과 처리 속도를 위해서는 자신의 클러스터에 맞는 용량 계획을 수립해야 한다.

 CPU 수, RAM, 페이지 캐시 등은 스트리밍 애플리케이션의 성능에 영향을 주는 중요한 요소다. 원하는 수준의 성능을 유지하기 위해서는 스트리밍 애플리케이션을 반드시 올바르게 프로그래밍해야 한다. 프로그램의 구조와 알고리즘의 선택은 메모리 관리(garbage collection)와 데이터 배열 순서 등에 영향을 준다. 마지막으로 네트워크 대역폭 역시 처리 속도와 처리량에 영향을 준다.

▍ 데이터와 상태 정보의 지속성

데이터의 무결성, 안정성, 가용성은 성공적인 스트리밍 애플리케이션 솔루션의 핵심 요구 사항이다. 이러한 요소를 생각해볼 때 데이터의 지속성persistence이 무결성, 안정성, 가용성을 지원하기 위해 중요한 역할을 한다는 사실을 이해할 수 있다. 예를 들면 상태 정보를 유지하는 일은 어떤 스트리밍 애플리케이션에 대해서도 매우 필수적이며, 이를 검사점이라고 부른다. 검사점을 사용하는 것은 스트리밍 애플리케이션에서 상태 정보를 일정 시간 동안 유지하게 하고, 장애가 발생할 경우 복구 과정을 지원한다. 상태 정보 유지는 견고한 일관성을 지원하며, 데이터의 무결성과 함께 정확히 한 번만 메시지가 전송되도록 보장하는 데 필수적이다.

상태 정보의 유지가 왜 중요한지 알아봤다. 데이터의 지속성에 대한 또 다른 측면은 데이터 처리, 또는 처리되지 않은 원시 이벤트 결과에 대한 것이다. 여기에는 더 많은 목적이 있다. 메시지를 재연할 방법을 제공하고, 현재 데이터를 경과 데이터와 비교할 수 있게 한다. 또한 장애가 나면 메시지를 재시도해 볼 수 있다. 가장 처리량이 많은 시점에는 소스 시스템의 부하를 관리할 수 있도록 지원한다.

데이터 지속성을 위해 사용할 저장소 매체에는 주의가 필요하다. 저장소 매체는 스트리밍 애플리케이션의 빠른 읽기와 쓰기 처리 시간, 하드웨어 내결함성, 수평적 확장성, 동기와 비동기 방식을 지원하는 데이터 전송 프로토콜 등에 영향을 준다.

▌ 데이터 소스

스트리밍 애플리케이션에 대한 기본적인 요구 사항 중 하나는, 데이터 소스가 스트림 형태로 제한이 없는 데이터를 생성하는 능력이다. 스트리밍 시스템은 무제한의 데이터 스트림을 지원하기 위해 제작된다. 소스 시스템이 이와 같은 스트림을 지원한다면 올바른 방향으로 스트리밍 솔루션이 제작될 수 있겠지만, 반대의 경우에는 직접 데이터 소스에서 데이터 스트림을 만드는 구성 요소를 제작하거나 이미 만들어진 것을 사용하거나 배치 처리를 기반으로 하는, 즉 스트리밍이 아닌 형태의 솔루션으로 방향을 잡아야 한다.

어떤 길로 가더라도 여기서의 핵심은 결국 스트리밍 솔루션은 데이터 스트림을 생성하는 데이터 소스를 가져야 한다는 사실이다. 이는 스트리밍 애플리케이션의 설계에 핵심적인 결정사항이다. 스트리밍 솔루션 설계는 반드시 제한되지 않은 연속적 데이터 스트림이 해당 스트림 처리 엔진의 입력이 될 수 있도록 보장해야 한다.

▌외부 데이터 룩업

여기서 생각해볼 첫 번째 질문은 스트림 처리 파이프라인에 왜 외부 데이터 룩업이 필요한가의 문제다. 이 질문의 답은 데이터 품질을 높이거나 데이터 유효성 검증, 유입되는 이벤트 데이터 필터링 같은 작업을 변경이 자주 발생하는 외부 시스템의 데이터를 사용해 수행하기 위해 필요하다. 하지만 스트리밍 설계에서 이 같은 데이터 룩업에는 어려운 점이 있다. 외부 시스템에 잦은 호출이 발생하면서 전체적인 처리 시간이 길어질 수 있다. 외부 참고 자료를 메모리에 데이터 세트 형태로 보관하기도 용량이 너무 커서 어렵다. 또한 자주 변경돼 메모리의 데이터를 갱신하는 작업도 어렵다. 외부 시스템이 장애가 나면, 외부 시스템이 스트리밍 솔루션의 병목이 되기도 한다.

이러한 어려움을 생각해보면서, 다음으로 외부 데이터 룩업을 포함한 솔루션을 설계할 때 중요한 세 가지 요소가 있다. 바로 성능, 확장성, 내결함성이다. 물론 세 가지 모두 달성할 수도 있겠지만, 주로 세 가지는 상충[trade-off]되는 관계다.

> 데이터 룩업에 필요한 하나의 기준은 이벤트 처리 시간에 주는 영향을 최소화하는 것이다. 스트림 처리 솔루션의 응답 시간이 밀리초 단위라는 점을 생각해 본다면, 몇 초의 응답 시간은 허용되지 않는다. 이 같은 요구 사항을 레디스(Redis) 같이 모든 외부 데이터를 캐시할 수 있는 캐시 시스템을 사용하는 솔루션도 있다. 스트리밍 시스템은 레디스를 데이터 룩업에 사용한다. 또한 네트워크 속도도 중요하다. 레디스 클러스터는 일반적으로 스트리밍 솔루션과 함께 설치된다. 모든 데이터를 캐시함으로써 내결함성과 확장성보다는 성능을 선택한 것이다.

데이터 형식

스트리밍 솔루션의 중요한 특징 중 하나는 통합 플랫폼으로서 서비스를 제공한다는 점이다. 다양한 소스에서 이벤트를 수집하고, 여러 이벤트를 원하는 결과물을 만들기 위해 처리한다. 이러한 통합 플랫폼에서 늘 만나는 문제 중 하나는 다양한 데이터 형식에 관한 것이다. 각 소스는 자신의 형식이 있다. 일부는 XML 형식을 지원하고, 일부는 JSON이나 에이브로 형식을 지원한다. 모든 형식을 제공하는 솔루션을 설계하는 것은 어려운 문제다. 더군다나 더 많은 데이터 소스가 추가되면서 새로 추가된 소스에 대한 데이터 형식도 추가로 지원해야 한다. 이러한 끔찍한 과정에서 오류도 쉽게 발생한다.

이상적인 상황을 가정하면, 스트리밍 솔루션이 한 개의 데이터 형식만 지원하는 것이다. 이벤트는 키 값 모델이다. 키 값으로 구성된 이벤트 데이터 형식은 이제 사용 가능한 한 개의 협의된 형식이어야 한다. 애플리케이션에 대해 반드시 단일 데이터 형식을 골라야 한다. 단일 데이터 형식을 선택하고, 모든 데이터 소스에 대해서 통합하고, 그것을 준수하도록 하는 것은 스트리밍 애플리케이션을 설계하고 구현하면서 중요한 부분이다.

일반적인 솔루션은 하나의 공통 데이터 형식을 채택하고, 데이터를 스트림 처리를 위해 가져오기 전에 메시지 형식 변환 계층conversion layer을 만드는 것이다. 이 메시지 변환 계층은 여러 데이터 소스에 노출된 REST API를 갖도록 한다. 데이터 소스는 이런 변환 계층에 REST API를 써서 자신의 형식으로 이벤트를 푸시하고, 단일화된 공통 데이터 형식으로 변환된 결과를 받는다. 이렇게 변환된 이벤트를 스트림 처리 단계로 푸시한다. 가끔은 이런 계층이 기본적인 입력 이벤트 데이터 유효성 검증에도 활용될 수 있다. 핵심은 데이터 형식 변환은 스트림 처리 로직과 구분돼야 한다는 점이다.

▋ 데이터 직렬화

대부분의 스트리밍 기술은 직렬화를 지원한다. 스트리밍 애플리케이션 성능의 핵심은 사용하는 직렬화 방식이다. 직렬화 과정이 느리다면 스트리밍 애플리케이션의 처리 시간에 영향을 준다.

더군다나 오래된 기존legacy 시스템과 통합하는 경우, 선택된 직렬화 방식을 지원하지 않을 수도 있다. 스트리밍 애플리케이션을 위한 직렬화 방식을 선택하는데 핵심 요소는 필요한 CPU 사용량, 직렬과 역직렬화 시간, 통합되는 시스템에서의 지원여부다.

▋ 병렬 처리 수준

어떤 스트림 처리 엔진을 고르더라도, 스트림의 병렬 처리parallelism에 대한 조정을 할 수 있다. 항상 자신의 애플리케이션에 요구되는 병렬 처리 수준level을 생각해야 한다. 여기서 핵심 요소는 빠른 처리 속도와 높은 처리량을 위해, 클러스터를 최대한의 성능을 발휘하도록 활용해야 한다는 사실이다. 파라미터의 기본값이 현재 클러스터의 용량에 맞지 않을 수 있다. 그러므로 클러스터를 설계하면서 처리 시간과 처리량의 SLA를 달성할 수 있는 병렬 처리 수준을 반영해야 한다. 더구나 대부분의 엔진은 병렬 처리에 대한 적정한 수를 자동으로 결정하는 기능으로 인해 제한된다.

하나의 예로서 스파크 처리 엔진으로 병렬 처리가 어떻게 조정되는지 알아보자. 간단한 용어로 설명하면, 병렬 처리 능력을 증가시키기 위해서는 병렬로 실행되는 작업의 수를 늘려야 한다. 스파크에서 개별 작업은 하나의 데이터 파티션에서 실행된다.

병렬 처리 작업을 증가시키려면 데이터 파티션의 수를 늘려야 한다. 이를 위해서는 데이터 파티션을 원하는 수의 파티션으로 재조정할 수 있다. 또는 소스에서 입력이 분할된 개수를 늘릴 수도 있다. 병렬 처리 수준은 또한 클러스터의 프로세서 코어 수에도 관련이 있다. 병렬 처리 수준을 CPU 코어 당 2~3개의 작업이 되도록 계획하는 편이 좋다.

▌ 순서가 바뀐 이벤트

이는 제한 없는 데이터 스트림에서 중요한 문제 중 하나다. 가끔은 어떤 이벤트가 늦게 도착해 순서가 나중인 이벤트가 먼저 처리되기도 한다. 다양한 별도의 원격 소스에서 전달되는 이벤트는 동시에 생성되더라도 네트워크 속도나 다른 이유로 지연이 발생한다. 이와 같이 순서가 잘못된 이벤트 문제는 관련 데이터 세트 룩업을 포함해 늦게 데이터가 도달하는 데이터를 처리하는 것이다.

더구나 이벤트 순서의 잘못 여부를 판단하는 조건을 결정하기도 어렵다. 다르게 말하면 모든 이벤트를 수신한 것인지 판단하기가 어렵다. 이러한 순서가 잘못된 이벤트를 처리하는 일은 자원의 경합contention이 생길 위험이 있다. 이 문제가 주는 또 다른 영향은 처리 시간을 증가시키고, 전반적이 시스템 성능이 저하되는 것이다.

이러한 문제를 기억하고 다음 내용을 보자. 처리 시간, 쉬운 유지보수, 정확한 결과 같은 요소가 순서가 바뀐 이벤트를 처리하는 데 중요한 역할을 한다. 기업의 요구에 따라 이러한 이벤트는 버릴 수도 있다. 이벤트를 버리는 경우 처리 시간에 영향을 주지 않으며, 추가 처리 구성 요소를 관리할 필요가 없다. 하지만 처리 결과의 정확성에는 영향을 준다.

또 다른 방법은 개별 윈도의 모든 이벤트를 수신할 때까지 기다리고 나서 처리하는 것이다. 이런 경우 처리 시간은 최대로 올라가게 되며, 소프트웨어 구성 요소를 추가로 사용해야 한다. 일반적으로 적용되는 기술 중 하나는 배치 처리를 사용해 일과가 끝나면 이러한 데이터 이벤트를 처리하는 것이다. 이 방법은 처리 시간이 문제가 되지만, 결국 정확한 결과를 얻기 위해 시간 지연이 있을 수 있다.

▋ 메시지 처리 체계

'정확히 한 번' 전송은 스트리밍 분석에 있어 신성한 영역이다. 스트리밍 작업에서 중복된 이벤트 처리는 애플리케이션 환경에 따라 불편하고 바람직하지도 않다. 예를 들면 요금 청구 애플리케이션이 이벤트를 놓치거나, 두 번 처리하면 고객에 대한 매출이 손실되거나 요금을 중복해 부과하는 것이다. 이러한 상황이 발생하지 않는 경우를 보장하기는 어렵다. 이 같은 속성을 원하는 프로젝트는 가용성과 일관성에 대한 선택을 해야 한다. 여기서 비롯되는 주요 문제점 중 하나는 스트리밍 파이프라인이 여러 단계를 갖게 되는 경우다. 또 다른 어려움은 중간에 수행하는 연산이 잠재적으로 최종 결과에 영향을 준다는 점이다. 일단 결과가 나와서 표시되면 그것을 취소하는 경우에는 다른 문제가 생길 수 있다.

많은 상황에서 정확히 한 번을 보장하는 것이 유용하다. 예를 들어 금융에서 신용카드 트랜잭션이 의도치 않게 두 번 처리된다면 좋지 않은 상황이 된다. 스파크 스트리밍, Flink, Apex는 모두 정확한 한 번 처리를 보장한다. 스톰은 최소 한 번 전송 방식으로 동작한다. **트라이던트**Trident라는 확장 프로그램을 사용하면 스톰으로도 정확히 한 번 전송 방식을 사용할 수 있지만, 성능은 나빠질 수 있다.

중복 문제의 해결 방법은 하나의 작업을 여러 번 실행하는 경우를 막고, 정확히 한 번 처리하는 체계semantic를 갖는 것이다. 애플리케이션 동작이 데이터베이스 업데이트라면, 중복 제거를 수행할 수 있다. 웹서비스를 호출하는 것 같은 다른 조치도 고려할 수 있다.

▌요약

13장을 마치면서 스트리밍 애플리케이션의 설계에 필요한 고려 사항을 분명히 이해했을 것이다. 13장의 목표는 다양하고 복잡한 스트리밍 애플리케이션의 설계과정에 대한 이해다.

프로젝트를 바라보는 관점이 다양하더라도 현장에서의 경험을 통해 스트리밍 애플리케이션 설계를 위해 고려해야 할 공통의 요소를 느낄 수 있었다. 예를 들어 처리 시간과 처리량에 대한 SLA를 정의하지 않고서 스트리밍 애플리케이션을 설계할 수 없다.

마이크로 배치^{micro batch} 스파크나 실시간 스톰과 헤론 애플리케이션 등 스트리밍 처리 기술에 관계 없이 여기에 제시된 원칙을 사용할 수 있다. 그 원칙은 특정 기술에 종속성이 없다. 원하는 목표를 이루는 방법은 다양한 기술이다. 이것으로 13장의 결론을 마치며, 이러한 원칙을 직접 기업용 애플리케이션에 적용해볼 수 있기를 바란다.

| 찾아보기 |

에이콘출판의 기틀을 마련하신 故 정완재 선생님 (1935-2004)

아파치 카프카로 데이터 스트리밍 애플리케이션 제작

기업용 메시징 대기열 시스템의 설계와 구축 방법

발 행 | 2018년 4월 30일

지은이 | 매니시 쿠마·찬찰 싱
옮긴이 | 최   준

펴낸이 | 권 성 준
편집장 | 황 영 주
편 집 | 양 아 영
         배 혜 진
디자인 | 박 주 란

에이콘출판주식회사
서울특별시 양천구 국회대로 287 (목동)
전화 02-2653-7600, 팩스 02-2653-0433
www.acornpub.co.kr / editor@acornpub.co.kr

한국어판 ⓒ 에이콘출판주식회사, 2018, Printed in Korea.
ISBN 979-11-6175-132-0
ISBN 978-89-6077-210-6 (세트)
http://www.acornpub.co.kr/book/data-apache-kafka

이 도서의 국립중앙도서관 출판시도서목록(CIP)은 서지정보유통지원시스템 홈페이지(http://seoji.nl.go.kr)와
국가자료공동목록시스템(http://www.nl.go.kr/kolisnet)에서 이용하실 수 있습니다.(CIP제어번호: CIP2018012602)

책값은 뒤표지에 있습니다.